Preißner · Profit Center managen

Andreas Preißner

Profit Center managen

Transparente schaffen – Erfolg steigern –
Mitarbeiter motivieren

HANSER

Die Wiedergabe von Gebrauchsnamen, Handelsnamen, Warenbezeichnungen usw. in diesem Buch berechtigt auch ohne besondere Kennzeichnung nicht zu der Annahme, daß solche Namen im Sinne der Warenzeichen- und Markenschutzgesetzgebung als frei zu betrachten wäre und daher von jederman benutzt werden dürften.

Bibliografische Information Der Deutschen Bibliothek
Die Deutsche Bibliothek verzeichnet diese Publikation in der Deutschen Nationalbibliografie; detaillierte bibliografische Daten sind im Internet über <http://dnb.ddb.de> abrufbar.

Dieses Werk ist urheberrechtlich geschützt.
Alle Rechte, auch die der Übersetzung, des Nachdrucks und der Vervielfältigung des Buches oder Teilen daraus, vorbehalten. Kein Teil des Werkes darf ohne schriftliche Genehmigung des Verlages in irgendeiner Form (Fotokopie, Mikrofilm oder ein anderes Verfahren), auch nicht für Zwecke der Unterrichtsgestaltung, reproduziert oder unter Verwendung elektronischer Systeme verarbeitet, vervielfältigt oder verbreitet werden.

© 2002 Carl Hanser Verlag München Wien
Internet: http://www.hanser.de
Lektorat: Martin Janik
Technisches Lektorat: Lisa Hoffmann-Bäuml
Herstellung: Ursula Barche
Umschlaggestaltung: Parzhuber & Partner GmbH, München
Druck und Bindung: Druckhaus „Thomas Müntzer", Bad Langensalza
Printed in Germany

ISBN 3-446-22104-2

Inhalt

Vorwort VII

1 Unternehmensstrukturen und Unternehmensführung im Wandel 1

2 Center-Konzepte 17
   2.1 Sichtweisen des Center-Konzepts 17
   2.2 Center-Arten 18
   2.3 Profit Center und Unternehmensorganisation 26
   2.4 Gegenwärtige und zukünftige Trends bei der Einführung
       von Profit Centern 37

3 Profit-Center-Erfolgsrechnung 47
   3.1 Grundkonzepte des Rechnungswesens 47
   3.2 Aufbau der Profit-Center-Erfolgsrechnung 54
   3.3 Umlagen für Zentralkosten 57
   3.4 Verrechnungspreise für den innerbetrieblichen Leistungsaustausch .. 71
   3.5 Analyse der Leistungsverflechtungen 82
   3.6 Fallstudie Profit-Center-Erfolgsrechnung 88
   Exkurs: Segmentberichterstattung 92

4 Qualitative und quantitative Steuerungsgrößen im Profit Center 95
   4.1 Kennzahlen zur Steuerung von Profit Centern 95
   4.2 Wertorientierte Steuerung von Profit Centern 116
   4.3 Balanced Scorecard im Profit Center 133
       4.3.1 Das Konzept der Scorecard 133
       4.3.2 Das Prinzip der Kausalität 134
       4.3.3 Beispiel einer Balanced Scorecard 143
       4.3.4 Die Einführung einer Balanced Scorecard 155
   4.4 Benchmarking zwischen Profit Centern 160

5 Gestaltung von Anreizsystemen in Profit Centern 165
   5.1 Grundlegende Problematik von Anreizsystemen 165
   5.2 Anforderungen an Anreizsysteme 169
   5.3 Arten von Anreizen 171

6 Problembereiche des Profit-Center-Managements 187
   6.1 Koordination der Profit Center und Zentralbereiche 187
   6.2 Struktur der Kundenbeziehungen 193
   6.3 Zurechnung von Vermögenspositionen 195
   6.4 Belastung durch Transaktionskosten 198
   6.5 Entwicklung eines internen Marketingkonzepts 201
   6.6 Vorgehensweise bei der Einführung von Profit Centern 204

Literaturverzeichnis 207

Register 209

Vorwort

Profit Center sind eigentlich kein sonderlich neues Thema. Es gibt sie schon seit Anfang des letzten Jahrhunderts, wenn auch nicht so ausgeprägt und ausgebaut wie heute. Insofern mag man sich fragen, warum man sich damit beschäftigen solle. Andererseits stellt sich aber heraus, dass viele aktuelle Herausforderungen an die Unternehmen förmlich nach einem Konzept wie den Profit Centern rufen. Was auf den ersten Blick nach einem Widerspruch aussehen mag, stellt sich letztlich als eine ganz normale Angelegenheit heraus. Die Besinnung auf alte Tugenden mobilisiert oftmals Kräfte, mit denen sich neue Probleme gut bewältigen lassen, besser als mit unausgegorenen modernen Konzepten.

Profit Center sind aber inzwischen mehr als alte Tugenden. Sie greifen auf das Prinzip des überschaubaren, eher mittelständischen Unternehmens zurück, bieten aber darüber hinaus ein umfangreiches Controlling- und Management-Instrumentarium an. Profit Center stellen sich auch als eine hervorragend für die Umsetzung von Balanced Scorecard, Benchmarking u. a. Verfahren geeignete Basis heraus.

Sieht man sich die aktuelle Diskussion über die Unternehmensführung an, so zeigt sich wiederum, dass Profit-Center-Strukturen nahezu ideale Voraussetzungen für eine erfolgreiche Steuerung schaffen. So eignen sie sich, um eine risikobezogene Transparenz und Steuerung im Unternehmen umzusetzen, wertsteigernde und -vernichtende Bereiche zu identifizieren und nicht zuletzt, um organisatorischen Wandel zu ermöglichen.

Dieses Buch will das dafür benötigte Instrumentarium bereitstellen. Es stellt Methoden und Verfahren vor, die für die Steuerung von Profit Centern benötigt werden, und zeigt, wie mit Profit Centern eine erfolgsorientierte Führung umgesetzt werden kann. Neben methodischem Know-how finden Sie hier auch eine Reihe von Beispielen.

1 Im ersten Kapitel werden einige organisatorische Grundlagen dargestellt. Dabei wird gezeigt, in welchem Zusammenhang Profit-Center-Konzepte eingesetzt werden können. Außerdem werden die aktuellen Herausforderungen an die Unternehmensführung kurz skizziert.

2 Das zweite Kapitel erklärt die unterschiedlichen Center-Konzepte mit den nötigen Definitionen. Es zeigt dann, wie und wofür Profit Center gebildet werden können und welche Trends sich für die Zukunft abzeichnen.

3 Das dritte Kapitel beschäftigt sich mit den Grundlagen der Profit-Center-Steuerung aus Controllingsicht. Nach einem kurzen Überblick über einige Grundbegriffe des Rechnungswesens wird die Gestaltung einer umfassenden Erfolgsrechnung vorgestellt. Sie ist die Grundlage für alle weiteren Analysen und Entscheidungen. Im Anschluss geht es um typische Probleme im Profit-Center-Controlling, nämlich die Verrechnung der zentralen Kosten (Umlagen) und des innerbetrieblichen Leistungsaustauschs (Transferpreise). Dabei handelt es sich um die kritischen Punkte, die die Transparenz verwässern und erfolgsoptimale Entscheidungen verhindern können. Aber wir werden sehen, dass es auch anders geht ... In einer abschließenden, durchgerechneten Fallstudie werden noch einmal die Zusammenhänge der Erfolgsrechnung erläutert. Sie kann auch als Ausgangsbasis für eine konkrete Umsetzung im Unternehmen dienen.

4 Das vierte und umfangreichste Kapitel stellt die unterschiedlichen Steuerungskonzepte und vor allem Kennzahlen vor. Dabei wird der Bogen von klassischen Kennzahlen bis zum Benchmarking gespannt. Besonders werden die Wertorientierung (Wie kann der Beitrag von Profit Centern zur Wertsteigerung des Unternehmens ermittelt werden?) und der Einsatz der Balanced Scorecard berücksichtigt. Vor allem die Balanced Scorecard ist ein hervorragend geeignetes Instrument, um nicht nur Profit Center für sich zu steuern, sondern auch untereinander und im Hinblick auf die Unternehmensziele zu koordinieren. Dies stellt ja gerade einen typischen Problembereich dar: Wie lässt sich gewährleisten, dass die relativ selbstständigen Profit Center mit eigenen Interessen letztlich die Zielsetzungen des Unternehmens nicht aus dem Auge verlieren?

5 Im fünften Kapitel werden Ansätze gezeigt, wie das Anreizsystem auf die Profit-Center-Struktur abgestimmt werden kann. Zunächst wird die Problematik von Anreizsystemen allgemein dargestellt, dann wird die konkrete Anwendung auf Profit Center erläutert. Ein Beispiel zeigt darüber hinaus, wie Anreizsystem, Profit Center und Balanced Scorecard integriert werden können.

Das sechste und letzte Kapitel widmet sich einer Reihe von Problembereichen, die bei der Konzeption und Umsetzung zu beachten sind. Profit-Center-Konzepte ziehen wiederum Maßnahmen nach sich, die von vornherein bedacht werden müssen.

- So entstehen beispielsweise Koordinationserfordernisse, die sowohl aus Kosten- als auch aus Managementsicht beachtet werden müssen.
- Die Beziehung zu den Kunden kann sich verändern, so dass ggf. zusätzliche Maßnahmen eingeleitet werden müssen.
- Was ist schließlich mit der Vermögens- und Kapitalbasis? Hier muss genau analysiert werden, welche Positionen wann wo zugerechnet werden können, um etwa Renditen zu berechnen.
- Center-Strukturen können durchaus hohe Kostenbelastungen nach sich ziehen, wenn nicht auf das Entstehen von Transaktionskosten geachtet wird.
- Die Entwicklung eines internen Marketingkonzepts ist eine wichtige Voraussetzung, um auch innerhalb des Unternehmens erfolgreich zu sein und nicht Potenziale zu verlieren.
- Nicht zuletzt müssen bei der Einführung einer Center-Struktur bestimmte Prozessschritte beachtet werden.

Abschließend sei noch darauf hingewiesen, dass das gelegentlich auftretende Kürzel PC in diesem Zusammenhang eine andere Bedeutung hat, nämlich für Profit Center steht.

Der Verfasser

1 Unternehmensstrukturen und Unternehmensführung im Wandel

Dass Unternehmen und ihre Strukturen einem kontinuierlichen Wandel unterliegen, bedarf eigentlich nicht mehr der Erwähnung. Gerne wird seit einiger Zeit auch davon gesprochen, ein Unternehmen müsse sich in einer Krisensituation wieder selbst erfinden. Das hört sich sprachlich so an, als müsse man ganz von vorne anfangen, ist aber bei weitem nicht so gemeint. Es klingt aber einfach nach mehr, nach einem Aufbruch und einer Botschaft, nicht selten an die Aktionäre und weniger an die Mitarbeiter gerichtet. Letztlich müssen sogar Zweifel bleiben, ob ein Unternehmen dazu überhaupt in der Lage sein kann, schließlich besteht die Organisation in mehr oder weniger beschädigter Form noch. Und man braucht sie auch noch, eben für den Prozess der Erfindung.

Es bleiben also Zweifel, wenn revolutionäre Konzepte angekündigt werden. Schließlich ist kaum erkennbar, dass solche Maßnahmen jemals zu einem durchschlagenden und dauerhaften Erfolg geführt hätten. Dauerhaft erfolgreich sind vielmehr diejenigen Unternehmen, denen es gelingt, kontinuierlich an sich zu arbeiten, neue Ideen aufzugreifen, sie zu testen und zu integrieren und sich dabei eine Struktur zuzulegen, die Stabilität (nach innen) und Anpassung (nach außen) gewährleistet.

Somit stellt sich die Frage, wie dieser Spagat zu gewährleisten ist, welche Voraussetzungen zu erfüllen sind, um beweglich zu bleiben, ohne gleichzeitig das Wesentliche aus den Augen zu verlieren: Das, was heute gerne als Kernkompetenzen bezeichnet wird, aber letztlich nichts anderes ist als das, womit man schon immer Geld verdient hat und womit man auch weiterhin Geld verdienen will.

Viele Konzepte, die in den letzten 20–30 Jahren entwickelt wurden und die Unternehmen beleben und verändern sollen, sind in einer Krise geboren worden. Sie basieren auf der Erkenntnis einer grundlegenden, oft existenzbedrohenden Schieflage und sollen hier schnell zu einer Rettung führen. Markantes Beispiel ist etwa das Reengineering, das verkrustete Unternehmen wiederbeleben, schlank und schnell machen soll. Was an sich eine Daueraufgabe der Unternehmensführung sein sollte, wird aber meist erst dann praktiziert, wenn es anders nicht mehr geht. Konsequenz sind übersteigerte und vielfach inhaltlich falsche Erwartungen, die praktisch nie erfüllt werden. Man meint, durch jahrzehntelange Praxis eingeschliffene Fehlentwicklungen innerhalb weniger Monate wieder korrigieren zu können. Kaum ein Unternehmen leistet sich aber den Luxus, etwas ohne Not zu verändern. Fortschritt ist allzu oft leider direkt mit Not verbunden.

Vieles wäre einfacher, wenn die Strukturen auf eine größere Flexibilität, Transparenz und Anpassungsfähigkeit ausgerichtet wären. Wenn das Unternehmen bzw. seine Mitarbeiter Fehlentwicklungen schneller erkennen und nicht zuletzt aus eigenem Antrieb kontinuierlich nach Verbesserungsmöglichkeiten suchen. Wenn sie sich stärker gegenüber der Umwelt öffnen und Zusammenhänge erkennen. Solche Eigenschaften sagt man keineswegs zu Unrecht kleineren Unternehmen nach, der Zwei-Mann-Softwareschmiede, der mittelständischen Werbeagentur oder dem Leiterplattenbestücker. Sind die Vorteile dieser kleinen Firmen den größeren nun nicht zugänglich? Sind der Preis der Größe (wir reden hier nicht nur von internationalen Konzernen mit einigen Zehntausend Mitarbeitern, sondern auch von größeren Mittelständlern, die in einer dreistelligen Größenordnung liegen) die Trägheit und Inflexibilität? Oder gibt es Konzepte und Strukturen, die Vitalität, Anpassungsfähigkeit und Motivation sicherstellen?

Dieses Buch beschäftigt sich mit einem Ansatz, mit dem diese Ziele erreicht werden können. Dieser Ansatz ist einerseits wenig spektakulär, weil er schon seit längerem bekannt ist und keineswegs klassische Prinzipien der Unternehmenssteuerung leugnet, andererseits bedeutet er für das eine oder andere Unternehmen mit auf Größe und Masse angelegten Strukturen ein kräftiges Umdenken. Damit verbunden ist auch die Aufgabe gewohnter Macht. Der Ansatz ist das Profit-Center-Konzept, das aus ganz unterschiedlichen Gründen umgesetzt wird, vor allem aber in der Lage ist, zentrale Anforderungen an eine moderne Unternehmensführung umzusetzen.

Profit Center im Kontext der Managementtechniken

Zunächst müssen wir uns einmal vergegenwärtigen, wo das Profit-Center-Konzept im Vergleich zu Managementtechniken, Controllingverfahren und Organisationsformen steht. Im Gegensatz zu diesen ist es nämlich ein eher bodenständiges Konzept der Strukturierung eines Unternehmens, das auf Dauer ausgerichtet ist und seine Verankerung etwa auch in der Rechnungslegung findet. Daraus ergeben sich Konsequenzen für das Managerverhalten im Sinne des Setzens geeigneter Anreize und teilweise rechtlicher Verpflichtungen.

Managementkonzepte, deren Spektrum von der Personalführung (z. B. Empowerment) über Qualität (z. B. Total Quality Management) bis zur übergreifenden Restrukturierung (z. B. Geschäftsprozessmanagement) reicht, finden nur selten eine feste Verankerung in den Strukturen und setzen ein freiwilliges Einverständnis der Beteiligten voraus. Sie wollen Verhalten beeinflussen und müssen daher verstanden und gelebt werden. Damit können sie auch scheitern, so dass man in die alten, suboptimalen Strukturen zurückfällt und den Aufwand unter Lehrgeld verbucht (vgl. gerade auch zum Scheitern vieler Konzepte Vahs 1999).

1 Unternehmensstrukturen und Unternehmensführung im Wandel

Profit Center können selbst nicht scheitern, sie existieren oder existieren nicht. Ihr Einfluss auf die Vitalität eines Unternehmens mag je nach Umsetzung und Verständnis unterschiedlich hoch sein, er ist jedoch immer vorhanden.

Es ist aber letztlich auch nicht möglich (oder zumindest sinnvoll), eine Profit-Center-Struktur einzuführen und sie dann nach einer gewissen Zeit wieder rückgängig zu machen. Sie greift in die Entlohnung der Führungskräfte ein, in das Berichtswesen, in die Entscheidungswege und Kompetenzen, auch die der Unternehmensleitung. Es liegt auf der Hand, dass dies möglichst nicht gleich wieder rückgängig gemacht werden sollte. Profit Center gehören damit zu den wirklich dauerhaften Strukturen.

Damit wäre ein wichtiger Unterschied zu den erwähnten Managementkonzepten erklärt. Ein weiterer kann darin gesehen werden, dass Profit Center keineswegs ein Modethema sind, einer gewissen Aktualität unterliegen, auf neuen Erkenntnissen beruhen oder eine Art von Krisenmanagement sind. Sie sind ihrem Grunde nach konservativ, greifen auf altbekannte Erkenntnisse zurück und werden sich auch in Zukunft nicht wesentlich ändern. Was sich zurzeit ändert, ist das Bewusstsein für den Einsatz der Profit Center. Eine wachsende Anzahl von Unternehmen erkennt ihre Potenziale, sieht sie als geeignetes Mittel gegen den Verlust an Wettbewerbsfähigkeit an oder verbindet ihren Einsatz mit Veränderungen im Bereich des internen und externen Rechnungswesens (z. B. Segmentberichterstattung). In diesem Zusammenhang wird auch oft festgestellt, dass eine Profit-Center-Struktur eine Grundlage der Steuerung und Beherrschung von Risiken ist. Prinzipiell kann man heute davon ausgehen, dass die wachsende Einführung von Risikomanagement gerade auch im Mittelstand zu einer steigenden Zahl an Profit Centern führen wird.

In diesem Kapitel geht es zunächst um das Potenzial des Profit-Center-Konzepts vor dem Hintergrund der Anforderungen an die Unternehmensführung. Es wird sich zeigen, inwieweit es eine Alternative zu den meist recht bekannten Konzepten darstellt, eine Ergänzung ist oder auch gar keine Zusammenhänge bestehen. Wichtig ist vor allem, Profit Center nicht völlig unabhängig davon zu sehen, sie als reines Controllingthema zu betrachten. Sie lassen sich weit umfassender nutzen, wenn der Hintergedanke richtig verstanden wird, ohne allerdings gleich zu einer Wunderwaffe oder einem Allheilmittel zu werden. Deswegen beschäftigen wir uns hier ein paar Seiten lang mit wichtigen Managementthemen und zeigen die Querverbindungen auf.

Entwicklung von Managementkonzepten

In einem sehr allgemeinen Überblick kann man sich die Entwicklung der Anforderungen an das Management wie in Abbildung 1.1 gezeigt vorstellen. Die Wurzel allen Übels, wenn man es so drastisch sehen will, ist die ziemlich sture Weiterentwicklung des alten funktionalistischen Organisationsprinzips des Unternehmens, das in Zeiten kleinerer Betriebe und eher lokaler bis nationaler Wirtschaften durchaus optimal war, um nicht zu sagen das einzig bekannte. In einer Zeit, da Unternehmensführung selbst erlernt werden musste, Mitarbeiter schlecht oder gar nicht ausgebildet und Informationsflüsse immer zu schwach waren, spielte Kontrolle eine große und Selbstständigkeit eine kleine Rolle. Qualität war das Resultat eines Höchstmaßes an Spezialisierung, Informationen flossen wie das Wasser von oben nach unten. Die Steuerung erfolgte streng hierarchisch von oben nach unten. Rückkopplungen oder Sensibilität für den Markt war mangels Konkurrenz nicht erforderlich. Hierfür war das Prinzip der funktionalen Organisation optimal. Zudem war und ist sie meist auch unter Kostenaspekten optimal, weil sie den bürokratischen Aufwand auf ein Minimum reduziert.

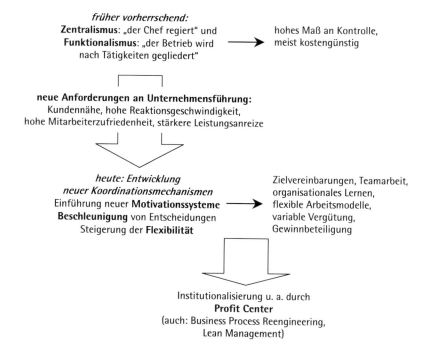

Abbildung 1.1: Entwicklung der Anforderungen an das Management

Diese Merkmale und Prinzipien existieren heute jedoch nicht mehr, zumindest nicht in dieser Form. Die Märkte haben sich grundlegend verändert. Wettbewerb ist nicht nur vorhanden, sondern der wesentliche Einflussfaktor. Kunden haben meist mehr als ausreichende Wahlmöglichkeiten und bestimmen das Leistungsangebot sowie die Kontaktqualität. Mitarbeiter werden anspruchsvoller, verlangen neue Führungs- und Steuerungssysteme. Das klassische funktionale, hierarchische, starre Unternehmen würde unter diesen Bedingungen nicht überleben. Die Frage wäre nur, ob zuerst die Kunden abwanderten, die Mitarbeiter kündigten oder die Wettbewerber das Unternehmen verdrängten.

Logische Folge dieser Entwicklung ist, dass das Management kontinuierlich und in eher wachsendem Maße um Techniken bereichert wird, die ihr Rechnung tragen und das Unternehmen wettbewerbsfähig halten. Dabei ist erkennbar, dass manche Ideen nur geringe Spuren hinterlassen, während andere einen dauerhaften Einfluss haben und behalten. So wird heute über Mitarbeiterbeteiligung an Entscheidungen und am Unternehmenserfolg nicht mehr diskutiert, vielmehr wird sie als selbstverständlicher Standard angesehen.

Schwerer tun sich andere Errungenschaften. Immer dann, wenn es darum geht, eingefahrene Abläufe insbesondere in den Gemeinkostenbereichen grundlegend neu zu strukturieren, brechen die guten Ansätze mit schöner Regelmäßigkeit wieder in sich zusammen. Der alte Trott kehrt wieder ein. Meist bleibt nur die Kostenbelastung für den Restrukturierungsprozess. Auch wenn es inzwischen zum guten Ton gehört, sagen zu können: „Wir strukturieren gerade um", kann über wirkliche Erfolge nur selten berichtet werden.

Wenn man nun auf die Idee kommt, eine neue Struktur einzuführen, sollte man einerseits die positiv erprobten Errungenschaften der Managemententwicklung einbeziehen, andererseits aber auch bewusst die Fehler vermeiden, die in der Vergangenheit bereits gemacht wurden. Im Zusammenhang mit der Profit-Center-Struktur ist daher zu fragen, inwieweit Konzepte und Gedanken wie etwa die des organisationalen Lernens oder der Prozessorganisation berücksichtigt werden können, gleichzeitig aber Negativerfahrungen wie mit dem Reengineering und/oder diversen Verschlankungskonzepten zu vermeiden sind.

Wir werden uns hier mit einigen dieser Konzepte kurz auseinander setzen. Am Ende wird es möglich sein, Konflikte oder Synergien mit den Profit Centern zu erkennen und damit auch einzuschätzen, in welche modernen Managementansätze sie einzuordnen sind.

Von den starren Funktionen zu kundenorientierten Prozessen

Oben wurde ja bereits Kritik am klassischen System der hierarchischen und funktionsorientierten Gliederung des Unternehmens geübt. Gerade als Gegenpol zur **Funktionsorientierung**, die sich an den klassischen Funktionen wie Produktion, Einkauf, Vertrieb, Personal usw. orientiert, sind weitere Ansätze entwickelt worden und inzwischen auch weit verbreitet. Am wichtigsten ist zunächst der Ansatz der **Objektorientierung**, das heißt die Ausrichtung an den angebotenen Produkten oder Dienstleistungen. Nach diesem Prinzip werden die funktionalen Aktivitäten nach Tätigkeitsbereichen getrennt durchgeführt. Die starren Strukturen werden insofern aufgeweicht, als es hier wesentlich mehr Abteilungen im Unternehmen gibt und Verantwortung auf weitere Ebenen verteilt werden muss.

Der bürokratische Aufwand steigt, das Unternehmen wird aber auch demokratischer. Es kann sich stärker an den Erfordernissen der einzelnen Tätigkeitsfelder ausrichten und unterschiedliche Charaktere ausbilden. Man stelle sich etwa ein Unternehmen vor, das sowohl Geräte aus dem Bereich der Wehrtechnik als auch Konsumgüter herstellt. Die Abläufe und Anforderungen unterscheiden sich so stark, dass eine Einteilung des Unternehmens nach Sparten für diese Bereiche notwendig ist.

Ein weiterer Problembereich ist die Erfolgsermittlung. In funktional gegliederten Unternehmen bestehen erhebliche Zurechnungsprobleme, mitunter existiert nicht einmal eine Produktkalkulation. Vielmehr wird so gehandelt, dass „am Ende immer noch ein Gewinn übrig bleibt". Die Gliederung nach Tätigkeiten ermöglicht immer auch die Zurechnung von Kosten und Erlösen, das Rechnungswesen muss sich nur nach der Organisation richten.

Beispiel einer Funktionsorganisation

```
                    Geschäftsleitung
        ┌───────────┬────────┬──────────┐
   Produktion    Marketing  Personal   Einkauf
        ┌───────────┬────────┐
     Werbung  Verkaufsförderung  Produktmanagement
```

Beispiel einer Spartenorganisation

```
                Geschäftsleitung
    Zentrale Personalabt. ── Zentrale IT
        ┌───────────┬──────────────┐
   Sparte Motoren  Sparte Sensoren  Sparte Services
        ┌──────────┬───────────┐
     Produktion  Vertrieb  Entwicklung
```

Abbildung 1.2: Funktions- und Spartenorganisation

Die objektorientierte Organisation kann sich auf unterschiedlichen Ebenen vollziehen. Im einfachsten Fall handelt es sich um eine zusätzliche Koordinationsebene, die eine vorhandene (Funktions-)Gliederung überlagert. Dies ist beispielsweise beim **Produktmanagement** der Fall. Dabei werden Verantwortlichkeiten für einzelne Produkte oder Produktgruppen geschaffen, um vor allem eine angemessene und individuelle Vermarktung zu gewährleisten. In der Regel haben Produktmanager keine funktionalen Befugnisse, sondern können nur beraten und koordinieren. Sie zu integrieren ist mit relativ geringen Kosten und Risiken verbunden. Die Produktmanagement-Organisation ist vor allem bei Konsumgüterherstellern und im industriellen Produktgeschäft weit verbreitet.

Das andere Extrem stellt die **Spartenorganisation** dar. Hier wird das Unternehmen in große, meist weitgehend selbstständige Teile geteilt. Die Tätigkeiten unterscheiden sich so stark, dass eine gemeinsame Fertigung oder ein gemeinsamer Vertrieb nicht sinnvoll erscheint. Einige Zentralbereiche bleiben jedoch meist erhalten, weil sie so effizienter zu betreiben sind (z. B. Personal, IT, Controlling, teilweise Einkauf). Die Spartenorganisation findet sich in den meisten Großunternehmen. Abbildung 1.2 zeigt schematisch eine funktionale und eine Spartenstruktur.

Eine Fortführung des Spartengedankens ist die Holdingstruktur. Während die Bildung von Sparten innerhalb eines Unternehmens eher eine interne Angelegenheit ist, die auch schon seit Jahrzehnten praktiziert wird, werden Holdingstrukturen deutlich nach außen hin sichtbar. Sie wurden in der letzten Zeit verstärkt eingerichtet, und zwar vor allem in Verbindung mit dem Zukauf von Unternehmen. Während Sparten nichts an der rechtlichen Situation ändern, handelt es sich bei den einer Holding zugeordneten Unternehmen um eigene Rechtspersönlichkeiten. Sie treten als eigenständige Gesellschaften am Markt auf und müssen ihre Holdingzugehörigkeit auch nicht auf den ersten Blick erkennen lassen.

Das Rechnungswesen muss daher eine deutliche Trennung der Gesellschaften vornehmen, so dass die Ergebnissituation transparent ist. Der Verkauf einzelner Gesellschaften oder der Zukauf und die Integration neuer sind vergleichsweise einfach. Trotzdem muss aber nicht die Kontrolle über die Einheiten abgegeben werden, diese verbleibt bei der Holding.

Zwei Arten der **Holding** sind zu unterscheiden (siehe Abbildung 1.3):

- Eine **Operative Holding** teilt die operativen Bereiche in Zentralbereich und selbstständige Unternehmen auf. Ein Teil der Leistungserstellung erfolgt innerhalb eigenständiger Rechtspersönlichkeiten.

- Die **Management-Holding** beschränkt die Zentralbereiche auf klassische Stabsstellenfunktionen. Die operative Tätigkeit ist vollständig getrennt, die Gesellschaften können sich auf ganz unterschiedlichen Märkten bewegen.

Einige Unternehmen bzw. ganze Branchen haben mit hochkomplexen Situationen zu kämpfen. Dann helfen die bislang dargestellten Formen nicht mehr so ganz, vielmehr sind zusätzliche Ebenen erforderlich. Ein Ansatz ist die **Matrixorganisation**, bei der eine Querschnittskoordination erfolgt. Funktions- und Objektorientierung werden miteinander kombiniert, natürlich um die Vorteile beider miteinander zu kombinieren. Dies geschieht jedoch mit dem Nachteil, gleichzeitig eine konflikträchtige doppelte Unterstellung einzelner Mitarbeiter zu erzeugen. Fachverantwortliche sind dann beispielsweise gleichzeitig der Produktionsleitung und einer Produktlinienleitung unterstellt.

Die Matrixorganisation unterstellt positive Wirkungen dieses Konflikts („Das bessere Argument setzt sich durch"). In der Praxis stehen jedoch die Abstimmungsprobleme im Vordergrund, so dass die Matrix eher eine Ausnahme bleibt. Das Produktmanagement ist eine abgeschwächte Form davon, weil zwar die Querschnittskoordination stattfindet, jedoch auf Weisungsbefugnis verzichtet wird. Oftmals beschränkt sich sein Aktionsraum auf die Koordination der Marketingaktivitäten.

Beispiel einer Operative-Holding-Struktur

```
                    Konzernleitung
                          │
    ┌──────────┬──────────┼──────────┬──────────┐
Zentrale Produktion   Zentraleinkauf
    Zentrale IT       Zentrale Personalabt.
          │                │                │
Vertriebsgesellschaft A  Vertriebsgesellschaft B  Vertriebsgesellschaft C
```

Beispiel einer Management-Holding-Struktur

```
                    Konzernleitung
                          │
        Strategische Planung    Recht
          │                │                │
     Gesellschaft A    Gesellschaft B    Gesellschaft C
```

Abbildung 1.3: Holding-Strukturen

Zu den moderneren Formen, die vor allem in den neunziger Jahren stärkere Verbreitung gefunden haben, zählt die **kundenorientierte Organisation**. Sie wird oft innerhalb des Marketing-/Vertriebsbereichs, nur sehr selten über das gesamte Unternehmen hinweg angewandt. Entscheidendes Kriterium sind Abhängigkeitsverhältnisse zu Abnehmern. Unternehmen mit bedeutenden einzelnen Kunden setzen zumindest im Vertrieb in der Regel auch ein Key-Account-Management ein, um diese Kunden gezielt betreuen zu können. Als Abwandlung wird häufiger eine **zielgruppenorientierte Organisation** (Privat-/Geschäftskunden, öffentliche/private Unternehmen, Energieversorger/Pharmabranche usw.) eingesetzt. Diese Gliederungen finden sich immer häufiger im Bereich der Dienstleister wie Unternehmensberatungen, Banken, Versicherungen oder der Versorgungsunternehmen. Abbildung 1.4 zeigt die beiden Formen im Überblick.

1 Unternehmensstrukturen und Unternehmensführung im Wandel

Einen ganz anderen Weg geht die **Projektorganisation**, die vor allem im Anlagenbau verbreitet ist, immer stärker jedoch auch bei anderen Unternehmen Einzug findet (Unternehmensberatung, Werbeagenturen, Ingenieurdienstleistungen usw.). Dabei werden dauerhafte und notgedrungen starre Strukturen abgelöst durch flexible und zeitlich begrenzte. Sie können so auf den jeweiligen Zweck ausgerichtet werden.

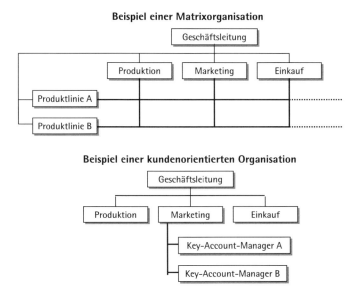

Abbildung 1.4: Matrix- und kundenorientierte Organisation

Im Fall des Anlagenbaus ist der gesamte Leistungsprozess in die Projektstruktur integriert, nur wenige zentrale Aufgaben werden ausgeklammert. Die Projektmitglieder sind kontinuierlich Projektarbeiter. In der Mehrzahl der innerbetrieblichen Projekte, die eine funktions- oder objektorientierte Organisationsstruktur ergänzen, werden nur einzelne Detailaufgaben zum Projektgegenstand. Dabei kann es sich um die Einführung einer EDV-Hardware handeln, die Entwicklung eines Werbekonzepts, die Umstellung der Artikelnummern usw. Die Projektmitglieder sind hier nach wie vor in die (starre) Linie integriert und nur in begrenztem Umfang (z. B. halbtags) Projektmitglieder.

Sie entsprechen damit weitgehend dem Ideal der zweck- oder anforderungsgerechten Organisationsgestaltung, lassen aber die Frage offen, ob und inwieweit die Mitarbeiter nach Projektende sinnvoll eingesetzt werden können. Projektorganisationen sind aus Unternehmenssicht schwer zu steuern, so dass sie über alle Branchen hinweg schwerpunktmäßig innerhalb von Abteilungen und Bereichen eingesetzt werden. Im Zuge einer dynamischer werdenden Umwelt ist jedoch mit einem Wachstum der Projektorganisation zu rechnen.

Wenn auch keine eindeutige historische Abfolge bei der Entwicklung dieser Organisationskonzepte zu unterstellen ist, so ist doch zu erkennen, dass auf Veränderungen der Umfeldanforderungen immer wieder mit neuen Ideen reagiert wurde. Die Organisation erweist sich damit als durchaus anpassungs- und lernfähiger Bereich. Da mit diesen Konzepten aber nicht allen Anforderungen entsprochen werden kann, geht die Entwicklung weiter.

Eines der neueren Konzepte ist das der **prozessorientierten Organisation** bzw. des **Prozessmanagements** (vgl. z. B. Schmelzer/Sesselmann 2002). Damit soll sich die Organisation vom klassischen stellenorientierten Denken weg und zum modernen Denken in (Kunden-)Prozessen entwickeln. Vor allem Michael Porter forcierte das Denken in Prozessen, indem er die Leistungserstellung eines Unternehmens als Abfolge wertschöpfender Prozesse beschrieb. Das ist einerseits wenig sensationell, weil es schon immer so war, verändert aber die Denkweise im Management, die sich eher an den vorhandenen, meist räumlich abgegrenzten Einheiten orientiert und sich weniger um die übergreifende Zusammenarbeit kümmert.

In diesem Zusammenhang muss man sich einfach einmal folgenden Widersinn vorstellen: Ein Produkt durchläuft bei seiner Herstellung eine ganze Reihe von Stationen, vom Materiallager über verschiedene Bearbeitungsstätten bis zum Verkaufslager. Dabei wird es unterschiedlichen Verantwortungsbereichen übergeben, in mehreren Rechnungs- und Bestandssystemen abgebildet, mehrmals ein- und ausgebucht. Bei Dienstleistungen, auch internen Verwaltungsabläufen, sieht es kaum besser aus. Es ist kaum noch möglich, eindeutig die Gesamtkosten zu ermitteln, die Qualität zu steuern oder die Zeiten zu optimieren. Das Abteilungs- und Kostenstellenkonzept steht dem entgegen.

Vor diesem Hintergrund wurde das Prozessmanagement entwickelt, das zu einem neuen Verständnis zusammenhängender Abläufe im Unternehmen führen soll. Wesentliches Merkmal ist das Verständnis der innerbetrieblichen Prozesspartner als Kunden:

> Der Kollege/die Abteilung, von der ich als Mitarbeiter eines Unternehmens ein halbfertiges Produkt übernehme, ist mein Lieferant, ich bin sein Kunde. Mein Abnehmer ist wiederum mein Kunde, den ich so behandele, wie es nach modernem Marketingverständnis sinnvoll ist. Die Zusammenarbeit klappt umso besser, je enger die Aktivitäten aufeinander abgestimmt sind, je mehr der eine über die Anforderungen des anderen weiß.

Aus diesem kundenorientierten Verständnis ergibt sich bei entsprechender Umsetzung eine Leistungssteigerung, was die Qualität angeht, und eine Kostensenkung durch Verminderung von Reibungspunkten.

Dieses prozessorientierte Verständnis, das zu vielen kleinen Änderungen in den Abläufen führt, kann aber auch Grundlage für revolutionäre Veränderungen in den organisatorischen Strukturen sein. Dann nämlich wird die Organisation an den Prozessen ausgerichtet und von vornherein so gestaltet, dass Vorgänge möglichst reibungslos abgeschlossen werden können, der Abstimmungs- und Kontrollaufwand, aber auch Transporte und Übergaben minimiert werden. Hier muss man natürlich auch erkennen, dass die Umsetzung solcher Ideen allenfalls auf der Mikroebene im Gange ist, also was überschaubare Prozesse wie die Bearbeitung von Anträgen (z. B. in der öffentlichen Verwaltung), die Montage von Teilen (z. B. in der Automobilproduktion) oder die Durchführung von Reparaturen (z. B. in Werkstätten) angeht. Dabei wird eine prozessorientierte Struktur innerhalb einzelner Abteilungen vorgenommen, so dass die übergeordnete Leitung des Unternehmens davon weitgehend unberührt bleibt.

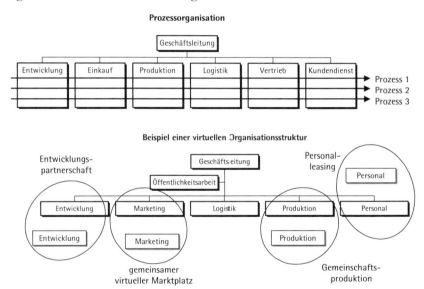

Abbildung 1.5: Prozess- und virtuelle Organisation

Ebenfalls in den Bereich der zukünftig interessanter werdenden Konzepte fällt die **virtuelle Organisation**. Sie beschreibt die Zusammenarbeit von Unternehmen im Rahmen einzelner Projekte. Im Vordergrund steht meist die Bündelung von Kapazitäten, wenn etwa Großprojekte (Produktentwicklung) in Angriff genommen werden, die von einem Unternehmen alleine nicht zu beherrschen oder zu finanzieren wären. Andere Zwecke beziehen sich auf die Ergänzung von Kompetenzen, wenn etwa Know-how fehlt.

Virtuelle Organisationsformen sind im Wesentlichen durch die Entwicklung in der Informationstechnologie angetrieben. Virtuelle private Netzwerke (VPN) und das Internet ermöglichen einen umfangreichen Datenaustausch, so dass die Koordination heute leichter fällt als noch vor wenigen Jahren.

Letztlich muss allerdings auch erkannt werden, dass diese Formen alles andere als ein Regelfall sind. Trotz der vielen Vorteile scheitern sie in pragmatischer Hinsicht am Problem der Datensicherheit und in intellektueller Hinsicht an der noch ungewohnten Form, mit einem Unternehmen „in der Ferne" zusammenzuarbeiten, verbunden mit Ängsten bezüglich Arbeitsplatzsicherheit, einer möglichen Übervorteilung oder der Herrschaft über die Abläufe. So bleibt sie bislang eher ein Instrument, um kurzfristig und befristet Kapazitäten auszugleichen. Abbildung 1.5 stellt die Konzepte grafisch dar.

Rationalisierung als Daueraufgabe der Unternehmensführung

Unternehmen haben die Angewohnheit, im Laufe der Zeit Fett anzusetzen. Das heißt, sie verlieren an Effizienz, ohne dass es konkrete Entscheidungen in diese Richtung gab. Prozesse dauern länger, zusätzlich werden eher unwichtige Aufgaben mit erledigt, der Personalbestand wächst. Die Planungsprozesse werden komplexer, der Informationsbedarf wächst. Solche Tendenzen müssen als mehr oder weniger natürliche Prozesse angesehen werden, weil praktisch kein Unternehmen frei davon ist. Schwierig ist es vor allem auch, diese Tendenzen zu erkennen. Häufig braucht man dafür eine Krise, so dass man anfängt, über das eigene Unternehmen einmal kritisch nachzudenken.

Die Reaktion auf solche Erkenntnisse ist die Rationalisierung, ein Vorgang, der sehr oft einseitig interpretiert und damit falsch verstanden wird. In der Regel wird er nämlich mit dem Abbau von Arbeitsplätzen verbunden, drastischen Kostensenkungsmaßnahmen, unangenehmen Einschnitten in das betriebliche Leben. Dabei ist Rationalisierung eigentlich eine ureigene unternehmerische Aufgabe, die kontinuierlich dafür sorgen sollte, ein Unternehmen effizient zu erhalten und seine Existenz zu sichern. Es ist allerdings auch menschlich, dass dies nicht regelmäßig passiert.

Eine kontinuierliche Rationalisierung soll und kann verhindern, dass harte Einschnitte im Sinne von Entlassungen überhaupt erforderlich werden. Gerade in wirtschaftlich ungünstigen Zeiten, aber nicht nur dann, sollte geprüft werden, welche strukturellen Veränderungen im Unternehmen und seinen Prozessen erforderlich sind, um Effizienz und Wettbewerbsfähigkeit sicherzustellen. Wobei frei werdende Kapazitäten vor allem für Wachstum eingesetzt werden können und nicht abgebaut werden. Die Frage ist also, mit welchen Ideen und Maßnahmen die Effizienz eines Unternehmens gewährleistet werden kann.

Unter diesem Aspekt fallen drei Strategien ins Auge, die Dezentralisierung, die Marktorientierung und die Koordination.

1. **Dezentralisierung.** Unternehmen sind durchaus als soziale Phänomene erklärbar, die es schaffen, sich von alleine zu zentralisieren und zu bürokratisieren. Man muss sie nur eine Zeit lang alleine lassen ... Mit zunehmendem Alter und Wachstum steigt der Anteil zentraler Aktivitäten und Kosten. Der Aufwand für Planungsprozesse steigt, strategische und übergreifende Aufgaben nehmen zu. Gleichzeitig steigt das Kontrollbedürfnis. Zwangsläufig entstehen zentral dominierte Unternehmen, die das Gefühl für den Markt verlieren, weniger operieren als administrieren. Die Gegenstrategie, um wieder Vitalität und Agilität zu erzeugen, ist die Dezentralisierung, die Verlagerung von Entscheidungsbereichen auf die marktnahen Einheiten.

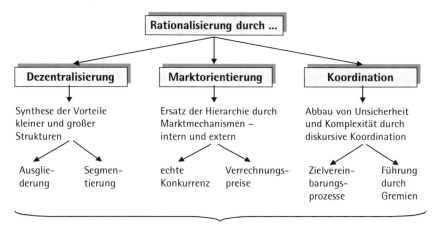

Abbildung 1.6: Elemente aktueller Rationalisierungsstrategien

2. **Marktorientierung.** Bei ihrer Gründung sind Unternehmen meist sehr stark marktgetrieben. Sie entstehen, weil ein Gründer eine Marktlücke entdeckt oder ein Kunde konkrete Forderungen stellt. Aus unzähligen Gründen wird diesem Prinzip immer seltener gefolgt, werden Abteilungen immer stärker nach innerbetrieblichen Erfordernissen ausgerichtet als nach den Marktanforderungen. Meist lässt sich dies mit Kostenvorteilen oder einfacheren Planungsprozessen begründen. Vor allem in der internen Zusammenarbeit entstehen Strukturen, die von Wettbewerb und Effizienz weit entfernt sind. Auf Dauer ist dies aus Kundensicht aber nicht mehr nachvollziehbar, Preise und Produkte werden nicht mehr akzeptiert. Die Gegenstrategie lautet Umsetzung der Marktorientierung, intern wie extern. Dazu gehört es, intern so zusammenzuarbeiten, als wäre man Kunde, und einen Wettbewerb zu erzeugen, indem auch ein externer Leistungsbezug zugelassen wird. So manche Abteilung sonnt sich in ihrer Existenzgarantie und vertraut auf den internen

Besteller. Dabei hat sie gar keinen Anreiz, ihre Leistung mit externen Dienstleistern zu vergleichen, die sich ganz anders um ihre Kunden bemühen müssen.

3. **Koordination.** Ein weiterer Schwachpunkt sind die internen Abläufe zur Planung und Kontrolle. Der Hang zur Bürokratisierung wurde bereits angesprochen. Meist gehen Bürokratie und Hierarchie miteinander einher, verursachen Kosten, verhindern die Ausrichtung an den Bedürfnissen des Marktes und betreiben letztlich die Entmündigung der operativen Bereiche des Unternehmens. Die koordinierende Funktion des Planungssystems geht dabei verloren, die Mitarbeiter werden ermutigt, ihre bürokratischen Pflichten zu erfüllen, aber entmutigt, Initiative zu ergreifen und Einfluss zu nehmen. Diese Entwicklung hat durchaus etwas Rationales, weil sie ohne weiteres kostensenkend wirken kann. Was die tatsächliche Leistung und den Erfolg am Markt angeht, ist sie jedoch nicht rational. Eine effektivere Abstimmung untereinander, eine motivierende Beteiligung an Planungsprozessen haben ein wesentlich besseres Kosten-Nutzen-Verhältnis.

Interessant, aber letztlich nicht verwunderlich, ist die Tatsache, dass alle diese Ansätze sich im Profit-Center-Konzept wiederfinden, das damit eine zentrale Rolle im Rahmen von Rationalisierungsstrategien übernimmt.

Die Zukunft der Organisation: Wandel und Lernen

Sieht man sich die aktuellen Überlegungen im Rahmen der Organisationsgestaltung an, dann stellt sich heraus, dass in wachsendem Maße auf die Fähigkeit zur Veränderung Wert gelegt wird. So ergeben sich mit steigender Geschwindigkeit Erfordernisse zu einer Anpassung der Organisation an den Markt, an das wechselnde Leistungsangebot oder auch an die Bedürfnisse der Mitarbeiter (z. B. aufgrund von Wertewandel). Groß angelegte Restrukturierungen, die „von oben" angeordnet werden, sind kaum noch in der Lage, vor allem den zeitlichen Anforderungen gerecht zu werden. Zudem wird es immer schwerer, auf die individuellen Gegebenheiten wie die lokale Organisationskultur oder die Leistungsprofile der Mitarbeiter einzugehen.

Organisationen müssen daher in der Lage sein, sich selbst zu verändern, weniger im Rahmen revolutionärer Vorgänge als vielmehr im Rahmen eines evolutionären Prozesses. Sie müssen ihre eigenen Stärken und Schwächen erkennen, Wissen sammeln und einsetzen können. Hierbei wird das Konzept des **organisationalen Lernens** eingesetzt. Neben dem Lernen des Einzelnen wird auch das Lernen der Organisation (einer Abteilung, eines Teams, eines Unternehmens) eingeschlossen. Das Lernen von Organisationen zeigt sich z. B. in Veränderungen von Entscheidungsprozessen, bei der Zuordnung von Aufgaben zu Personen oder bei der Sammlung von Wissen.

Gerade die kontinuierliche Anpassung in kleinen Schritten im Gegensatz zur umfassenden Umstrukturierung ist ein wesentlicher Erfolgsfaktor. Fehlkonzeptionen können so schneller erkannt werden, die Mitarbeiter können sich besser an neue Aufgabenzuordnungen gewöhnen. Organisationskonzepte sollten daher daraufhin untersucht werden, inwieweit sie ein organisationales Lernen zulassen bzw. sogar fördern.

Profit Center schaffen gute Bedingungen für einen schnellen und „sanften" Wandel. Sie sind überschaubar, stärker fokussiert als ein Unternehmen insgesamt und verfügen über höher motivierte Mitarbeiter. Für Anpassungsprozesse sind dies gute Voraussetzungen. Erfolg und Misserfolg, „fit" und „misfit" in Bezug auf den Markt schlagen sich schnell nieder, das heißt es kommt zu schnellen Rückkopplungen. Profit Center können deswegen schneller lernen, sich marktorientiert zu verhalten.

Ein weiterer Vorteil ergibt sich aus der Möglichkeit des Vergleichs mit anderen Profit Centern des selben Unternehmens. Hier lässt sich vor allem durch den systematischen Vergleich lernen (siehe dazu auch das Kapitel 4.4 Benchmarking). Nicht jede Erfahrung muss selbst gemacht werden. Ein Erfahrungsaustausch lässt sich problemlos organisieren, wenn auch gewisse Eigeninteressen (ein Profit Center möchte ein besseres Ergebnis liefern als ein anderes) dem entgegenstehen können. Diese sind jedoch als systemimmanenter Bestandteil nicht abzuschaffen, sondern werden gezielt gefördert.

2 Center-Konzepte

2.1 Sichtweisen des Center-Konzepts

Die Überschrift dieses Kapitels deutet bereits an, dass es nicht nur das *Profit Center* gibt, sondern unterschiedliche Arten von *Centern*. Eine allgemein verbindliche Definition existiert nicht. Daher findet man in Unternehmen viele „Profit Center", die keine sind, werden reale Profit Center nicht als solche bezeichnet und kommt es zu Aussagen wie: „Machen Sie aus Ihrer Webseite ein Profit Center!" oder „Unsere PR-Abteilung wird zum Profit Center", obwohl es nur darum geht, irgendwelche Einnahmen zu erzielen.

Was ein Profit Center ausmacht, ist nicht nur Sache der Organisation, sondern auch des Rechnungswesens und der Planung. Die Entscheidung für ein Profit-Center-Konzept zieht entsprechende Konsequenzen in den genannten Funktionsbereichen nach sich. Wird es nur als Organisationsthema betrachtet, fehlt die Möglichkeit, die Profitabilität der einzelnen Einheiten zu messen. Sie wären nicht mehr kontrollierbar, das Unterfangen würde an mangelnder Transparenz scheitern. Ebenso wenig lebensfähig ist das Konzept ohne geeignete Planungsstrukturen. Beispielsweise ließe sich die Liquidität des Unternehmens nicht mehr sicherstellen. Profit Center sind daher eine multifunktionale bzw. interdisziplinäre Angelegenheit (siehe auch Abbildung 2.1).

Die Begriffsbestimmung, was ein Profit-Center-Konzept eigentlich ist, hängt mit dem Betrachtungswinkel zusammen:

- Aus Sicht der Organisation und Führung handelt es sich um ein **Anreiz- und Motivationssystem**.

- Aus der Sicht des Controlling/Rechnungswesens handelt es sich um ein **System der Ergebnisrechnung nach Verantwortungsbereichen**. Das Konzept wird hier auch unter die Überschrift **Responsibility Accounting** gestellt.

- Aus Sicht der Planung ist es ein **System zur Steigerung der Planungsgenauigkeit**.

Bei allen Sichtweisen kann man noch die **Marktnähe** ergänzen. Sowohl die Festsetzung von Anreizen als auch die Ergebnisrechnung und Planung erfolgen marktorientiert, sollen also dazu beitragen, die Marktnähe des Unternehmens zu verbessern.

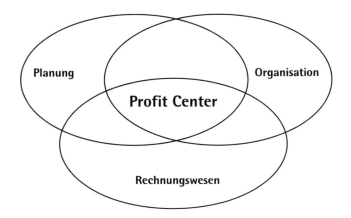

Abbildung 2.1: Thematische Verankerung des Profit Centers

2.2 Center-Arten

Neben dem Profit Center existiert eine Reihe weiterer Begriffe und Konzepte, die sich am gleichen Grundgedanken orientieren. Sie sind entwickelt worden, weil das Profit-Center-Konzept nicht immer in Reinform umgesetzt werden kann. So lassen sich insgesamt die folgenden Erscheinungsformen unterscheiden: Cost Center, Revenue Center, Service Center, Profit Center, Investment Center und neuerdings auch schon Value Center.

Sie unterscheiden sich im Wesentlichen bezüglich der Zahl der steuerbaren Größen und der Zielgröße. Abbildung 2.2 gibt einen Überblick über die charakteristischen Merkmale.

Die etwas unentschieden wirkende Formulierung „organisatorische Einheit" deutet darauf hin, dass die Center unterschiedliche Ausmaße annehmen können, von einzelnen Personen bis zu selbstständigen Betrieben. So entsprechen **Cost Center** in aller Regel den Kostenstellen, weil diese schon dem Kriterium des Cost Centers, der Verantwortung für und der Zurechnung der Kosten, gerecht werden.

2.2 Center-Arten

	Cost Center	Revenue Center	Service Center	Profit Center	Investment Center
Zielgröße	Center-Kosten	Center-Erlöse	Profitabilität = Center-Ergebnis bzw. Deckungsbeitrag	Profitabilität = Center-Ergebnis bzw. Deckungsbeitrag, Rentabilität = ROI	oft: Rentabilität = Center-ROI, besser: Residual Income
Zielsetzung	Kontrolle der Kosten einer organisatorischen Einheit, Motivation zur Kostensenkung	Kontrolle der Erlöse einer organisatorischen Einheit, Motivation zu Erlössteigerung	wirtschaftliche Bewertung der Leistung einer Einheit, Anreiz zum unternehmerischen Denken	Kontrolle der Profitabilität einer organisatorischen Einheit, Anreiz zu Kostensenkung und Erlössteigerung und zum unternehm. Denken	Kontrolle der Gesamtrentabilität einer organisatorischen Einheit, Übertragung umfassender Verantwortung für das Ergebnis
Kriterien	Kosten lassen sich zurechnen, eigene Verantwortung für Kosten	Erlöse lassen sich zurechnen, eigene Verantwortung für Erlöse	Kosten und interne Erlöse lassen sich zurechnen, eigene Verantwortung für Kosten und Verrechnungspreise	Kosten und Erlöse lassen sich zurechnen, eigene Verantwortung für Kosten und Erlöse	Kosten, Erlöse und Investitionen lassen sich zurechnen, eigene Verantwortung für Kosten, Erlöse und Investitionen
Beispiel	Kostenstellen: Reparaturdienst, Prägeanlage im Rahmen einer Fertigungslinie	Einheiten, die selbst am Markt verkaufen: Verkaufsbüros, Kundendienst	Einheiten, die Leistungen erstellen und an andere Einheiten abgeben: EDV-Abteilung, Grafikbüro	Einheiten, die Leistungen erstellen und am Markt verkaufen: Produktsparten, Serviceabteilung	Profit Center, die eigenverantwortlich investieren können

Verantwortungsbereiche:

Kosten					
Erlöse			(verrechnete)		
Investitionen					

Abbildung 2.2: Übersicht über Center-Konzepte

Revenue Center können Teil einer Kostenstelle sein oder auch mehrere umfassen. Entsprechen sie genau einer, sind sie automatisch ein Profit Center, weil sie dann dessen Kriterien genügen. Revenue Center sind verkaufende Einheiten, die in einem abgegrenzten Verkaufsgebiet oder für eine abgegrenzte Zielgruppe tätig sind. Sie werden vergleichsweise selten definiert, weil sie nur dann für Steuerungszwecke sinnvoll sind, wenn eine Abgrenzung der zuzurechnenden Kosten nicht möglich ist. Ansonsten gäbe es keinen Grund, kein Profit Center zu bilden.

Service Center sind eine Art von Profit Center, jedoch unterscheiden sie sich dadurch, dass sie ihre Leistungen nur innerhalb des Unternehmens abgeben. Sie verursachen damit auch Kosten und erzielen Erlöse, doch basieren die Erlöse auf Verrechnungspreisen, die unternehmensinternen Regelungen und Interessen unterliegen und damit nicht, trotz gegenteiliger Bemühungen, ausschließlich marktorientiert sind.

Profit Center entsprechen oft auch den Sparten, wobei der Sinn der Spartenbildung meist der ist, ein Profit Center zu schaffen. Es wird sich zeigen, dass vor allem im Fall der Sparte eine vergleichsweise problemlose Umsetzung des Konzepts erfolgen kann. Sie können die Größe eines eigenständigen Unternehmens einnehmen, aber auch aus einer Kostenstelle bestehen, die marktfähige Leistungen abgibt. Je größer die Profit Center definiert werden, desto problemloser ist die Zurechnung von Kosten und Erlösen, desto geringer ist jedoch der Beitrag zur Vereinfachung der Koordination und Steuerung im Unternehmen. Letztlich ist bei Großunternehmen eine weiter gehende Profit-Center-Bildung innerhalb der bestehenden Profit Center sinnvoll.

Schließlich handelt es sich beim **Investment Center** um ein Profit Center mit erweitertem Verantwortungsbereich, nämlich auch für den Kapitaleinsatz. Diese Konstruktion eignet sich nur bei relativ großen Einheiten, die Anlage- und Umlaufvermögen oder sonstige Infrastruktur ausschließlich selbst nutzen. Weiterhin muss eine entsprechende Bereitschaft zur Delegation der Investitionsentscheidung vorhanden sein. Sparten mit eigenständiger Beschaffung und Produktion sind in aller Regel Investment Center.

Es zeigt sich, dass unterschiedliche Abstufungen des Profit-Center-Gedankens möglich sind. In der Praxis werden Service und Investment Center oft auch einfach als Profit Center bezeichnet. Sie werden in erster Linie nach Produkten bzw. Produktlinien (oder Dienstleistungsarten) gebildet, es gibt aber eine Vielzahl weiterer Ansatzpunkte (siehe unten). Produktion, Beschaffung und andere Funktionsbereiche können hier einfach zugeordnet werden. Je nach Branche kommen aber auch andere objektorientierte **Gliederungskriterien** in Frage:

- nach *Vertriebsregionen* (z. B. bei Herstellern von Massenprodukten, die in unterschiedlichen Ländern/Regionen produziert und verkauft werden),

2.2 Center-Arten

- nach *Vertriebswegen* (z. B. bei Anbietern, bei denen die Vertriebswege unterschiedliche Produktgestaltungen und Kosten verursachen – etwa Handels- und Herstellermarke),
- nach *Kundengruppen* (z. B. bei individualisierter Produktion oder individuellen Dienstleistungen) oder
- nach *Lieferanten* (z. B. bei Händlern mit spezialisiertem Sortiment).

Ob Profit Center sinnvoll eingesetzt werden können, hängt stark von der Unternehmensstruktur ab. Vor allem in funktionsorientiert organisierten Unternehmen bestehen erhebliche Probleme der Zurechnung von Kosten. So können zwar, mitunter auch nur mit Schwierigkeiten, die Erlöse abgegrenzten Produktbereichen zugerechnet werden, auf der Kostenseite ist jedoch eine genaue Analyse erforderlich, in welchem Maße Produktions-, Beschaffungs-, Logistik-, Vertriebs- und Verwaltungskosten für ein Produkt entstanden sind. Die Funktionsorganisation fördert leider das Entstehen von Gemeinkosten im Gegensatz zu Einzelkosten.

Wenn man nun überlegt, welches Center-Konzept für einen bestimmten Bereich in Frage kommt, werden Entscheidungskriterien benötigt, mit deren Hilfe checklistenartig die möglichen Zuordnungen geprüft werden können. Es ist wenig sinnvoll, „auf Biegen und Brechen" aus einer Abteilung ein Profit Center zu machen, weil man die entsprechenden Ziele verwirklichen will. Sind die Bedingungen nicht gegeben, dann steht zwar letztlich Profit Center drauf, ist aber eine normale Abteilung drin, die mit zusätzlichem Verwaltungsaufwand belastet wird, ohne den gewünschten Nutzen daraus ziehen zu können.

Abbildung 2.3: Voraussetzungen für die Profit-Center-Bildung

Prinzipiell gelten die folgenden **Voraussetzungen** für die Bildung von Profit Centern:

> 1. **Marktorientierung** – Profit Center müssen Schnittstellen nach außen besitzen, das heißt eine marktfähige Leistung anbieten und auch selbstständig Leistungen am Markt nachfragen.
> 2. **Verantwortungsorientierung** – Profit Center müssen in einem hohen Maße Einfluss auf die Leistungserstellung haben. Sie müssen in der Lage sein, die Höhe der Kosten zu beeinflussen, und zwar auch durch Entscheidungen über den Leistungsumfang, die Produktqualität und die Vermarktung.
> 3. **Controllingunterstützung** – Das Controllingsystem muss in der Lage sein, die Führung der Profit Center zu unterstützen. Dies bezieht sich zunächst auf ein differenziertes Zielsystem, das den einzelnen Profit Centern abgegrenzte und realistische Ziele zuweist, die dann für die Center-Führung maßgebend sind. Weiterhin muss das Kosten- und Erfolgsrechnungssystem differenziert genug sein, die Kosten und Erlöse genau den Centern zuzurechnen und Deckungsbeiträge nach dem Prinzip der Verantwortbarkeit zu berechnen.

Für die anderen Center-Konzepte gelten diese Kriterien in abgewandeltem Maße. Beispielsweise muss das Controlling für ein Investment Center zusätzliche Aufgaben erfüllen, nämlich Investitionsentscheidungen unterstützen, für ein Revenue Center entsprechend weniger leisten, weil die Kostenverantwortung entfällt.

Gehen wir einmal davon aus, dass Cost Center nicht zur Entscheidung anstehen und Investment Center als eine Spezialform des Profit Centers angesehen werden können, dann können die in Abbildung 2.4 dargestellten Kriterien zur Entscheidung für oder gegen einen Center-Typ herangezogen werden. Nicht zu vergessen ist die Einrichtung bzw. Beibehaltung eines Zentralbereichs, wenn die Kriterien nicht erfüllt sind.

Während einige Kriterien eine klare Ja-nein-Entscheidung zulassen, muss bei anderen abgewogen werden. So ist etwa auch daran zu denken, wie viele Mitarbeiter in Relation zur Gesamtzahl einem Center zugeordnet würden. Hat etwa ein Unternehmen insgesamt 5.000 Mitarbeiter in der Produktion, bringt die Einführung von Profit Centern im Fertigungsbereich mit jeweils 2–3 Mitarbeitern wenig, weil die Transparenz- und Steuerungsvorteile mit Sicherheit von der ausufernden Bürokratie aufgefressen werden. Die Grenze zwischen sinnvoll und nicht sinnvoll kann nur durch eine realistische Einschätzung der Situation gezogen werden. Das Gleiche gilt auch für den Umsatz. Mini-Profit-Center, bei denen Ergebnisschwankungen von der Unternehmensleitung kaum registriert werden, das Center selbst aber mal in seiner Existenz gefährden, mal in Euphorie versetzen, sollten dann besser zu größeren zusammengefasst werden.

2.2 Center-Arten

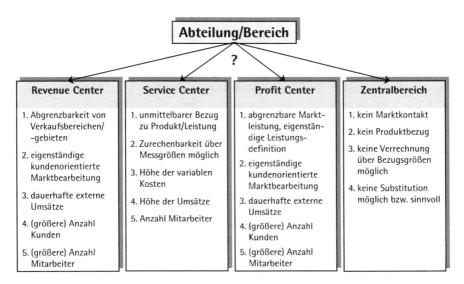

Abbildung 2.4: Kriterien zur Center-Definition

Ob sich Unternehmensbereiche zur Bildung von Profit Centern eignen, soll anhand von sieben Beispielen gezeigt werden:

Buchhaltung

Die Abteilung Buchhaltung erstellt Leistungen nur für die Unternehmensleitung selbst, sie werden nicht von anderen Abteilungen oder Unternehmen eingekauft. Aufgrund der Buchhaltungspflicht gibt es keine Freiheiten bei der Leistungserstellung, sowohl Input als auch Output sind vorgegeben. Die Möglichkeiten, diese Leistung an Externe zu verkaufen, sind aufgrund von Geheimhaltungsinteressen und rechtlichen Verpflichtungen stark eingeschränkt. Die Abteilung ist daher kein Kandidat für ein Profit Center.

Musterbau

Der Musterbau erstellt als Teilbereich der Entwicklung Muster von neuen Produkten, die als Demonstrationsexemplar verwendet werden. Er kann die gesamte Leistungserstellung kontrollieren und wird nur fallweise tätig. Die wechselnden Aufgabenstellungen erfordern weitgehende Autonomie. Die Musterproduktion ist darüber hinaus eine Leistung, die auch von externen Dienstleistern angeboten wird. Die internen Kosten lassen sich den am Markt verlangten Preisen gegenüberstellen. Daher kann der Musterbau als Service bzw. Profit Center geführt werden, Letzteres, wenn er seine Leistungen auch nach außen anbieten kann. Den abnehmenden Abteilungen muss dann auch freistehen, die Leistung extern zu beziehen.

Marktforschung

Die Marktforschungsabteilung dient der Unterstützung und Prüfung von Marketingentscheidungen und der Marktanalyse. In vielen Unternehmen ist sie auch die Schnittstelle zu externen Instituten. Als Profit Center kommt sie nur dann in Frage, wenn sie selbst Leistungen erbringt (etwa Befragungen durchführt) und sie in Konkurrenz zu externen Instituten am Markt anbietet. Aufgrund der sehr schwankenden Inanspruchnahme beauftragen Marktforschungsabteilungen jedoch meist selbst Dritte, so dass ihr Verantwortungsbereich zu klein ist, als dass unternehmerische Verantwortung vorliegen könnte.

Verkaufsbüro

Die Verkaufsbüros sind die regionalen Vertriebsniederlassungen des Unternehmens. Sie sind Anlaufstelle für die zugeordneten Außendienstmitarbeiter und nehmen Aufträge der Kunden entgegen. Die Aufgabenstellung ist durch die Durchsetzung der eigenen Interessen des Unternehmens gekennzeichnet. Eine Tätigkeit für andere kommt nicht in Frage. Ebenso wenig ist damit zu rechnen, dass ein externer Dienstleister die Tätigkeit übernehmen könnte. Der Einfluss auf die Kosten ist beschränkt. Der Anteil der Verkaufsbürokosten an den Gesamtkosten ist gering, Räumlichkeiten und Personal werden weitgehend zentral vorgegeben. Daher kommt die Einrichtung eines Profit Centers nicht in Frage, eher die eines Revenue Centers.

Fuhrpark

Der Fuhrpark hat die Funktion einer internen Spedition. Seine Existenz verdankt er meist der Forderung nach hoher Verfügbarkeit von Transportkapazitäten und nach geringeren Kosten. Die Leistung ist aber letztlich der einer externen Spedition gleichzusetzen. Hier bestehen keine Probleme, den Bereich als Profit Center zu führen, da eine Vergleichbarkeit von Angeboten gegeben ist. Das Profit Center muss in diesem Zusammenhang die Möglichkeit haben, Fahrzeuge selbst zu beschaffen und Preise marktgerecht zu bilden.

Personalabteilung

Die Personalabteilung ist eine Serviceabteilung, die an alle anderen Abteilungen Leistungen abgibt. Externe Kontakte sind dabei kaum möglich, schon aufgrund der erwarteten Vertraulichkeit. Eine Berechnung einzelner Leistungen steht allerdings vor einem ökonomischen Problem. Das Leistungsspektrum ist vielfältig und schließt standardisierte Tätigkeiten (Gehaltsabrechnung) ebenso ein wie Sonderaufgaben (Outplacement, Rechtsberatung). Hier entsteht bei einer Führung als Profit Center ein so hoher Aufwand, dass kaum noch ein wirtschaftlicher Vorteil entstehen kann.

2.2 Center-Arten

Checkliste Profit Center			
Kriterium	Wert	als Profit Center	
		geeignet	nicht geeignet
Werden Produkte oder Dienstleistungen intern angeboten?			
Werden Produkte oder Dienstleistungen extern angeboten?			
Gibt es auf dem freien Markt vergleichbare Produkte oder Dienstleistungen?			
Wie hoch ist der Kostenanteil im Profit Center an den Gesamtkosten des Produkts/der Dienstleistung?			
Wie hoch ist der Einfluss des Profit Centers auf die Leistungsdefinition und Gestaltung?			
Wie viele Mitarbeiter sind im Profit Center tätig?			
Wie hoch ist der Mitarbeiteranteil am Gesamtunternehmen/Funktionsbereich?			
Gibt es eigenständige Planungsabläufe/-zyklen im Profit Center?			
Wie stark ist die Abhängigkeit von dispositiven Entscheidungen der Unternehmensleitung?			
Wie hoch sind die Außenumsätze des Profit Centers?			
Besteht direkter Kontakt zu externen Kunden?			
Ist die Leistung des Profit Centers über direkte Größen messbar?			
In welchem Maße muss ungeplant intern ausgeholfen werden (Inanspruchnahme für Reparaturen bei anderen PC, Ausgleich von Unterkapazitäten u. Ä.)?			
Haben Investitions-, Programm- und Kapazitätsentscheidungen Einfluss auf andere Center?			
Hat das Profit Center aus Markt-/Kundensicht eigenständige Leistungsmerkmale, Kompetenzen usw.?			

Abbildung 2.5: Checkliste Profit-Center-Eignung

Produktbereich/Sparte

Der Produktbereich verfügt aufgrund der technologischen Unterschiede zum Rest-Sortiment über eigenständige Produktionsanlagen und einen eigenen Vertrieb. Die Verbindungen zum Zentralbereich des Unternehmens beschränken sich auf die kaufmännischen Grundfunktionen wie Rechnungswesen und Personal. Zur Umsetzung des Profit-Center-Konzepts fehlt hier nur noch die Bestimmung einer eigenständigen Führung und der Verrechnungspreise für die zentralen Leistungen.

Auf der vorherigen Seite (Abbildung 2.5) finden Sie eine Checkliste, die eine erste Einschätzung bei der Frage „Profit Center oder nicht?" ermöglicht. Wenn dabei von Profit Centern die Rede ist, dann sind potenzielle Profit Center gemeint, die Entscheidung sollte ja nicht vorweggenommen werden.

2.3 Profit Center und Unternehmensorganisation

Im ersten Kapitel über Unternehmensstrukturen haben wir uns mit den verschiedenen organisatorischen Konzepten als Reaktion auf Veränderungen im Unternehmensumfeld beschäftigt. Die Bildung von Profit Centern erfolgt unter diesen Bedingungen oftmals mit unterschiedlichen Zielsetzungen und in unterschiedlicher Form. Je nach vorhandener Struktur stellt sich auch heraus, dass die eine oder andere Form eine Profit-Center-Bildung vereinfacht oder auch erschwert (siehe dazu die Übersicht in Abbildung 2.6).

Funktionsbereiche als Profit Center

Unternehmen mit einer klassischen Organisation nach Funktionsbereichen können in erster Linie einzelne Funktionen komplett als Profit Center gestalten. Die Leistungen müssen dabei eigenständig am Markt absetzbar sein. Die Abgrenzung der Profit Center ist vergleichsweise unproblematisch, weil sie sich allein schon aus der Aufgabendefinition der Abteilung ergibt (siehe Abbildung 2.7). Ebenso sind Leitungsfunktionen meist auch vorhanden, so dass vor allem das mentale Problem, nämlich die Ausbildung einer unternehmerischen Einstellung, besteht. Hier setzt ja meist die Kritik an der Funktionsorganisation an. Beispiele finden sich bei den Funktionen Logistik, IT/Rechenzentrum, einzelnen Produktionsstätten (insbesondere Werkstätten).

2.3 Profit Center und Unternehmensorganisation

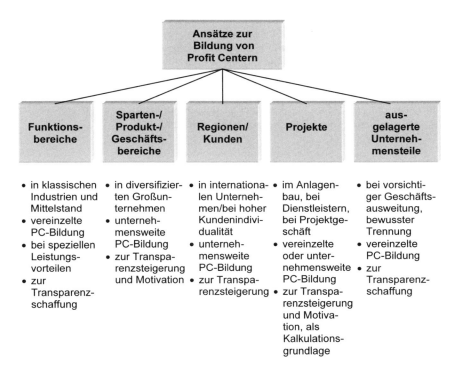

Abbildung 2.6: Ansätze zur Bildung von Profit Centern

Andere Formen von Profit Centern sind unter diesen strukturellen Bedingungen nur schwer realisierbar. Zu denken ist beispielsweise an ein objektorientiertes Profit Center (für einen bestimmten Produktbereich). Um dieses zu bilden, müssten jedoch aus allen Funktionsabteilungen einzelne Stellen herausgelöst und dem Profit Center zugeordnet werden. Der Aufwand wäre sehr hoch und zumindest überdenkenswert. Eine besondere Variante, die sich hier anbieten könnte, ist die Gründung eines aus der vorhandenen Organisation ausgelagerten Profit Centers, das dann als eigenständiges Unternehmen auftritt und im Wesentlichen über neue Mitarbeiter verfügt. Dies bietet sich im Fall einer Sortimentserweiterung an.

Sparten und Geschäftsbereiche als Profit Center

Unternehmen, die bereits objektorientiert aufgebaut sind, können Profit Center in erster Linie anhand dieser Geschäftsfelder aufbauen. Dabei geht es meist um die Frage, ob organisatorische Einheiten in unveränderter Abgrenzung zum Profit Center erklärt oder dazu zusammengefasst oder aufgeteilt werden. Besteht bereits eine Spartenorganisation, bei der die Einheiten ohnehin schon sehr selbstständig arbeiten und sich weitgehend selbst versorgen können, dann ist die Profit-Center-Bildung kaum mehr als eine Frage der Gestaltung des Rechnungswesens. Sind die Einheiten enger gefasst und betreffen sie nur wenige Funktionen (meist Produktion und Logistik), dann wird es schwieriger, weil komplexe Leistungsverflechtungen über die Center-Grenzen hinweg entstehen. Alternativ kann natürlich auch stärker in die Organisation eingegriffen werden, was z. B. die Teilung von Abteilungen nach sich zieht.

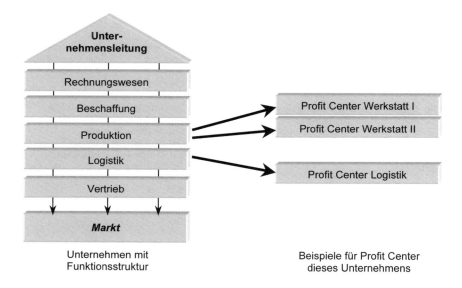

Abbildung 2.7: Profit-Center-Bildung in einem Unternehmen mit Funktionsstruktur

Abbildung 2.8 zeigt mögliche Profit Center eines Unternehmens mit Spartenorganisation. Ein Profit Center Elektronik verursacht kaum organisatorischen Aufwand, zumal die Leitungsfunktionen ohnehin schon bestanden haben (sollten). Was fehlt, ist eine genaue Zurechnung von Kosten und Erlösen, insbesondere der Kosten aus den Zentralbereichen Controlling und Einkauf. Ein Profit Center Elektronik verursacht weniger Aufwand bei der Zurechnung der Controlling- und Einkaufskosten, weil ihm diese Funktionen direkt zugeordnet werden, dafür verursacht eben dieses einen organisatorischen Mehraufwand. Aus beiden Abteilungen müssen nämlich die Stellen extrahiert werden, die für die Sparte Metallbau zuständig sind. Daraus ergeben sich neue, kleinere Abteilungen innerhalb des Profit Centers. Aus einer Sparte können aber auch mehrere Profit Center werden. Dies kann sinnvoll sein, wenn unterschiedliche Produkte für

2.3 Profit Center und Unternehmensorganisation

unterschiedliche Kunden gefertigt werden und innerhalb der Sparte eine Zuordnung von Tätigkeiten zu diesen Centern möglich ist. Welcher dieser Ansätze sinnvoll ist, muss individuell entschieden werden. Möglich sind alle.

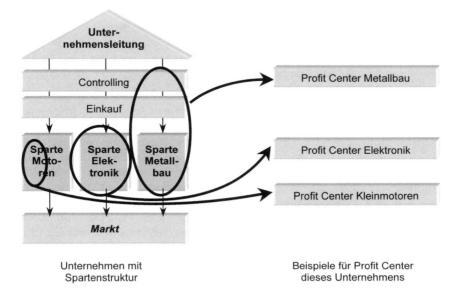

Abbildung 2.8: Profit-Center-Bildung in einem Unternehmen mit Spartenstruktur

Regionen und Kunden als Profit Center

Vergleichsweise wenig beachtet wird der Ansatz, die Profit-Center-Bildung nach geografischen Kriterien vorzunehmen. Dies setzt natürlich voraus, dass ein gewisser Einfluss der Regionen auf die Kosten und das Leistungsprogramm insgesamt besteht. Unternehmen mit Produktionsstätten in den Zielländern können dies meist gewährleisten. Da eine sehr deutliche Trennung zwischen den Zielgebieten vorhanden ist, lässt sich eine Zurechnung von Kosten und vor allem Erlösen genau vornehmen. Die gestalterische Aufgabe besteht lediglich darin, im Rechnungswesen Ebenen einzuführen, die genau den Regionen entsprechen.

Eine analoge Überlegung betrifft die Kunden als Kriterium der Profit-Center-Bildung. Im Normalfall sind sie Ausgangspunkt für die Definition von Revenue Centern, es gibt aber auch Beispiele kundenindividueller Fertigung mit kundenspezifischen Kostenblöcken (Entwicklung, Maschinen, Vertrieb usw.), etwa bei Zulieferern. Hier ist der Einfluss eines Kunden-Profit-Centers auf Kosten und Erlöse so hoch, dass sich eine entsprechende Definition anbietet.

Projekte als Profit Center

Bei der Darstellung organisatorischer Grundkonzepte wurde das Projektmanagement als eines der modernen und zukunftsweisenden erwähnt. Während die Steuerung von Projekten unter Managementaspekten bereits ein weithin bekanntes Feld ist, werden sie jedoch selten als wirtschaftlich abgegrenzte Einheit betrachtet. Entscheidendes Problem ist die Definition des Projektziels, die meist nicht auf ein dauerhaftes marktbezogenes Ergebnis ausgerichtet ist (Verkauf von Waren), sondern auf ein einmaliges internes (Entwicklung eines Produkts). In solchen Fällen lässt sich das Projekt allenfalls als Service Center betrachten.

Im Bereich der Individualfertigung (Bau, Anlagenbau) oder der Dienstleistungen (Unternehmensberatung, Reparaturleistungen u. Ä.) spielen Projekte eine so dominante Rolle, dass eine Profit-Center-gerechte Abrechnung nicht nur sinnvoll, sondern erforderlich und somit eine Führung als wirtschaftliche Einheit durchsetzbar ist. Die Ermittlung der relevanten Kosten verursacht jedoch größere Probleme, weil jeweils der Zeitbezug zu berücksichtigen ist. Beispielsweise lassen sich zwar Personalkosten in einer Beratungsgesellschaft über Tagessätze einem Projekt zurechnen, doch ist unklar, an wie vielen Tagen die Mitarbeiter einem Projekt zurechenbar sind und wie viele Leertage umgelegt werden müssen. Im Anlagenbau lassen sich Fremdleistungen wie externe Entwicklungsleistungen oder Rechnerzeiten leicht zurechnen, doch wird es bei den Raumkosten oder Mitarbeitern, die in mehreren Projekten arbeiten, schon schwieriger.

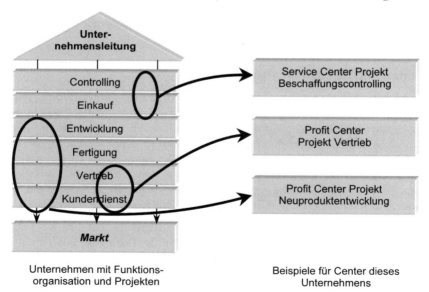

Abbildung 2.9: Profit Center eines Unternehmens mit Projektmanagement

2.3 Profit Center und Unternehmensorganisation

Abbildung 2.9 zeigt mögliche Center eines Unternehmens, in dem Projektmanagement existiert. Ein Projekt mit dem Thema Beschaffungscontrolling könnte aufgrund des nicht vorhandenen Marktbezugs kein Profit, sondern nur ein Service Center sein. Dabei könnte etwa der erarbeitete wirtschaftliche Vorteil (Kostensenkungspotenzial bei Umsetzung der entwickelten Maßnahmen o. Ä.) Basis für den internen Verrechnungspreis sein.

Das Projekt Neuproduktentwicklung als Profit Center, bei dem wir hier eine individuelle Kundenleistung unterstellen, ist insofern wenig problematisch, als die Erlöse vom Markt kommen und eindeutig zurechenbar sind, daher nicht diskutiert werden müssen. Dafür ist die Kostenzurechnung zumindest umfangreich.

Das Vertriebsprojekt, beispielsweise die Entwicklung und Einführung eines Kundendienstprogramms, betrifft nur wenige Funktionsbereiche, was auf Kostenseite wenig problematisch ist, aber auf Erlösseite das Problem der Erlöszuordnung aufwirft. Das Projektergebnis wird beispielsweise in Aufträge einfließen, die mit diesem Projekt-Profit-Center nichts zu tun haben. Ebenso ist fraglich, wer für die Höhe der Erlöse verantwortlich ist, ob die Leistung am Markt extra verkauft wird oder vom Vertrieb als Verkaufshilfe betrachtet wird.

Ausgelagerte Unternehmensteile als Profit Center

Ausgelagerte Unternehmen bzw. Unternehmensteile sind praktisch automatisch Profit Center, weil sie als eigenständige Rechtspersönlichkeit geführt werden, ein externes Rechnungswesen benötigen usw. Dies betrifft aber die rechtlich formale Seite, von der sich die interne Regelung durchaus unterscheiden kann. So kann vorgesehen sein, dass das Unternehmen nur an die Muttergesellschaft verkauft (dann wäre es ein Service Center) oder Abnahmeverpflichtungen für Vorleistungen hat, so dass keine Entscheidungsfreiheit gegeben ist.

Die Führung eines Aufgabenbereichs als ausgelagertes Profit Center ist insofern eine sinnvolle Alternative, als sich dadurch interne Konflikte verringern lassen. Wenn beispielsweise so genannte Nebengeschäfte einen organisatorischen Rahmen bekommen sollen, stellt sich die Frage, ob eine Gleichbehandlung mit Einheiten des Stammgeschäfts sinnvoll ist. Dies kann der Fall sein, wenn etwa riskantere Tätigkeiten aufgenommen werden, bei denen eher mit einem Scheitern zu rechnen ist bzw. die eine andere Managementstruktur erfordern. Letzteres kann mit bestehenden Tarifverträgen, Entlohnungssystemen, Gehaltshöhen, vorhandenen Führungspersönlichkeiten u. Ä. zu tun haben. Insofern wird das bestehende Unternehmen in seiner Risikostruktur nicht belastet, die Führungsstrukturen bleiben jeweils homogen. Risiken, die sich aus dem neuen Geschäft ergeben, können analysiert und isoliert werden, Managementkonflikte werden reduziert. Rechtlich gesehen handelt es sich in diesen Fällen wohlgemerkt um separate Unternehmen, oft unter einem Konzerndach oder als Tochtergesellschaft geführt. Aus Sicht der Unternehmensleitung sind es Profit Center, die die erwünschte Transparenz und Motivationsleistung erbringen.

Abbildung 2.10 zeigt dies noch einmal und macht auch deutlich, dass die Profit Center in ihrer funktionalen Ausstattung selbstständige Unternehmen sind und damit kaum mit Problemen wie der Verrechnung von Umlagen zu kämpfen haben.

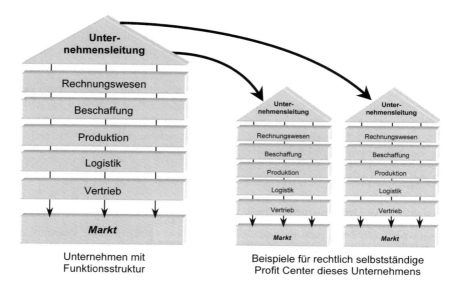

Abbildung 2.10: Unternehmen mit ausgelagerten Profit Centern

Hierarchie durch Profit Center?

Die Entwicklung von Organisationskonzepten hat auch mit Auf- und Abbau von Hierarchien zu tun. Zu einem modernen Managementverständnis gehört einerseits der Abbau von Hierarchien, um Freiräume für die Mitarbeiter zu schaffen, andererseits sind Hierarchien aber auch ein Instrument, um Perspektiven für die berufliche Entwicklung innerhalb eines Unternehmens anzubieten. Der Abbau von Hierarchien kann daher zunächst zu einer Verringerung der Personalkosten führen und Entscheidungsprozesse beschleunigen, aber auch Frustrationstendenzen hervorrufen, weil ambitionierten Mitarbeitern keine Entwicklungsmöglichkeiten (in der Unternehmenshierarchie) geboten werden können.

2.3 Profit Center und Unternehmensorganisation

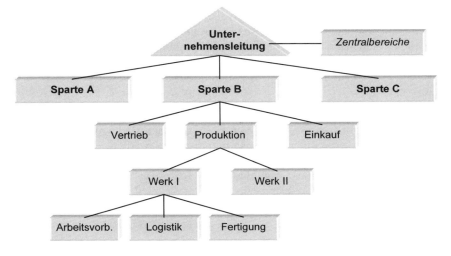

Unternehmen mit Spartenstruktur ohne Profit Center

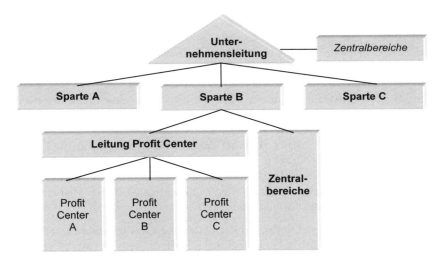

Unternehmen mit Spartenstruktur und Profit Centern

Abbildung 2.11: Unternehmensbeispiele mit und ohne Profit Center

Die Einführung von Profit Centern greift in solche Überlegungen ein. Dies geschieht allerdings nicht eindeutig, was zu unterschiedlichen Interpretationen führt. Eine Tendenz zur **Enthierarchisierung** durch Profit Center entsteht dadurch, dass die Unternehmenszentrale nur noch allgemeine Anweisungen an die Profit Center gibt, oft nur Zielvorgaben statt einzelner Detailvorgaben wie für Abteilungen oder Mitarbeiter. Aus Unternehmenssicht gibt es dann praktisch nur noch zwei Ebenen: die Unternehmensleitung und die Profit Center, gegebenenfalls auch mehr oder weniger gleich geordnete Zentralbereiche. Was innerhalb der Profit Center passiert, muss definitionsgemäß diesen überlassen werden.

Eine Tendenz zur **Hierarchisierung** entsteht durch das Bedürfnis zur Koordination der Profit Center. Neben Center-spezifischen Bedingungen der Steuerung müssen auch die unternehmensweiten beachtet werden, etwa die Liquiditätssicherung. Für diese Koordination ist oft eine zusätzliche Ebene erforderlich, die die Hierarchie erweitert. Abbildung 2.11 zeigt, dass durch die Einführung von Profit Centern als durchgängigem Konzept die Zahl der Ebenen im Unternehmen verringert wird.

Das Beispiel ABB

Das schwedisch-schweizerische Unternehmen Asea Brown Boveri gehört seit längerem zu den Vorreitern, was die Einführung neuer Organisationsstrukturen angeht. Vor allem spielt hier eine Rolle, dass man das Profit-Center-Konzept in einem größeren Maßstab umgesetzt hat. Das Unternehmen ist nicht nur durch eine umfassende geografische Präsenz gekennzeichnet, sondern auch durch Aktivitäten in einer Vielzahl von Branchen, etwa der Kraftwerkstechnik oder dem Maschinenbau. Dazu kam als besondere Herausforderung der Zusammenschluss der Unternehmen Asea und Brown Boveri & Cie. zu ABB (vgl. Internationaler Metallgewerkschaftsbund 2001). 1988 wurde eine Matrixorganisation eingeführt, deren Dimensionen die Industriesegmente und Regionen bildeten. Zwei Jahre später, 1990, wurden die Profit Center eingeführt, und zwar nicht weniger als 5.000. Unter Percy Barnevik ergab sich in der Zeit von 1993 bis 1998 eine globale Matrixorganisation nach Produkten und Regionen, innerhalb derer 5.000 Profit Center in 1.300 rechtlich selbstständigen Gesellschaften organisiert waren. Dadurch wurde jedes Profit Center immer einem Geschäftsbereich und einer Region zugeordnet (Abbildung 2.12).

Später wurden als dritte Dimension der Matrix die Großprojekte eingeführt, die Unternehmen über globale und regionale Dimensionen hinweg verknüpfen. Eine Matrixorganisation beinhaltet immer die Unterstellung der organisatorischen Einheiten unter zwei Vorgesetzte, hier die Leiter der Geschäftsbereiche und die Leiter der Regionen. Damit sollte vor allem die Verankerung des Unternehmens in den einzelnen Märkten, das heißt nahe am Kunden, sichergestellt werden. Dabei entsteht das Problem des wachsenden Abstimmungsaufwands und der Frage, wie im Konfliktfall vorzugehen ist.

2.3 Profit Center und Unternehmensorganisation

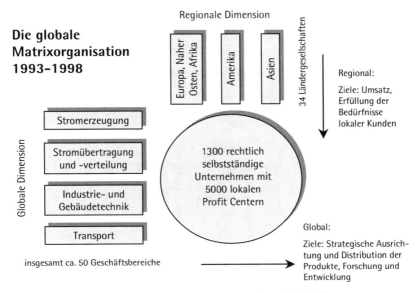

Abbildung 2.12: Matrixorganisation bei ABB

Mit Göran Lindahl wurde die Organisation 1998 erneut grundlegend umgebaut. Es wurde eine Spartenorganisation eingeführt, die die sechs grundlegenden Tätigkeitsbereiche von ABB widerspiegelt. Diesen Sparten wurden jeweils die Business Areas (ebenfalls produktorientiert) und die Profit Center zugeordnet. Die Center an sich blieben dabei unverändert, nur die globale Zuordnung wurde erneuert. Mit der Abkehr von der Matrixorganisation sollte das Problem der Kompetenzkreuzung gelöst werden. Die Führungsstruktur wurde vereinfacht und effizienter, die Reaktionsgeschwindigkeit auf Markttrends erhöht (siehe Abbildung 2.13).

Die Spartenorganisation, die nicht mit einer Abkehr von einer regionalen Orientierung gleichzusetzen ist, wirft ihrerseits die Frage auf, inwieweit sie optimal im Hinblick auf die Gestaltung der Kundenbeziehung ist. So stellte ABB beispielsweise fest, dass 30 % des Umsatzes mit 200 Kunden erzielt werden, wovon 180 nur mit einem Geschäftssegment bei ABB zu tun haben. Daraus lassen sich erhebliche Potenziale für die Ausweitung der Geschäftsbeziehungen ableiten. Diese lassen sich allerdings nur dann realisieren, wenn die Organisation auf die Kunden ausgerichtet wird. Insofern wundert es nicht, dass 2001 mit Jörgen Centerman wiederum eine Umstrukturierung vorgenommen wurde. Ziel der neuen Kundenorganisation ist es, jedem Kunden nur noch einen Ansprechpartner gegenüberzustellen und somit die Kundenbindung zu erhöhen. Abbildung 2.14 gibt einen Überblick über die neue Struktur.

Die Spartenorganisation 1998-2001

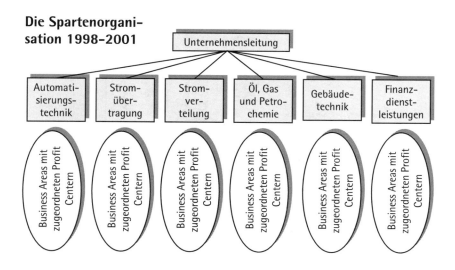

Abbildung 2.13: Spartenorganisation bei ABB

Die kundenorientierte Organisation seit 2001

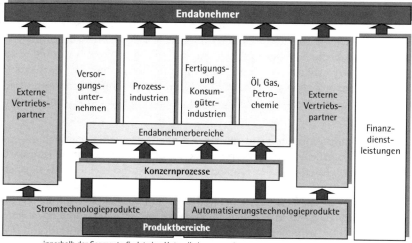

innerhalb der Segmente findet eine Untergliederung nach technologisch ausgerichteten Business Areas und weiter nach Profit Centern statt

Abbildung 2.14: Kundenorientierte Organisation bei ABB (Quelle: ebenda)

2.4 Gegenwärtige und zukünftige Trends bei der Einführung von Profit Centern

a) Profit Center im Zuge von Übernahmen und Fusionen

Wir haben gesehen, dass Profit Center in unterschiedlichen organisatorischen Zusammenhängen gebildet werden (können). Neben den grundsätzlichen Merkmalen der Profit Center kommen dabei situationsspezifische Anforderungen und Bedingungen zum Tragen. Hier soll anhand ausgewählter Beispiele gezeigt werden, in welchen Situationen ganz besonders auf die Center-Bildung zurückgegriffen wird. Dabei kommt es nicht so sehr auf die konkreten Unternehmen an, sondern auf die Situationsmerkmale, von denen in der Regel die gesamte Branche betroffen ist.

Mittlerweile ergibt sich aus dem Zusammenschluss komplexer Unternehmen eine Standardsituation des Managements. So müssen operative Bereiche und Kulturen zusammengeführt werden, werden Synergien zu realisieren versucht, müssen gegenseitige Konkurrenzverhältnisse abgebaut werden. Auf der einen Seite gibt es Argumente für eine weitgehende Selbstständigkeit der sich zusammenschließenden Unternehmen (schon aus kulturellen Gründen), andererseits verspricht man sich gerade durch ein Eingreifen in die Strukturen Vorteile. Gesucht ist damit ein Mittelweg zwischen Erhaltung und Neugestaltung. Versuche, dies auf der organisatorischen Mikroebene umzusetzen, Belegschaften zu mischen, die Richtlinien und Handlungsweisen des übernehmenden Unternehmens beim übernommenen durchzusetzen, scheitern nicht selten. Die Anpassungsprozesse haben nicht genug Zeit, werden mitunter auch gezielt sabotiert.

Das Profit-Center-Konzept bietet hier die Möglichkeit, diesen Zwischenweg gangbar zu machen. Dabei können einzelne operative Bereiche vollständig erhalten bleiben, während gleichzeitig die Gesamtstruktur des Unternehmens verändert wird (z. B. Zusammenlegung der Leitungsebenen, Auf-/Abbau von Hierarchieebenen, Anpassung der Berichtssysteme). Die operativen Bereiche wie Produktionsstätten, Logistik, eigenständige Produktbereiche oder Beratungs-/Schulungsabteilungen können als relativ selbstständige Profit Center weitergeführt werden, dabei ihre eigenen Kompetenzen erhalten und weiterentwickeln und sich auch in Bezug auf Führungsverhalten und -systeme von der Unternehmensleitung bzw. anderen Centern abgrenzen. Damit sollen keineswegs individuelle Biotope mit eigenständigem, bisweilen eigenartigem Denken und Handeln geschaffen, sondern soll die Möglichkeit gegeben werden, sich im Zuge eines langsameren evolutorischen Prozesses an die neue Situation anzupassen.

Über die Erfolgsrechnung des Profit Centers sowie allgemeine Steuerungsprozesse wie Erfolgsbeteiligungssysteme oder unternehmensweites Qualitätsmanagement erfolgt eine Koordination im Hinblick auf die Gesamt-Unternehmenssteuerung. Deren Aufgabe ist dann auch die Integration der noch fremden Prozesse zu einem homogenen System.

Die geforderten Profit Center entstehen natürlich nicht von selbst. Zunächst muss entschieden werden, welche Bereiche überhaupt als solche geführt werden sollen – es kommen nur die in Frage, die weiterhin mit ihren Verfahren und Kompetenzen ihren Stammmarkt bedienen sollen. Unter Profit Centern muss man sich dabei nicht unbedingt kleine Einheiten von nur wenigen Mitarbeitern vorstellen, im Übernahmefall können es auch signifikante Unternehmensteile mit mehreren Hundert oder Tausend Mitarbeitern sein.

Dann muss der Prozess der Profit-Center-Bildung eingeleitet werden. Hier ist vor allem an die Rekrutierung geeigneter Führungskräfte zu denken, die besser nicht aus dem übernehmenden Unternehmen stammen sollten. Vor dem Hintergrund vielfacher negativer Erfahrungen im Zuge von Übernahmen sollte die Förderung eines Wir-Gefühls, das heißt die Wahrung der „alten" Identität im Vordergrund stehen. Diese kann durchaus mit der Fortführung eingeführter Markennamen verbunden sein (siehe etwa das Beispiel Preussag/TUI mit der Führung der drei Fluggesellschaften Hapag-Lloyd, Britannia und Corsair).

b) Profit Center zur Re-Vitalisierung des Mittelstands

Mittelständische Unternehmen werden immer wieder als Stützen und vor allem Motoren der deutschen Wirtschaft bezeichnet. Viele entwickeln sich aufgrund innovativer Ideen und effizienter Prozesse sehr positiv, wachsen und bilden über kurz oder lang Strukturen aus, die eher typisch für Großunternehmen sind. Nicht nur, dass der bürokratische Aufwand überproportional steigt, auch die eigentliche Triebfeder, die starke Identifikation der Mitarbeiter und vor allem Führungskräfte mit „ihrem" Geschäft, erlahmt.

Vielfach entsteht bei schnell wachsenden Unternehmen eine ähnliche Situation: Die Unternehmensgründer, meist Erfinder oder Entwickler von Produkten und Verfahren, geraten immer stärker aus der operativen Verantwortung hinein in eine abstrakte Führungsposition mit personeller und finanzieller Verantwortung. Finanz- und Managemententscheidungen gewinnen mit wachsender Unternehmensgröße an Bedeutung. Die eigentlichen Fachexperten müssen sozusagen aus der „Werkstatt" abberufen und in eine Büroetage versetzt werden. Im Mittelstand bildet sich dabei häufig eine Funktionsorganisation heraus, die nicht gerade durch Innovativität und Flexibilität gekennzeichnet ist.

Die Werkstatt wird von Angestellten übernommen, die eine ganz andere Motivation als die ursprünglichen Gründer haben. Denen stellt sich die Frage, wie sie ihre Motivation auf die neuen Kräfte übertragen können, wie sie verhindern, dass der in seinem Kern innovative Betrieb zu einem anonymen und trägen

Managementapparat wird oder die ursprünglichen (Mit-)Gründer demotiviert das Unternehmen verlassen und vielleicht einen Konkurrenten aufbauen.

In solchen Situationen gilt es, eine stärkere Einbindung dieser treibenden Kräfte in die operativen Tätigkeiten sicherzustellen, die fachlichen Kompetenzen stärker mit den Managementaufgaben zu verzahnen. Auch hier bietet sich das Profit-Center-Konzept als adäquate Lösung an. Seine konsequente Umsetzung lässt Strukturen entstehen, die wieder nahe am Markt und innovativ sind und geeigneten Mitarbeitern Perspektiven im Führungsbereich nahe an der Technologie bieten. Die Profit-Center-Organisation wird sich meist an Sparten/Produktbereichen orientieren, weniger an den Funktionen.

Ein weiterer Aspekt in mittelständischen Unternehmen betrifft die Nachfolgeregelung. Profit Center eignen sich dafür, einzelne Mitarbeiter auf die Nachfolge des Unternehmensgründers vorzubereiten.

c) Profit Center zur Durchsetzung des markt- und kostenorientierten Denkens

Eine ganze Reihe von Branchen ist, teilweise aufgrund von Existenzgarantien oder staatlicher Reglementierung, in der Vergangenheit wenig vom Problem der Kosten- oder Marktorientierung bzw. auch der Gewinnerzielung betroffen gewesen. Dazu gehören vor allem die (damals) städtischen Betriebe wie Stadtwerke, Energieversorger und Krankenhäuser. In diesen Branchen ist derzeit eine sehr starke Tendenz zur Umstellung auf ein Profit-Center-Konzept festzustellen. Dabei spielen mehrere Faktoren eine Rolle:

- Unter einem Unternehmens-(Eigenbetriebs-)Dach werden sehr unterschiedliche Leistungen angeboten, die aus unternehmerischer Sicht nicht zusammengehören, traditionell jedoch dem öffentlichen Hoheitsbereich zugerechnet sind. Teilweise aufgrund rechtlicher Änderungen bzw. des Zwangs zu einer Einstellung des Subventionssystems (der „Klassiker" ist die Subvention des defizitären öffentlichen Nahverkehrs durch den profitablen Stromverkauf) müssen diese Bereiche organisatorisch und rechnungswesenspezifisch voneinander getrennt werden.

- In Betrieben mit einer mehr oder weniger deutlichen Existenzgarantie bzw. mit Monopolstatus ist das Kostendenken der Mitarbeiter und Führungskräfte schwach bis gar nicht ausgeprägt. Ein Verständnis für Profitabilität und Rendite besteht noch weniger, weil Erlöse z. B. nicht selbst beeinflusst werden können, nach festen Sätzen vorgegeben oder auch gar nicht bekannt sind. Hier entstehen erhebliche Einsparpotenziale durch Profit Center, allein schon durch die Schaffung eines entsprechenden Bewusstseins.

Durch den Einsatz von Profit Centern lassen sich sowohl eine effizientere Steuerung der Bereiche als auch eine Aufrechterhaltung der grundsätzlichen Kontrolle gewährleisten. Die Bildung eines Profit Centers ist dabei auch als Alternative zur Verselbstständigung zu sehen, die in Sachen Kostenbewusstsein und Ergebnistransparenz natürlich genauso sinnvoll wäre. Dabei bestünde dann das Problem eines Verlustes der Gewinne für den eigenen Haushalt bzw. der Frage, wie die Bezuschussung zu regeln wäre.

Im Bereich der Krankenhäuser ist vor allem die Einführung der Fallpauschalen als Einflussfaktor zu nennen. Sie beenden das System der Weiterbelastung von Kosten und ermöglichen eine sehr einfache Ermittlung der Fall- und damit auch der Betten-, Stations- und Leistungsprofitabilität. Durch den Einsatz von Profit Centern für Stationen oder medizinische Leistungsbereiche (z. B. Röntgen, Rehabilitation) kann damit eine Lokalisation von Verlust- und Ertragsbereichen erzielt werden. Vor allem stellen sie eine Grundlage für die Ermittlung von Verrechnungspreisen für die einzelnen Leistungen dar.

Einen Einblick in die Motivation zum Einsatz von Profit Centern bei Stadtwerken gibt folgende Pressemitteilung der Stadtwerke Unna vom 5. November 1998:

Stadtwerke proben mit Erfolg den hausinternen Wettbewerb

Profit-Center im Unternehmen beflügeln die ökonomische Phantasie der Belegschaft

Unna. Der offene Energiemarkt fordert namentlich kommunale Unternehmen wie die Stadtwerke Unna heraus, fordert ihnen aber nach Ansicht von Geschäftsführer Dr. Christian Jänig auch ganz neue Handlungsinstrumente ab. "Wir kommen hier mit den tradierten Formen im operativen Geschäft schon auf kurze Sicht nicht mehr weiter", sagt er. Die innere Organisation und die binnen-ökonomischen Strukturen sind zu verändern und den neuen Bedingungen auf dem Markt anzupassen. "Da haben wir die ersten Schritte getan, und man staunt, was da an kurzfristigen Erfolgen herauskam", sagt Christian Jänig.

Innerhalb der Stadtwerke wurden typische Profit-Center eingerichtet. Die arbeiten mit eigenen Budgets (ähnlich dem Konzept der Ressourcenverwaltung in der Stadtverwaltung) und rechnen im Rahmen einer internen Verrechnung die entstehenden Kosten gegeneinander ab. Beispiel: Der Stadtwerke-Vertrieb gewinnt einen neuen Kunden fürs Erdgas, für den muß aber noch ein eigener Hausanschluß gelegt werden. Das macht die technische Abteilung. Die wiederum stellt dem Vertrieb die Anschlußkosten in Rechnung. Oder: Die technische Abteilung möchte Verbesserungen im Software-Bereich. Kein Problem, das macht die EDV-Abteilung, schreibt aber auch eine Rechnung über die eigene Arbeit. Die belastet das Budget des hausinternen "Kunden". Und der – so sagt's Geschäftsführer Christian Jänig – überlegt sich fortan, ob die EDV-Verbesserung in einem wirtschaftlichen Verhältnis zu den entstehenden Kosten steht. "Die einzelnen Profit-

Center arbeiten nach kurzer Zeit bereits wirtschaftlicher, aber auch effizienter, weil sich eine beachtliche ökonomische Phantasie entwickelt", sagt der Unnaer Stadtwerke-Manager. Letztere geht so weit, daß hausinterne Leistungen nur dann abgerufen werden, wenn diese preisgünstiger als diejenigen des Marktes sind. Da darüber hinaus die hausinternen "Service-Abteilungen" nur den Erlös aus den internen Verrechnungen bekommen, sind sie aus Budgetgründen dazu gezwungen, ihre Leistungen auch fremden Dritten zu Marktpreisen anzubieten.

Im städtischen Energiedienstleistungsunternehmen an der Heinrich-Hertz-Straße sind die ersten Schritte auf neuen Wegen gemacht. "Natürlich haben wir schon immer anders operiert als herkömmliche, bürokratisch strukturierte Unternehmen", sagt Christian Jänig. Aber es habe sich gezeigt, daß neue Optimierungsmaßnahmen auch im Wirtschaftsbetrieb neue Qualitäten und Kräfte freisetzen können. "Eigentlich gibt es so beinahe täglich für die Mitarbeiterinnen und Mitarbeiter neue Motivationsschübe."

Sie haben sicher erkannt, dass es hier überwiegend um Service Center geht, oder?

d) Profit Center zur Vorbereitung der Auslagerung – oder als Alternative dazu

Einige Abteilungen haben in den Unternehmen immer einen ganz besonderen Status – den des Tafelsilbers oder des lästigen Anhängsels. Nicht selten ändert sich der Status der Abteilung auch recht schnell, je nach Auftragslage und Konjunktur. Gemein ist diesen Abteilungen weiterhin, dass sie einerseits dringend gebraucht werden, andererseits aber mal ganz und mal nur zu einem kleinen Teil. Sie sind also selten richtig dimensioniert und bieten auch nicht immer genau das, was benötigt wird. Folglich überlegt man sich, wie die Kostenbelastung reduziert werden kann, ohne gleich den Zugang zu den Leistungen zu verlieren.

Betroffen sind von solchen Überlegungen bevorzugt die IT-Abteilungen, weil sie selten optimal ausgelastet werden können und hohe Investitionen erfordern. Zudem ist eine hoch entwickelte IT-Abteilung meist auch in der Lage, ihre Leistung am freien Markt zu verkaufen und so zusätzliche Umsätze zu generieren, ohne dabei die Betriebskosten wesentlich zu steigern. Die Möglichkeit der Auslagerung erfordert die Bereitschaft, den Einfluss zu reduzieren und nicht mehr in dem gewohnten Maße die Anforderungen festlegen zu können. Dafür entsteht eine hohe Motivationswirkung für die IT-Kräfte, die in aller Regel eine separate Lösung bevorzugen. Ein Profit Center stellt dagegen den prinzipiellen Einfluss auf die Tätigkeiten sicher, gibt aber weite Bereiche der Kontrolle ab, so dass Führungsstil und Anreizsystem auf die Vorstellungen der IT-Fachkräfte ausgerichtet werden können.

Ähnliche Überlegungen werden gerne mit innerbetrieblichen Bildungseinrichtungen angestellt, wenngleich das Profitabilitätsinteresse hier nicht im Vordergrund steht. Verschiedene Unternehmen haben im Rahmen der Personalentwicklung so genannte Corporate Universities eingerichtet, die anspruchsvolle Fortbildung für eigene Mitarbeiter anbieten. Auch hier stellt sich die prinzipielle Frage der Kapazitätsauslastung, aber auch die der Kosten, die sich nicht selten ambitionierter entwickeln als die Teilnehmerzahlen. Die Profit-Center-Lösung scheint ebenfalls ideal, weil die erbrachten Leistungen adäquat weiterberechnet werden können und meist auch ein marktgerechtes Angebot für Externe erstellt wird. Zudem sind die Kosten und Preise einfach mit externen Angeboten zu vergleichen.

e) Profit Center als Instrument der Markenführung

Aus heutiger Sicht noch Zukunftsmusik ist die Definition von Marken als Profit Center, vor allem, weil die Kostenstruktur nicht unbedingt mit dem Markenportfolio eines Unternehmens übereinstimmen muss. Einfach ist dies nur, wenn Marken recht global für Produktarten verwendet werden, die an unterschiedlichen Orten mit unterschiedlichen Verfahren hergestellt und vermarktet werden. Stimmen jedoch Materialien, Vertriebswege und Management weitgehend überein, dann sind umfangreiche Umlagen erforderlich.

Der Sinn des Vorgehens zeigt sich besonders dann, wenn Marken verkauft werden und ein angemessener Preis bestimmt werden muss. Wird ein Profit Center über die Marke definiert, lässt sich aus der Erfolgsrechnung der ökonomische Wert errechnen, analog zur Bewertung eines Unternehmens im Verkaufsfall. Damit wird die Markenbewertung zwar immer noch nicht leicht gemacht, weil außerökonomische Faktoren wie die Möglichkeit des Imagetransfers, Bekanntheitsgrad usw. nicht eingeschlossen sind. Eine wesentliche Grundlage, nämlich eindeutig zurechenbare Deckungsbeiträge, wird aber gelegt.

Als Problemfaktor muss vor allem die möglicherweise andersartige produktionsbezogene Strukturierung angesehen werden. Wird ein Markenname für mehrere Produktlinien mit unterschiedlichen Produktionsverfahren oder -standorten verwendet, aber nicht für alle diese Produkte, dann ist eine eindeutige Zurechnung nicht mehr möglich. In einem solchen Fall bietet sich eine duale Erfolgsrechnung an, bei der neben der „normalen" Erfolgsrechnung, die sich durchaus an spartenbezogenen Profit Centern orientieren kann, eine zweite mit Markenbezug durchgeführt wird.

> Hier geht es, wohlgemerkt, um das Rechnungswesen, nicht um die Organisation. Auch dies ist natürlich möglich, greift aber weiter in das Marketing ein, so dass wir die Frage hier außen vor lassen. Es müsste dann geprüft werden, inwieweit eine Strategieumsetzung mit einem Marken-Profit-Center erleichtert oder erschwert wird.

2.4 Trends bei der Einführung von Profit Centern

Ein besonderer Vorteil dieses Ansatzes ist auch darin zu sehen, dass markenbezogene Aufwendungen, das heißt Markenwerbung, Abschreibung auf den Markenwert, Kosten des Markenschutzes usw. genau den jeweiligen Marken zugerechnet werden können, so, wie es dem Prinzip der Verantwortungsgerechtigkeit entspricht. Darüber hinaus können auch Umlagen zugerechnet werden (z. B. anteilige Vertriebskosten), wobei aber die grundsätzlichen Bedenken gegen Umlagen (siehe insbesondere das 3. Kapitel dazu) erhalten bleiben.

Beispiel:

Zur Verdeutlichung soll hier die Vorgehensweise anhand eines kleinen Beispiels gezeigt werden. Ein Unternehmen aus der Körperpflegebranche produziere drei verschiedene Produkte, die jeweils unter den Marken Elite und Basic verkauft werden. Elite ist am Markt teurer und wird im gehobenen Einzelhandel verkauft, während Elite die preiswerte Marke für Discounter und SB-Warenhäuser ist. Während die Einzelprodukt-Rechnungen identisch sind, gibt es in der Marken-Version keine Produktlinien- und Werks-DB mehr, sondern einen Marken-DB. Aus den Produktlinien und Werksfixkosten müssen die markenspezifisch zurechenbaren extrahiert werden.

Profit-Center-Erfolgsrechnung nach Produkten:

Produkte	Creme Elite	Creme Basic	Shampoo Elite	Shampoo Basic	Seife Elite	Seife Basic
= Netto-Erlös	100	50	200	120	150	100
– variable Einzelkosten	30	25	50	50	40	38
= Produkt-DB I	70	25	150	70	110	62
– fixe Einzelkosten	25	10	45	20	30	20
= Produkt-DB II	45	15	105	50	80	42
– Produktlinienfixkosten	15		40		52	
= Prod.linien-DB	45		115		70	
– Werksfixkosten	25		60			
= Werks-DB	20		125			
– Unternehmensfixkosten			80			
= Ergebnis			65			

Abbildung 2.15: Profit-Center-Erfolgsrechnung nach Produkten und Marken

Profit-Center-Erfolgsrechnung nach Marken:

Marken	Elite			Basic		
Produkte	Creme	Shampoo	Seife	Creme	Shampoo	Seife
= Netto-Erlös	100	200	150	50	120	100
– variable Einzelkosten	30	50	40	25	50	38
= Produkt-DB I	70	150	110	25	70	62
– fixe Einzelkosten	25	45	30	10	20	20
= Produkt-DB II	45	105	80	15	50	42
– Markenfixkosten + Umlagen	55			20		
= Marken-DB	175			87		
– Unternehmensfixkosten	197					
= Ergebnis	65					

Abbildung 2.15: Fortsetzung

Gleiches gilt für die Unternehmensfixkosten. Die nicht markenbezogenen Fixkosten auf Produktlinien-, Werks- und Unternehmensebene landen nunmehr insgesamt in den Unternehmensfixkosten, wenn sie nicht über Umlagen auf die Marken verteilt werden (Abbildung 2.15).

In diesem Fall ist die Marke Elite profitabler. Ihr Deckungsbeitrag ist doppelt so hoch wie der von Basic. Die von diesen Deckungsbeiträgen noch zu deckenden Unternehmensfixkosten sind sehr hoch. Da sie aber teilweise, das zeigt die obere Erfolgsrechnung, auf Werke und Produktlinien zurechenbar sind (verursachungsgerecht, nicht über Umlagen), ist für operative Entscheidungen auch die klassische, produktorientierte Erfolgsrechnung erforderlich. Daher sollte hier in erster Linie auch an ein virtuelles Marken-Profit-Center gedacht werden.

Abschließend sollen nun noch einige Beispiele für denkbare Profit Center in einzelnen Unternehmen gezeigt werden. Diese können als Ausgangspunkt für erste Überlegungen verwendet werden, wobei bei der praktischen Umsetzung natürlich auch weitere Fragen berücksichtigt werden müssen, die andere Lösungen als sinnvoll erscheinen lassen (siehe Abbildung 2.16).

2.4 Trends bei der Einführung von Profit Centern

Unternehmen	Mögliche Profit Center
Omnibusbetrieb (mit unterschiedlichen eigenen Fahrzeugen)	• Gelegenheitsverkehr (für Reiseveranstalter und Gruppen, mit Fernreisebussen) • Linienverkehr (für Bahn AG und Stadt mit Nahverkehrsbussen)
Computerhandel (in erster Linie für Privatkunden)	• Internetshop (mit Warenversand ab Zentrallager, eigenes, eingeschränktes Sortiment) • stationärer Handel (Ladenlokale in Innenstadtlagen, einzelne Läden oder gesamter Vertriebsweg als Profit Center)
Schokoladehersteller (Endverbraucherprodukte)	• Formschokolade (Schokoladefiguren) • Tafelschokolade • gefüllte Schokolade (Pralinen) • Saisonartikel (Osterhasen, Weihnachtsmänner)
Werbeagentur (klassische Fullserviceagentur)	• Kundenteam A • Kundenteam B (sofern eine Zuordnung von Mitarbeitern zu einzelnen Etats erfolgt)
Unternehmensberatungsgesellschaft	• Abteilung (auch: Kompetenz-Center) öffentliche Unternehmen • Abteilung Banken • Abteilung Informationstechnologie (Mitarbeiter sind hier einzelnen Branchenkompetenzen zugeordnet, wobei die Abteilungen jeweils verschiedene Kunden einer Branche betreuen)
Anlagenbauer	• Anlagen (z. B. Verpackungsmaschinen, Werkzeugmaschinen, Postbearbeitungsstraßen usw.) • Recycling (von Elektrogeräten, Metallen, eigenen Anlagen) • Beratung (Anlagenplanung, Betriebsberatung, Schulung)
Glashersteller	• Fensterglas Bau (gewerbliche/Wohngebäude) • Fensterglas Fahrzeuge • Schutzglas (für Fabrikation, Labors usw.)
Fußballverein (mit eigenem Stadion)	• Bundesligamannschaft (inkl. Übertragungsrechteverkauf) • Amateurmannschaft • Stadionbetrieb • Fanartikelverkauf
Verlag (mit eigener Druckerei)	• Druckerei • Buchverlag • Rechtehandel • Werbedrucksachen

Abbildung 2.16: Beispiele für mögliche Profit Center

3 Profit-Center-Erfolgsrechnung

3.1 Grundkonzepte des Rechnungswesens

Das Controlling von Profit Centern kann auf unterschiedliche Weise erfolgen, hängt manchmal von den konkreten Interessen des Unternehmens, manchmal von den bereits vorhandenen Daten und Systemen ab. So kann etwa

- die **Berichterstattung** über die finanzielle Entwicklung an den Vorstand (vor allem bei Sparten bzw. großen und rechtlich selbstständigen Profit Centern),
- die **Kalkulation** von Verrechnungspreisen für den innerbetrieblichen Leistungsaustausch (vor allem bei Produktionsunternehmen mit starken Leistungsverflechtungen),
- die **Bemessung von Tantiemen** und sonstigen Anreizen für das Management (vor allem bei personalintensiven Dienstleistern und in vertriebsorientierten Unternehmen),
- das **rechtliche Erfordernis** der Rechnungslegung (bei Profit Centern als selbstständigen Unternehmen) oder
- die **Leistungsermittlung** auf allen Prozessstufen (in technologieintensiven Branchen, im Projektgeschäft)

im Vordergrund stehen.

Entsprechend findet man in Profit Centern ganz unterschiedliche Ansätze, von einem eigenständigen Center-Controlling-System bis zum Kurzbericht, der außerhalb des Standard-Rechnungswesens nähere Einblicke in das Profit Center gibt, dabei allerdings rein vergangenheitsorientiert ist. Im Rahmen dieses Kapitels steht die Zielsetzung der Rechnungslegung sowie des Controlling allgemein im Mittelpunkt. Auf weitere Aspekte, etwa die quantitative und qualitative Leistungssteuerung, auch mit Kennzahlen, wird im nächsten Kapitel eingegangen.

Zunächst ist zu entscheiden, nach welchen Grundprinzipien die Profit-Center-Erfolgsrechnung erfolgen soll. Damit ist die Frage gemeint, ob die Rechnung auf der Basis des externen oder des internen Rechnungswesens erfolgt. Die Begriffe stellt Abbildung 3.1 kurz dar.

Rechnungswesen

internes Rechnungswesen

Merkmale:
- keine rechtlichen Vorgaben
- unternehmensindividuelle Ausgestaltung

Ziel:
- Unterstützung von Managemententscheidungen

wesentliche Bestandteile:
- Kosten- und Erfolgsrechnung (als Datengrundlage)
- Controlling (als Entscheidungstechnik)

externes Rechnungswesen

Merkmale:
- gesetzlich reglementiert
- weitgehend einheitlich, Vergleiche zwischen Unternehmen möglich

Ziele:
- Dokumentation der Leistungsfähigkeit eines Unternehmens
- Steuerbemessungsgrundlage
- Gläubigerschutz

wesentliche Bestandteile:
- Buchhaltung (als Grundlage)
- Gewinn- und Verlustrechnung
- Bilanz

Abbildung 3.1: Internes und externes Rechnungswesen

Diese Unterscheidung ist hier relevant, weil die Abrechnung von Profit Centern sowohl auf der Basis des externen als auch des internen Rechnungswesens vorgenommen werden kann. So kann eine eigenständige GuV (auch Bilanz) erstellt werden, abgeleitet aus der Unternehmens-GuV. Ebenso kann eine eigene Management-Erfolgsrechnung entwickelt werden. Wir werden die Versionen im Folgenden aus Gründen der Vereinfachung als Controlling- und Buchhaltungs-Variante bezeichnen. Der Grund dafür liegt auf der Hand: Aus Controllingsicht wird eine Erfolgsrechnung auf der Basis interner Erfolgs- und Kostendaten aufgebaut, während aus Buchhaltungssicht die Anlehnung an die Unternehmens-GuV nahe liegt.

Die Auswirkungen dieser Entscheidung, letztlich auch der Dominanz einer Denkweise im Unternehmen, können gravierend sein. Die Buchhaltungsvariante eröffnet weniger Freiräume für den Ansatz von Kosten und zeigt stets den Einfluss des Profit-Center-Ergebnisses auf das Unternehmensergebnis. Sie ist aber nicht unbedingt entscheidungsgerecht und abhängig von steuerrechtlichen und

3.1 Grundkonzepte des Rechnungswesens

bilanzierungstechnischen Überlegungen, wenn diese nicht gezielt ausgeklammert werden, wodurch aber ein geringerer Bezug zum Unternehmenserfolg bestünde. Bei der Controllingvariante verhält es sich umgekehrt. Betrachten wir dazu ein Beispiel:

Controllingvariante	Profit Center A	Profit Center B	Profit Center C	Summe
Netto-Erlös	42	58	21	121
− interne Fertigungskosten	11	18	4	33
− Vertriebskosten	4	5	4	13
− Kundendienstkosten	4	10	3	17
− PC-Leitung	3	3	3	9
= Profit-Center-DB	20	22	7	49
− zentrale Teilefertigung				25
− zentrale Logistik				5
− allgemeine Verwaltungskosten				12
= Betriebsergebnis				7

Abbildung 3.2: Controllingvariante der Profit-Center-Erfolgsrechnung

Buchhaltungsvariante	Profit Center A	Profit Center B	Profit Center C	Summe
Netto-Erlös	42	58	21	121
− Herstellkosten	11	18	4	33
= Gross Profit/Bruttoergebnis	31	40	17	88
− Verwaltungs-/Vertriebskosten	11	18	10	39
− Umlagen	12	19	11	42
= Operating Profit	8	3	−4	7

Abbildung 3.3: Buchhaltungsvariante der Profit-Center-Erfolgsrechnung

Abbildung 3.2 zeigt das Beispiel eines Unternehmens, das drei Profit Center sowie einige Zentralbereiche unterhält. Nach dem Controllingprinzip werden den Profit Centern zunächst die eindeutig zuordenbaren Kosten zugerechnet. Damit lässt sich, wie in der Teilkostenrechnung üblich, eine genau auf die organisatorische Einheit bezogene Erfolgsgröße berechnen. Dies ist eine teilweise kalkulatorische Größe, weil etwa Durchschnittskosten angesetzt werden können. Die Zentralkosten wurden hier nicht umgelegt, weil jedes „Umlegen" in der Erfolgsermittlung schädlich, wenn auch nicht gleich tödlich ist. Der Vorteil ist hier die „Gerechtigkeit" des Profit-Center-Deckungsbeitrags. Der Nachteil ist die eingeschränkte Aussagekraft desselben, weil drei Profit Center mit positiven Deckungsbeiträgen noch lange nicht zu einem positiven Betriebsergebnis führen müssen.

Die Buchhaltungsvariante (Abbildung 3.3), für die es auch wieder mehrere Versionen gibt, orientiert sich am Aufbau der Gewinn- und Verlustrechnung. Die Kostenpositionen sind hier anhand des gesetzlichen Schemas zusammengefasst. Der Operating Profit stimmt mit dem Betriebsergebnis überein. Bezieht man Steuern, Abschreibungen auf Finanzanlagen, außerordentliches Ergebnis und Beteiligungen mit ein, sieht dies anders aus. Aus Controllingsicht sind diese zentralen Positionen jedoch für die Profit Center weitestgehend irrelevant, so dass wir darauf verzichten.

Der Aufbau der **Gewinn- und Verlustrechnung** nach dem **Umsatzkostenverfahren** ist (vereinfacht; mit Operating Profit als Zwischengröße) wie folgt:

- Bruttoerlös
- − Erlösschmälerungen
- = **Nettoerlös**
- − Herstellungskosten (Produktion, Distribution)
- = **Gross Profit/Bruttoergebnis vom Umsatz**
- − Verwaltungs- und Vertriebskosten
- = **Operating Profit**
- + Erträge aus Beteiligungen und Finanzanlagen
- − Abschreibungen auf Finanzanlagen und Zinsen
- = **Ergebnis der gewöhnlichen Geschäftstätigkeit/Betriebsgewinn**
- +/− außerordentliche Aufwendungen/Erträge
- = **Jahresüberschuss/Gewinn vor Steuern**
- − Steuern
- = **Jahresüberschuss/Gewinn nach Steuern**

Die Gewinn- und Verlustrechnungen der Profit Center gehen in die des Unternehmens ein. Es ist wenig sinnvoll, sie über die Größe Operating Profit hinauszuführen, das heißt die Ergebnisse des nicht-operativen Geschäfts „auf Teufel komm raus" auf die Center zu verteilen. Solche Positionen werden sinnvollerweise nur dem Unternehmen insgesamt zugerechnet. Abbildung 3.4 zeigt diesen Zusammenhang.

3.1 Grundkonzepte des Rechnungswesens

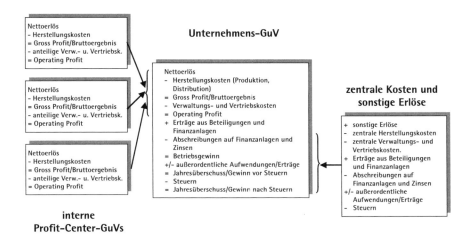

Abbildung 3.4: Gesamt- und Profit-Center-GuV

Die beiden Schemata in Abbildung 3.2 und 3.3 führen natürlich zum gleichen Gesamtergebnis, bezogen auf die Profit Center jedoch zu unterschiedlichen Daten. Weiterhin muss noch berücksichtigt werden, welches **Kostenrechnungssystem** im Unternehmen vorhanden ist. So kann die Teilkostenrechnung gegenüber der Vollkostenrechnung die kurzfristig entscheidungsrelevanten (variablen) Kosten von den nur langfristig veränderbaren (fixen) separieren und somit gerade für funktionale Profit Center (z. B. Fertigungscenter) zusätzliche Informationen liefern. Für die Definition prozessorientierter Profit Center (wenn auch heute noch nicht in signifikantem Maße umgesetzt) ist wiederum eine Prozesskostenrechnung erforderlich (siehe den Überblick in Abbildung 3.5). Wir werden in Zukunft pauschal davon ausgehen, dass eine Teilkostenrechnung vorliegt, somit Deckungsbeiträge berechnet werden können.

System	Vollkosten-rechnung	Teilkosten-rechnung	Prozesskosten-rechnung
unterschie-dene Kosten	**Einzelkosten** (dem einzelnen Produkt direkt zurechenbar) **Gemeinkosten** (nur mehreren Produkten gemeinsam zurechenbar)	**Einzel- und Gemein-kosten**, und zusätzlich **variable Kosten** (von der Produktionsmenge abhängig) **fixe Kosten** (von der Produktionsmenge unabhängig)	**leistungsmengenindu-zierte Kosten** (von der Zahl der Tätigkeiten/ Prozesse abhängig) **leistungsmengenneutra-le Kosten** (von der Zahl der Tätigkeiten/Prozesse unabhängig)
Erfolgs-größen	Ergebnisse (Gewinne) der Produkte, Profit Center	Deckungsbeiträge der Produkte, Produktgrup-pen, Profit Center	Ergebnisse (Gewinne) der Produkte, Prozesse, Profit Center
Probleme	verursachungsge-rechte Zurechnung der Gemeinkosten nicht möglich, Ignoranz der fixen Kosten	meist kein Ausweis des Produktergebnisses möglich	verursachungsgerechte Zurechnung der leis-tungsmengenneutralen Kosten nicht möglich
Einsatz-gebiete	Kleinstbetriebe, Einprodukt-unternehmen	Unternehmen mit heterogenem Produkt-programm, größere Unternehmen	alle Unternehmen, insbesondere bei hohem Gemeinkostenanteil

Abbildung 3.5: Übersicht über die Kostenrechnungssysteme

Hier noch ein kurz gefasster Überblick über die Erfolgsrechnung:

Bei der Erfolgsrechnung sind die Verfahren des Umsatz- und des Gesamtkos-tenverfahrens zu unterscheiden. Beim **Umsatzkostenverfahren** werden den verkauften Waren und Leistungen die von ihnen verursachten Kosten zugerech-net. Nicht verkaufte Waren, die auf Lager hergestellt werden, bleiben unberück-sichtigt. Beim **Gesamtkostenverfahren** dagegen werden die Leistungen der Periode den Kosten der Periode gegenübergestellt. Kommt es zu Erhöhungen oder Verminderungen des Lagerbestands, dann müssen diese Änderungen mit berücksichtigt werden. Bestandserhöhungen stellen Leistungen dar, Bestands-minderungen Kosten. Damit verbunden ist das Erfordernis einer Inventur je-weils zum Stichtag der Erfolgsrechnung.

In der Praxis hat sich das Umsatzkostenverfahren durchgesetzt, weil nur so eine effektive Kontrolle auch einzelner organisatorischer Einheiten (Center) möglich ist. Zudem stellt die Umsetzung der Teilkostenrechnung mit dem Gesamtkos-tenverfahren ein Problem dar.

3.1 Grundkonzepte des Rechnungswesens

Vollkostenrechnung		Teilkostenrechnung
Erfolgsrechnung nach dem Gesamtkostenverfahren	Erfolgsrechnung nach dem Umsatzkostenverfahren	Erfolgsrechnung nach dem Umsatzkostenverfahren
Umsatz	Umsatz	Umsatz
+/− Bestandsveränderungen − Gesamtkosten	− Selbstkosten der verkauften Produkte	− variable Kosten der verkauften Produkte
= Centererfolg	= Centererfolg	= Center-Deckungsbeitrag
		− Fixkosten des Centers
		= Centererfolg

Abbildung 3.6: Erfolgsrechnung nach Voll- und Teilkostenrechnung

Beispiel:

Ein Profit Center stellt im Jahr 2002 1.000 Elektromotoren her. Die Gesamtkosten dafür liegen bei 80.000 EUR, davon sind 50.000 EUR fix. Verkauft werden nur 900 Stück, der Rest geht ins Lager. Der Verkaufspreis liegt bei 100 EUR. Je nach verwendetem Verfahren ergeben sich nun unterschiedliche Centerergebnisse für 2002:

Vollkostenrechnung		Teilkostenrechnung
Erfolgsrechnung nach dem Gesamtkostenverfahren	Erfolgsrechnung nach dem Umsatzkostenverfahren	Erfolgsrechnung nach dem Umsatzkostenverfahren
90.000	90.000	90.000
+ 10.000 − 80.000	− 72.000	− 27.000
= **20.000**	= **18.000**	= 63.000
		− 50.000
		= **13.000**

3.2 Aufbau der Profit-Center-Erfolgsrechnung

Wir werden uns nun etwas detaillierter ansehen, wie eine Erfolgsrechnung für ein Profit Center aussehen kann. Dabei verfolgen wir die Controllingvariante, ganz einfach, weil es darum geht, möglichst viele Fragen mit den Daten zu beantworten.

Das Grundprinzip ist folgendes: Die Erfolgsrechnung muss die vom Profit Center (seiner Leiterin, seinen Mitarbeitern) beeinflussbaren Erfolgsbestandteile von den nicht beeinflussbaren trennen.

Beispiel:

Ein Unternehmen, das im Bereich der Mess- und Regeltechnik engagiert ist, betreibt u. a. das Profit Center „Sensoren". Hier werden Sensoren selbstständig entwickelt, produziert und vertrieben. Das Center greift auf einige Vorprodukte aus anderen Centern zurück (z. B. Formteile), nimmt zentrale Leistungen in Anspruch (z. B. Lager) und gibt Leistungen an andere Center ab (z. B. Facility Management). Es verfügt über eine eigene Leitungsebene, die der Unternehmensleitung direkt unterstellt ist.

Für dieses Profit Center ergibt sich die in Abbildung 3.7 gezeigte schematische Kostenzuordnung für einige Beispiele. Die Gliederung der Erfolgsrechnung stellt, so, wie sie hier gezeigt ist, eine Idealform dar. Sie folgt dem Prinzip der Entscheidungsorientierung und verursacht damit gewisse Schwierigkeiten. Sie kann prinzipiell noch nach den einzelnen Produkten/Dienstleistungen gegliedert werden, worauf wir aber erst weiter unten eingehen werden. Es werden drei Profit-Center-Deckungsbeiträge (PC-DB) unterschieden:

1. Der **PC-Roh-DB** (die Bezeichnung ist durchaus gewöhnungsbedürftig, es gibt aber zahlreiche weitere Möglichkeiten) ist nur für die interne Steuerung relevant. Er sagt etwas über die Kostenstruktur, die Beeinflussbarkeit der Kosten aus. Bei einer näheren Aufschlüsselung der Erfolgsrechnung nach Produkten und Produktlinien werden variable und fixe Kosten zur Berechnung der Stück- und Produktdeckungsbeiträge benötigt.

2. Der **PC-DB I** berücksichtigt alle im Profit Center selbst anfallenden und von diesem eindeutig beeinflussbaren Kosten, fixe und variable. Umlagen, also Anteile an Kosten, die in anderen Centern bzw. der Zentrale selbst anfallen, sind hier noch nicht abgezogen worden. Der Grund ist einfach: Umlagen sind zwar teilweise beeinflussbar, indem eine Leistung mehr oder weniger stark in Anspruch genommen wird, aber nie ganz. Sie können Ineffizienzen aus anderen Bereichen in das Profit Center tragen und verwässern damit das Ergebnis, was die Verantwortungsgerechtigkeit angeht.

3.2 Aufbau der Profit-Center-Erfolgsrechnung

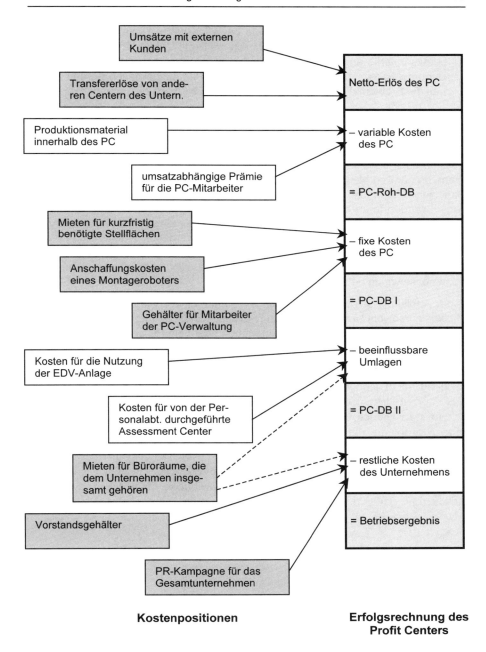

Abbildung 3.7: Kostenzuordnung eines Profit Centers

3. Der **PC-DB II** entspricht dem um die beeinflussbaren Umlagen verminderten DB I. In der Regel wird dieser allgemein als Profit-Center-DB bezeichnet. Wie bereits unter 2. angedeutet, birgt der Ansatz der Umlagen jedoch eine gewisse Ungerechtigkeit, so dass beide DB berechnet und ausgewiesen werden sollten (auf die Problematik der Umlagen wird noch ausführlich eingegangen).

Schließlich wird das Betriebsergebnis errechnet, indem die restlichen Kosten des Unternehmens von den DB II aller Profit Center subtrahiert werden.

Der Verfasser hegt die Hoffnung, Ihnen sei nicht entgangen, dass in dieser letzten Position auch bestimmte Kosten enthalten sind, die auch Umlagen sein könnten. Wenn es nämlich beeinflussbare Umlagen gibt, gibt es auch nicht beeinflussbare. Dies sind Kosten, die üblicherweise „nach Köpfen" bzw. hier nach Profit Centern verteilt werden (man kann auch sagen „umgelegt" oder „zugeordnet", aber nichts davon hört sich exakt und gerecht an). Auch diese werden in vielen Unternehmen noch unter den Profit-Center-DB gemischt, doch werden Sie hoffentlich spätestens am Ende des Buches die Ansicht des Verfassers teilen, dass dies keinem ambitionierten Profit-Center-Leiter zuzumuten ist. Hier wird oft genug nur eine Kostenbeseitigung betrieben.

In der Abbildung 3.7 finden sich zwei gestrichelte Linien. Sie deuten an, dass die Mietkosten sowohl Umlagen als auch restliche Kosten sein können. Die Frage ist, inwieweit die Nutzung der Räume vorgegeben oder vom PC selbst zu entscheiden ist.

Dieses Schema ist zwar für die Beurteilung eines Profit Centers insgesamt ausreichend, nicht jedoch für die Analyse einzelner Produkte oder Produktlinien. Der Vorteil des hier dargestellten, zunächst recht aufwendig erscheinenden Schemas ist jedoch, dass ein detailliertes produktorientiertes Erfolgsanalyseschema problemlos integriert werden kann (siehe Abbildung 3.8).

In diesem Beispiel wurde der erste DB nicht Roh-Deckungsbeitrag genannt, sondern es wurde gleich von I bis III durchnumeriert. Zusätzlich sind einige Beispiele für typische Kosten angegeben. Je nachdem, für welchen Zweck die Auswertung erfolgt, können die Detailpositionen ein- oder ausgeblendet werden.

	Profit Center A	Profit Center B				Profit Center C	Summe
Produkte:	A1–A6	B1	B2	B3	B4	C1–C5	
Brutto-Erlös							
- Erlösschmälerung							
= Netto-Erlös							
- variable Kosten		Material	var. Löhne	Grüner Pkt.	Provision		
= Produkt-Roh-DB							
Σ = PC-DB I							
- Produkt-Fixkosten		Werbung	Spezmasch	Lizenz	Entwicklg.		
= Produkt-DB							
- Produktlin.-Fixk.		Produktmanager		Werbung			
= Produktlinien-DB							
- PC-Fixkosten		Profit Center Leitung, Werk, Einkauf					
= PC-DB II							
- Umlagen		EDV, Personal, Buchhaltung					
= PC-DB III							
- Untern.-Fixkosten		Unternehmensleitung, Finanzen, Öffentlichkeitsarbeit					
= Betriebsergebnis							

Abbildung 3.8: Profit-Center-Erfolgsrechnung mit Produkterfolgsrechnung

3.3 Umlagen für Zentralkosten

Eine Problematik der Profit-Center-Steuerung besteht darin, die Kosten der Zentralfunktionen den Centern zuzurechnen. Zentrale Kosten fallen immer an, weil ansonsten nur selbstständige Unternehmen nebeneinander stünden und nicht kontrolliert oder gesteuert würden. Die Frage, wie diese Kosten zu behandeln sind, ist daher immer zu stellen. Sie ist gleichzeitig auch diejenige, die am meisten Streit verursacht, da keines der Profit Center mehr Kosten als unbedingt nötig tragen möchte. Regelungen zur Behandlung der Zentralkosten sind daher zentrale Elemente eines Profit-Center-Konzepts.

Zentralbereiche bleiben auch im Falle einer sehr stringenten Profit-Center-Struktur (das heißt es wird der größtmögliche Teil der betrieblichen Aktivitäten der Center-Bildung unterworfen, und nicht nur einzelne Randbereiche) meist aus zwei Gründen erhalten:

- Zum einen benötigt die Unternehmensleitung Kapazitäten, um die Profit Center zu steuern, Ergebnisse zu ermitteln, Anreizsysteme zu verwalten und sich um rechtliche Erfordernisse zu kümmern. Insofern sind Funktionsbereiche wie Controlling, Finanzen und/oder Buchhaltung, Recht, strategische Planung u. Ä. zentral angesiedelt.

- Zum anderen lassen sich einige Aufgaben zentral kostengünstiger oder auch qualitativ besser erledigen, ohne dass dadurch Leistungsverluste auf Seiten der Center entstehen. Dies betrifft meist Abteilungen wie Personal, EDV/IT und Einkauf. Gerade bei Letzterem lassen sich durch Zentralisierung oft Kostenvorteile realisieren, so dass mögliche Ungerechtigkeiten bei der Zurechnung verkraftbar sind.

Beispiel:

Das folgende Beispiel zeigt eine verantwortungsabhängige Kostengliederung und ihre Konsequenzen für die Erfolgsrechnung:

Das Unternehmen besteht aus drei Profit Centern und Zentralabteilungen für Verwaltung sowie zentralen Produktions- und Logistikeinrichtungen (Abbildung 3.9).

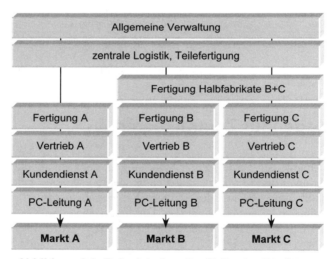

Abbildung 3.9: Beispiel einer Profit-Center-Struktur

Die *Einnahmen* des Unternehmens liegen bei insgesamt 220 Mio. EUR, davon entfallen

auf Profit Center A 50 Mio.,
auf   B 100 Mio. und
auf   C 70 Mio. EUR.

Die *Gesamtkosten* betragen 210 Mio. EUR.

3.3 Umlagen für Zentralkosten

Da die Vertriebs-/Marketingabteilungen, die Kundendienste und die Profit-Center-Leitungen jeweils dezentral verankert sind, können sie leicht zugerechnet werden. Ebenso bereiten die allgemeinen Verwaltungs- und Logistikkosten keine Schwierigkeiten. Die Fertigungskosten sind jedoch aufzugliedern in zentrale Teilefertigung, Halbfabrikatefertigung für B + C sowie die Fertigung für die einzelnen Profit Center.

Auf die *zentrale Teilefertigung* entfallen 20 Mio.,
auf die *Halbfabrikate* 20 Mio.,
auf die *Fertigung* für A 20 Mio.,
für B 35 Mio. und
für C 10 Mio. EUR.

Die *allgemeine Verwaltung* verschlingt 20 Mio.,
die *zentrale Logistik* 5 Mio. EUR.

Der *Vertrieb* schlägt mit 5 Mio. bei A,
15 Mio. bei B und
10 Mio. EUR bei C zu Buche.

in Mio. EUR	Profit Center A	Profit Center B	Profit Center C	Summe
Netto-Erlös	50	100	70	220
– interne Fertigungskosten	20	35	10	65
– Vertriebskosten	5	15	10	30
– Kundendienstkosten	10	10	5	25
– PC-Leitung	5	15	5	25
= Profit-Center-DB	10	25	40	75
– Halbfabrikatekosten		20		
= DB für Profit Center B+C		45		
– zentrale Teilefertigung		20		
– zentrale Logistik		5		
– allgemeine Verwaltung		20		
= Betriebsergebnis		10		

Abbildung 3.10: Beispiel zur Profit-Center-Erfolgsrechnung

Die *Kundendienstabteilungen* kosten 10 Mio. bei A,
10 Mio. bei B und
5 Mio. EUR bei C.

Für die *Profit-Center-Leitungsebene* ist ein Betrag von
5 Mio. bei A,
15 Mio. bei B und
5 Mio. EUR bei C zu berücksichtigen.

Im Gegensatz zur bereits bekannten Erfolgsrechnung müssen hier variable Kosten an unterschiedlichen Stellen abgerechnet werden. So sind in den zentralen Teilefertigungskosten neben fixen auch variable enthalten. Dies ist im Rahmen einer Periodenerfolgsrechnung unproblematisch. Es können jedoch keine Sortiments- und Preisentscheidungen auf der Basis von Stückdeckungsbeiträgen gefällt werden. Dies sollte an dieser Stelle beachtet werden.

Profit Center A erbringt 10 Mio. EUR Deckungsbeitrag. B und C kommen zusammen auf 65 Mio. EUR. Ein direkter Vergleich der Profit Center ist hier kaum möglich. Da die Halbfabrikatefertigung für B und C zusammen erfolgt, gehört sie nicht in den Entscheidungsbereich eines Profit Centers alleine. Der Deckungsbeitrag der Profit Center B und C kann aber nicht mit dem von A verglichen werden, weil für dieses Profit Center keine Halbfabrikatekosten anfallen, es damit auch einen geringeren Soll-Deckungsbeitrag hätte.

In diesem Beispiel wurde keine Zurechnung, Umlage o. Ä. vorgenommen, das heißt es wurde strikt das o. g. Controllingprinzip verfolgt. Zielgröße der Profit Center sind damit Deckungsbeiträge und nicht Ergebnisse oder gar Gewinne, die streng genommen in diesem Zusammenhang gar nicht berechnet werden können.

Anhand dieses Beispiels lässt sich gut erkennen, welche **Probleme es im Zusammenhang mit Zentralkosten** geben kann. (Wie Sie sehen, reden wir hier von Zentralkosten und nicht von Umlagen, denn dies würde vorwegnehmen, dass tatsächlich umgelegt wird, was mitunter das Gefühl der Verantwortungsgerechtigkeit abtötet.)

1. In diesem Unternehmen werden Leistungen von zentralen Fertigungsstellen bezogen. Diese sind zwar fest in den Leistungserstellungsprozess integriert, befinden sich aber nicht im Verantwortungsbereich der abnehmenden Profit Center. Was ist also zu tun, wenn die zentralen Fertigungsstellen die Abgabepreise ihrer Teile und Halbfabrikate erhöhen, die Profit Center aber nicht auf einen externen Lieferanten ausweichen können? Müssen sie jeden Preis akzeptieren und damit ihren Erfolg zugunsten der zentralen Stellen schmälern? Oder können sie durch geschicktes Taktieren die Preise herunterhandeln und den Erfolg in ihren Einflussbereich verlagern, damit aber den Fertigungsbereich rechnerisch schädigen?

Verständlicherweise muss hierfür eine Lösung gefunden werden, um Manipulationsgefahren und Ungerechtigkeiten zu verhindern. Ein „Umlegen" der Fertigungskosten, so, wie sie in der Stelle anfallen, nimmt dieser jeden Leistungsanreiz im Hinblick auf günstigere Fertigung. Der Sinn des Profit-Center-Konzepts kann es nicht sein, auf der einen Seite Anreize für wirtschaftliches Handeln zu geben, auf der anderen Seite aber Ineffizienzen zu produzieren.

In diesem Sinne kann die Abgabe von Leistungen an Standardkosten gebunden werden, so dass die Preiskomponente nicht zu einem Spielball der Interessen wird. Der Abgabepreis ist dann für eine bestimmte Zeit festgelegt. Steigen die Kosten in der vorgelagerten Fertigung, muss dies in der betreffenden Stelle verantwortet werden.

2. In unserem Unternehmen entsteht eine zusätzliche Komplexität dadurch, dass ein Fertigungsbereich für zwei Profit Center arbeitet. Dies hat Auswirkungen auf den direkten Vergleich der Profit Center untereinander. Werden wie in dem obigen Beispiel in Abbildung 3.10 Profit-Center-Deckungsbeiträge herangezogen, dann sind die Anforderungen an B und C aber höher als an A, oder die Halbfabrikatefertigung wird nach einem Schema zugeordnet, so dass die Ergebnisse von B und C im Gegensatz zu A einen Unsicherheitsfaktor enthalten.

Sieht man sich die Zentralkosten genauer an, so stellt man fest, dass es unterschiedliche Arten gibt, nämlich solche,

- deren zugrunde liegenden Leistungen in unterschiedlichem Maße in Anspruch genommen werden können und die auch in ihrer Höhe variieren (sie entsprechen damit, auch wenn es oftmals Fixkosten sind, den leistungsmengeninduzierten [lmi] Kosten aus der Prozesskostenrechnung), und solche,

- die in nicht messbarem Maße in Anspruch genommen werden und in ihrer Gesamthöhe praktisch unverändert sind (sie entsprechen den leistungsmengenneutralen [lmn] Kosten und damit den „wirklich" fixen).

Die **Zurechnung dieser Kosten** muss bzw. sollte entsprechend, wenn überhaupt, auf unterschiedliche Art und Weise erfolgen. Es ergeben sich grundsätzlich drei Möglichkeiten:

1. Die Zentralkosten bleiben als Block erhalten, das Profit-Center-Ergebnis ist ein Deckungsbeitrag, von dem eben diese Kosten zu decken sind.

2. Die Zentralkosten (hier: „echte" zentrale Kosten, weil die Aufgaben nicht innerhalb eines Profit Centers wahrgenommen werden können) werden „nach Köpfen" bzw. einer festen Größe (z. B. Umsatz oder Mitarbeiterzahl der Profit Center) umgelegt. Das Umlagekriterium muss vorher festgelegt werden.

3. Die Zentralkosten (hier: zentrale Serviceleistungen) werden nach der Inanspruchnahme verrechnet, für jede Leistungseinheit (z. B. Buchungsposten, Einstellungsvorgang) wird ein fester Satz verrechnet.

Darüber hinaus sind **Kombinationen dieser Verfahren** möglich. Beispielsweise finden sich in der zentralen Personalabteilung Kosten, die leistungsmengenneutral sind (Grundsatzfragen, Leitung, Planung) und solche die -induziert sind (Einstellungen, Entlassungen, Trainings). Insofern biete es sich an, die Abteilung nicht insgesamt, sondern in mehrere Kostenblöcke aufzuteilen und dann separat zuzurechnen. Um den Aufwand nicht auf die Spitze zu treiben, sollte ein leistungsmengenneutraler Anteil von weniger als 10 % (es können auch ein paar % mehr oder weniger sein) der Gesamtkosten unter Zudrücken eines Auges „draufgeschlagen" und nicht nach nächtelangen Verhandlungen nach einem Schlüssel verteilt werden.

Abbildung 3.11 zeigt die Möglichkeiten der Zurechnung von Zentralkosten unterschiedlichen Typs im Überblick. In der ersten Version werden die zentralen Serviceleistungen nach Inanspruchnahme verrechnet, die echten zentralen Kosten nach dem klassischen Umlageverfahren (s. o.). Aufgrund der beschriebenen Probleme bietet sich auch die zweite Variante an, nämlich die echten zentralen Kosten nicht zu verrechnen, sondern von Deckungsbeiträgen decken zu lassen.

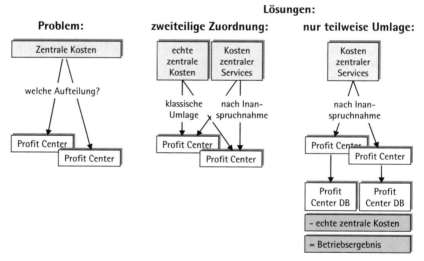

Abbildung 3.11: Umlage von Zentralkosten auf Profit Center

Im Anschluss an diese Schilderungen ergibt sich die Frage, welche Bezugsgrößen für die Zurechnung verwendet werden können. Auch hier bleiben wir bei der Unterscheidung der beiden Kostentypen, wie schon oben geschehen.

"Echte" zentrale Kosten

Beispiele: zentrales Controlling/Rechnungswesen
interne Revision
zentrale Personalabteilung (hier insbesondere Leitung, Grundsatzfragen [Arbeitsrecht], Abrechnung, Personalmarketing)
Unternehmensleitung (Vorstand, Vorstandssekretariat, Geschäftsführer, Stabsstellen bei der Unternehmensleitung)
zentrale Kommunikation (Öffentlichkeitsarbeit, Corporate Identity)
Mieten und sonstige raumbezogene Kosten der Zentralfunktionen

Prinzipien der Zurechnung:

Durchschnittsprinzip (nach Köpfen bzw. Centern) – Jede Einheit trägt Kosten in gleicher Höhe.

Tragfähigkeitsprinzip (nach Leistungsfähigkeit) – Jede Einheit trägt Kosten in Abhängigkeit ihrer Größe/ihres Umsatzvolumens/ihres Ergebnisses.

Verhandlungsprinzip (nach Verhandlungsstärke) – Jede Einheit handelt ihren Kostenanteil aus, wobei auch Sondereinflüsse wie Neugründung oder außergewöhnliche Belastungen berücksichtigt werden können.

Kosten zentraler Services

Beispiele: Personalentwicklung, Trainings-/Seminartage
Fuhrpark/PKW-Stelle/Fahrdienst
Rechenzentrum/EDV-Abteilung
Einkauf
Mahnwesen
Werbeabteilung

Prinzipien der Zurechnung:

Nach **Stückkosten** – Die Gesamtleistung der zentralen Abteilung wird in Einheiten aufgeteilt, die nach Stückzahl abgerechnet werden (Zahl der Buchungsposten, Zahl der Trainingstage usw.). Der Stückkostensatz wird nach dem Durchschnittsprinzip gebildet.

Nach **Zeitanteilen** – Die Gesamtleistung der zentralen Abteilungen wird in Zeiteinheiten erfasst, deren Kosten sich aus den Gesamtkosten und der Gesamtleistungszeit ergeben. Die Kosten werden nach zeitlicher Inanspruchnahme verrechnet. Im Gegensatz zur Stückkostenmethode können hier unterschiedliche Leistungsintensitäten berücksichtigt werden (z. B. Dauer eines Einstellungsverfahrens).

Nach **Nachfragepotenzial** – Die Kosten werden nach potenzieller Inanspruchnahme zugerechnet. Angewendet wird das Verfahren meist dann, wenn die exakte Erfassung der Nutzung zu aufwendig wäre bzw. nicht zu anderen Ergebnissen führte. Basis sind in der Regel Mitarbeiterzahlen oder Umsatzvolumina.

Beispiel:

In einem Unternehmen existieren neben vier Profit Centern und der Unternehmensleitung drei Zentralbereiche:

- die Personalabteilung,
- die EDV-Abteilung und
- die zentrale Buchhaltung.

Folgende Informationen sind vorhanden:

Daten	Profit Center A	Profit Center B	Profit Center C	Profit Center D	Summe
Erlöse	50.000	70.000	130.000	40.000	290.000
– PC-Kosten	45.000	35.000	50.000	24.000	154.000
= PC-DB	5.000	35.000	80.000	16.000	136.000
Buchungsposten (Geschäftsvorfälle)	1.600	1.400	800	1.000	4.800
Mitarbeiter (Jahresdurchschnitt, Vollzeit)	280	360	600	270	1.510
Einstellungen (Neueinstellungen pro Jahr)	10	80	100	90	280
Betriebszeitanteil (Nutzung des Rechenzentrums)	20 %	15 %	50 %	15 %	100 %
Anzahl Computerarbeitsplätze	70	120	200	110	500
durchschnittlicher Forderungsbestand	3.000	800	1.200	700	5.700

Die Kosten der Zentralbereiche sind:

- Unternehmensleitung: 30.000
- Personalabteilung: 25.000
- EDV-Abteilung: 30.000
- Buchhaltung: 20.000

3.3 Umlagen für Zentralkosten

Wie sollen diese Kosten den Profit Centern zugerechnet werden?

Zunächst ist eine Entscheidung zu fällen, welche Kriterien für die Zurechnung in Frage kommen. Wichtig ist natürlich, dass eine Kausalität zwischen Kosten und Bezugsgröße besteht und dass nach Möglichkeit ein Anreiz zu kostenbewusstem Verhalten gegeben wird.

- Für die **Kosten der Unternehmensleitung** sind als Bezugsgröße „Center (Kopf)", Erlös und Deckungsbeitrag plausibel. Erstere, wenn unterstellt wird, dass sich die Leitung mit allen Centern gleichermaßen beschäftigt, die zweite, wenn die Center nach ihrer Umsatzbedeutung betreut (geplant, analysiert) werden, Letztere, wenn die Belastbarkeit zugrunde gelegt wird.

- Für die **Personalabteilung** bieten sich die Bezugsgrößen Mitarbeiterzahl und Einstellungen an. Erstere ist eher eine statische Größe, die auf Kostenverursachungspotenziale abzielt, während die Zahl der Einstellungen auf tatsächlichen Aktivitäten basiert. Ein Profit Center, das viele Einstellungen (und wahrscheinlich auch viele Entlassungen) vornimmt, würde auf Kosten der anderen Center arbeiten, wenn die Zahl der Einstellungen unberücksichtigt bliebe. Andererseits können die Einstellungen nicht ausschließlich als Bezugsgröße verwendet werden, weil beispielsweise Profit Center A durch seine gemächliche Personalpolitik die Betreuung seiner Mitarbeiter fast zum Nulltarif bekäme. Ideal wäre hier eine Zweiteilung der Zurechnung anhand beider Kriterien. Zu diskutieren wäre auch der Erlös als Bezugsgröße, was meist dann gut funktioniert, wenn die Zahl der Mitarbeiter sich parallel zu den Erlösen verhält (ähnliche Produktionsverfahren und Personalintensitäten). Er kann zwar nicht die Kosten der Einstellungsverfahren abbilden, aber in etwa die der Mitarbeiterverwaltung insgesamt.

- Für die **EDV-Kosten** gibt es eine ganze Reihe unterschiedlicher Ansätze der Kostenzurechnung. Vorteil ist meist, dass die Inanspruchnahme leicht computergestützt erfasst werden kann. Nach den vorliegenden Daten stellt die Anzahl der Computer eine leicht zu verarbeitende Größe dar, wenngleich sie keine Anreize für Einsparungen vermittelt. Der Betriebszeitanteil ist anspruchsvoller und genauer. Weitere Alternative, hier jedoch mangels Daten nicht zu realisieren, wäre die Orientierung an der eingesetzten Software (Nutzer von betriebswirtschaftlichen Programmen verursachen einen höheren Betreuungsaufwand als Nutzer von Standard-Textverarbeitungsprogrammen).

- Für die **Buchhaltung** gibt es wieder eine größere Auswahl an Kriterien. Die Anzahl der Buchungen ist zunächst plausibel, weil sie konkret mit dem Aufwand zusammenhängt. Was aber geschieht mit den Außenständen, die einen hohen Verwaltungsaufwand erzeugen? Hierfür könnte der Forderungsbestand als sinnvolleres Kriterium herangezogen werden, zumal auch ein Mahnverfahren einen ganz anderen Aufwand verursacht als das Verbuchen einer Rechnung. Und nicht zuletzt ist der Erlös des Centers eine denkbare Größe.

Für die einzelnen Profit Center lässt sich nun der Aufwandsanteil bei den genannten Kriterien errechnen:

	Profit Center			
	A	B	C	D
Erlöse	17 %	24 %	45 %	14 %
– PC-Kosten	-	-	-	-
= PC-DB	4 %	26 %	59 %	12 %
Buchungsposten	33 %	29 %	17 %	21 %
Mitarbeiter	19 %	24 %	40 %	18 %
Einstellungen	4 %	29 %	36 %	32 %
Betriebszeitanteil	20 %	15 %	50 %	15 %
Computerarbeitsplätze	14 %	24 %	40 %	22 %
Forderungsbestand	53 %	14 %	21 %	12 %

Hier zeigen sich schon deutliche Unterschiede zwischen den einzelnen Bezugsgrößen. Bei den Kosten der Buchhaltung ergibt die Bezugsgröße Buchungsposten für Profit Center B eine doppelt so hohe Belastung wie die Bezugsgröße Forderungsbestand!

Werden die jeweiligen Bezugsgrößen angewandt, ergeben sich folgende Umlagen für die einzelnen Profit Center:

	Profit Center			
	A	B	C	D
Unternehmensleitung nach Erlös	5100	7200	13500	4200
Unternehmensleitung nach Center	7500	7500	7500	7500
Unternehmensleitung nach DB	1200	7800	17700	3600
Personalabteilung nach Mitarbeitern	4750	6000	10000	4500
Personalabteilung nach Einstellungen	1000	7250	9000	8000
EDV nach Betriebszeitanteil	6000	4500	15000	4500
EDV nach Anzahl Computer	4200	7200	12000	6600
Buchhaltung nach Buchungsposten	6600	5800	3400	4200
Buchhaltung nach Forderungsbestand	10600	2800	4200	2400
Buchhaltung nach Erlös	3400	4800	9000	2800

Verrechnung zentraler Kosten über Prozesskosten

Bereits oben wurde angedeutet, dass die prozesskostenbezogene Unterscheidung von Kosten geeignet ist, um das Zurechnungsverfahren zu bestimmen. Dabei geht es gerade um die Abteilungen, in denen die Prozesskostenrechnung ohnehin zu Hause sein sollte, um Transparenz zu schaffen, nämlich die Gemeinkostenbereiche. Ist eine Prozesskostenrechnung vorhanden, kann eine einfache Ermittlung von Verrechnungssätzen/Umlagen erfolgen, ist dies nicht der Fall, sollte ihre Einführung zumindest für diesen Zweck erwogen werden. Wir betrachten dazu als Beispiel eine recht übersichtliche Zentralabteilung, nämlich die Personalentwicklung.

Die Prozesskostenrechnung orientiert sich im Gegensatz zur klassischen Voll- oder Teilkostenrechnung an den Prozessen einer Abteilung bzw. eines Unternehmens. Die Kostenstellen werden nicht abgeschafft, die dort anfallenden Kosten werden jedoch anders verarbeitet. Wichtig ist zunächst, die in der Abteilung erstellten Prozesse zu identifizieren, ihre Häufigkeit zu bestimmen und die Kosten verursachungsgerecht zuzuordnen.

Während die Vollkostenrechnung Einzel- und Gemeinkosten unterscheidet, die Teilkostenrechnung zusätzlich fixe und variable, führt die Prozesskostenrechnung eine neue Zweiteilung ein: **leistungsmengeninduzierte** (-abhängige) und **leistungsmengenneutrale** (-unabhängige) **Kosten**. Diese begriffliche Unterscheidung führt leider regelmäßig zu einer Verwechslung mit variablen und fixen Kosten. So sind leistungsmengenneutrale Kosten immer fix, jedoch fixe nicht immer leistungsmengenneutral. Variable Kosten sind jedoch, wenn sie überhaupt einer Prozesskostenrechnung unterzogen werden, leistungsmengeninduziert. Siehe Abbildung 3.12.

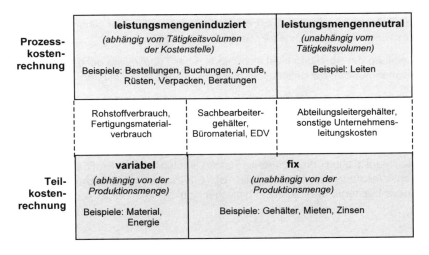

Abbildung 3.12: Gegenüberstellung der Kostenbegriffe

Beispiel:

Als Beispiel sehen wir uns eine Zentralabteilung (Service Center) Personalentwicklung an. Sie wird hier separat geführt (also nicht als Teilaufgabe der Personalabteilung), weil sie in einem innovativen Unternehmen eine besondere Bedeutung hat. Ihre Aufgabe ist es, Seminare für die Mitarbeiter anzubieten, Assessment Center für den Führungsnachwuchs (intern) durchzuführen und nicht zuletzt die Profit-Center-Leitungen zu beraten.

Die Abteilung ist klein. Die Leiterin kümmert sich um die Programmplanung, Anwerbung von Referenten und nimmt einen Teil der Beratung wahr. Eine Mitarbeiterin unterstützt sie dabei. Des Weiteren werden zwei Referenten mit Teilzeitverträgen beschäftigt. Sie übernehmen die internen Seminare zu Themen wie Projektmanagement, Führung oder Rhetorik. Externe Referenten werden auf Honorarbasis beschäftigt.

- Die Teilnehmer an den Seminaren zahlen einen Standardsatz inkl. aller Nebenkosten, der jedes Jahr neu kalkuliert wird. Für interne Seminare liegt er bei 400 EUR, für Seminare mit externen Referenten bei 500 EUR.

- Die Leitung kostet 150.000 EUR, die Beratung 30.000 EUR im gesamten Jahr. Hierin sind Gehälter und Raumkosten enthalten.

- Im laufenden Jahr sind 450 Teilnehmertage (Seminartage x durchschnittliche Teilnehmerzahl) in internen Seminaren geplant. Die Gesamtkosten hierfür sollen 180.000 EUR sein.

- In externen Seminaren werden 180 Teilnehmertage erwartet. Dafür werden 90.000 EUR veranschlagt.

- Für die Durchführung der Assessment Center werden 18.000 EUR Kosten und 30 Teilnehmer geplant. Auch diese Kosten werden über einen Standardsatz pro Teilnehmer verrechnet. Er liegt bei 600 EUR.

Die Leistung der Abteilung lässt sich nun in einer Tabelle, wie bei der Prozesskostenrechnung üblich, darstellen. Hier gibt es nun zwei Möglichkeiten:

1. Entweder man arbeitet mit zwei Umlagen, und zwar einmal einer echten für die leistungsmengenneutrale Leitung und Beratung und einmal einer für die besuchten Seminare (leistungsmengeninduziert).

2. Oder man legt die lmn-Kosten auf die lmi-Kosten (für die Seminare und Assessment Center) um, um diese dann komplett auf die Profit Center umzulegen. Was dann doppelt schrecklich ist. (Die Prozesskostenrechnung macht übrigens Letzteres, was auch ein typischer Kritikpunkt an ihr ist.)

3.3 Umlagen für Zentralkosten

Zur 1. Version:

Tätigkeit	Imi/Imn	Kostentreiber	Prozessmenge	Plankosten	Verrechnungskostensatz
\multicolumn{6}{c}{Service Center Personalentwicklung}
Leitung	Imn	-		150.000	
Beratung	Imn	-		30.000	
Seminare intern	Imi	Teilnehmertage	450	180.000	400
Seminare extern	Imi	Teilnehmertage	180	90.000	500
Assessment Center	Imi	Teilnehmer	30	18.000	600
Summe				468.000	

Die Profit Center müssen danach die folgenden Kosten übernehmen:

Tätigkeit	Verrechnung			Umlage		Summe
	Seminare intern	Seminare extern	Assessment Center	Leitung	Beratung	
Profit Center 1	110 x 400 = 44.000	70 x 500 = 35.000	12 x 600 = 7.200	50.000	10.000	86.200 + 60.000 = 146.200
Profit Center 2	200 x 400 = 80.000	20 x 500 = 10.000	14 x 600 = 8.400	50.000	10.000	98.400 + 60.000 = 158.400
Profit Center 3	140 x 400 = 56.000	90 x 500 = 45.000	4 x 600 = 2.400	50.000	10.000	103.400 + 60.000 = 163.400
Summe	180.000	90.000	18.000	150.000	30.000	468.000

Leitung und Beratung wurden nach dem Durchschnittsprinzip verrechnet. Daraus ergibt sich eine „echte" Umlage von jeweils 60.000 EUR. Die anderen Kosten werden nach der Inanspruchnahme und damit verursachungsgerecht verrechnet, so dass man nicht mehr von einer Umlage reden kann bzw. muss.

In der 2. Version werden die Kosten zusammengefasst, das heißt es werden „vollständige" Prozesskostensätze errechnet.

Zur 2. Version:

Service Center Personalentwicklung								
Tätigkeit	Imi/ Imn	Kostentreiber	Prozessmenge	Plankosten	Imi-Kostensatz	Imn-Kostensatz	Prozesskostensatz
Leitung	Imn	-	-	150.000			
Beratung	Imn	-	-	30.000			
Seminare intern	Imi	Teilnehmertage	450	180.000	400	250,00	650,00
Seminare extern	Imi	Teilnehmertage	180	90.000	500	312,50	812,50
Assess. Center	Imi	Teilnehmer	30	18.000	600	375,00	975,00
Summe				468.000			

Die Verrechnung der Imn- auf die Imi-Kosten erfolgt auf der Basis der Kostenhöhe. Der Bereich interne Seminare verursacht beispielsweise 62,5 % der Imi-Kosten, also trägt er auch 62,5 % der Imn-Kosten. Das macht 112.500 EUR. Geteilt durch die Prozessmenge von 450 ergeben sich 250 EUR pro Seminartag. Ob diese Zuordnung gerecht ist, muss individuell entschieden werden. Es handelt sich auch um eine Vereinfachung.

Die Profit Center müssen danach die folgenden Kosten übernehmen:

Service Center Personalentwicklung				
Tätigkeit	Seminare intern	Seminare extern	Assessment Center	Summe
Profit Center 1	110 x 650 = 71.500	70 x 812,50 = 56.875	12 x 975 = 11.700	140.075
Profit Center 2	200 x 650 = 130.000	20 x 812,50 = 16.250	14 x 975 = 13.650	159.900
Profit Center 3	140 x 650 = 91.000	90 x 812,50 = 73.125	4 x 975 = 3.900	168.025
Summe	292.500	146.250	29.250	468.001

Die Ergebnisse der beiden Versionen unterscheiden sich leicht. Welche Version eingesetzt wird, muss im Einzelfall entschieden werden.

3.4 Verrechnungspreise für den innerbetrieblichen Leistungsaustausch

Die Bildung von Profit Centern zieht meist noch einen Problemkomplex nach sich, nämlich das der Abrechnung des innerbetrieblichen Leistungsaustauschs. Gibt nämlich ein Profit Center an ein anderes Leistungen ab (z. B. gefertigte Produktteile, übernommene Logistikleistungen, Überlassung von Montagekapazitäten), dann muss dafür ein Preis bestimmt werden. Im Gegensatz zu offenen Märkten, zu denen es einen mehr oder weniger unbegrenzten Zugang gibt, können sich die Preise nicht durch ein freies Spiel von Angebot und Nachfrage bilden. Es stellt sich somit die Frage, nach welchen Prinzipien zumindest „relativ" gerechte Preise gebildet werden können. In Unternehmen mit komplexen Leistungsverflechtungen ergibt sich daraus nicht selten die zentrale Frage des Systems. Falsche Verrechnungspreise können ein Center wirtschaftlich stark schädigen und natürlich auch die variable Vergütung beeinträchtigen. Insofern ergibt sich aus einer „geeigneten" Preisbildung oft eine zusätzliche Einnahmequelle auch für das Management.

Die Maxime kann etwa lauten:

> **Transfer- oder Verrechnungspreise** sind Entgelte für innerbetrieblich abgegebene Leistungen. Sie sollen
>
> - zu Entscheidungen führen, die mit den Unternehmenszielen in Einklang stehen. – Die Transferpreise dürfen nicht zu Entscheidungen führen, die zwar Vorteile für ein Profit Center darstellen, sich auf das Gesamtunternehmen jedoch negativ auswirken.
>
> - eine gerechte Leistungsbewertung für die Profit Center ermöglichen. – Die Transferpreise sollen die tatsächliche Leistung widerspiegeln und Anreize zur Leistungssteigerung geben.
>
> - die Autonomie der Profit Center nicht beeinträchtigen. – Für eine eigenverantwortete Leistungserstellung muss auch in eigener Verantwortung ein Preis festgelegt werden können. Dies darf jedoch nicht zu einer Störung einer zentralen Koordination führen.

Sehen wir uns kurz ein kleines **Beispiel** an, auf das wir wieder zurückkommen werden:

Ein Profit Center stellt ein Bauteil mit folgender Kostensituation her:

Investition: einmalig 200.000 EUR
Fixkosten: jährlich 50.000 EUR
variable Kosten: pro Stück 20 EUR

Der Marktpreis liegt für ein solches Bauteil bei 40 EUR.

Der Einkauf würde, falls er es auf dem freien Markt beschaffen müsste, Transaktionskosten in Höhe von 5 EUR ansetzen. Damit werden Kommunikationskosten, Personalaufwand usw. abgedeckt.

Ein anderes Profit Center des Unternehmens möchte das Bauteil für seine Fertigung beziehen. Es schätzt die Abnahmemenge pro Jahr auf 5.000 Stück.

Aufgrund der Produktionsplanung wird mit einer Bezugsdauer von fünf Jahren gerechnet.

Welcher Verrechnungspreis ist hier anzusetzen? Kann das verkaufende Profit Center den Marktpreis verlangen oder nur den Ersatz seiner laufenden (variablen) Kosten. Muss das kaufende Profit Center Garantien für den Bezug über fünf Jahre abgeben? Muss es dem Lieferanten die Investition finanzieren? Wir werden sehen, dass es eine Vielzahl von Möglichkeiten gibt.

Abbildung 3.13 gibt zunächst einen Überblick über die Verfahren der Transferpreis-Bestimmung.

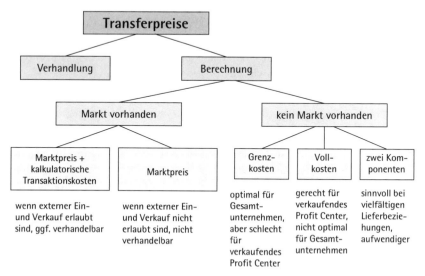

Abbildung 3.13: Transfer-(Verrechnungs-)Preise

Preisfindung durch Verhandlung

Zunächst bestehen die grundsätzlichen Möglichkeiten der Verhandlung und der Berechnung der Preise. Im Fall der Verhandlung können zwar theoretisch marktorientierte Preise entstehen, wenn der Verhandlungsprozess die Marktverhältnisse simuliert, es bestehen aber auch erhebliche Einflüsse durch innerbetriebliche Gegebenheiten, die genau dies verhindern. So spielen etwa die Machtverhältnisse eine Rolle, die einem Profit Center einen Vorteil vermitteln. Bei sehr speziellen Leistungen bestehen möglicherweise keine Anknüpfungspunkte für die Ermittlung des Marktwerts oder Möglichkeiten alternativer Beschaffung. Dann bleiben letztlich nur die Kosten als Ansatzpunkt, so dass es zu einer Preisberechnung kommt.

Verhandelte Preise sind vermutlich am weitesten verbreitet, allein schon, weil vor einer exakten Berechnung mit geschätzten Kostendaten zurückgeschreckt wird und natürlich die Vorstellung existiert, bei der Verhandlung noch „ein bisschen was fürs eigene Center herauszuholen". Zudem geht es so auch schneller, jedenfalls wenn gewisse Regeln eingehalten werden. Absprachen unter der Hand, ohne Kontrollmöglichkeit und Transparenz und ohne Verpflichtungen sind letztlich kontraproduktiv. Die Verhandlungen sind wirtschaftlich gleichbedeutend mit Vertragsverhandlungen mit externen Geschäftspartnern. Gelegentlich entsteht der Eindruck, man müsse sich nicht an gesetzliche Regelungen halten, weil man ja letztlich zur gleichen Firma gehöre, im gleichen Boot sitze usw. Nur kann man dann auch getrost auf die Profit Center verzichten, sie sollen je gerade die Mannschaft auf mehrere Boote verteilen.

Innerhalb einer Rechtspersönlichkeit ist es praktisch unmöglich, eine Leistung einzuklagen oder einen Nachbesserungsanspruch durchzusetzen. Auch das Verhandlungsverfahren unterliegt nicht unbedingt selbstverständlich ethischen Regeln, so dass hierfür Spielregeln vereinbart werden sollten. Solche Regeln sollen in erster Linie klar machen, dass der Prozess ernst zu nehmen ist und nicht zur Übervorteilung genutzt werden darf.

Einige Beispiele für solche Spielregeln werden in Abbildung 3.14 gezeigt (vgl. u. a. Thiel 1999).

Marktpreise als Transferpreise

Hier sind wieder zwei Fälle zu unterscheiden. Gibt es einen Markt für das ausgetauschte Produkt, dann kann der **Marktpreis** dafür herangezogen werden. Beispielsweise lassen sich für Normteile und viele andere Bauteile auf dem freien Markt Anbieter finden, deren Preise dann als Berechnungsgrundlage herangezogen werden können. Nun kommt es auf die Regelung innerhalb des Unternehmens an, wie mit dem Preis zu verfahren ist. Wichtig ist nämlich, ob es prinzipiell zulässig ist, die fraglichen Teile auch frei zu verkaufen bzw. von einem dritten Lieferanten zu beziehen.

Verhandlungsgrundsätze

- **Einigungsverpflichtung** – alle Leistungsbeziehungen müssen ausgehandelt werden, am Ende muss eine Einigung erfolgen
- **Verhandlungszeitraum** – der Verhandlungszeitraum wird in Abhängigkeit der Unternehmensplanung festgelegt
- **Verhandlungsführer** – werden gleiche Leistungen von mehreren Empfängern abgenommen, bestimmen diese einen gemeinschaftlichen Verhandlungsführer
- **Verhandlungsergebnisse** – die ausgehandelten Konditionen werden für alle Mitarbeiter zugänglich veröffentlicht
- **Clearingstelle** – falls innerhalb der festgelegten Zeit keine Einigung erzielt wird, fungiert das Controlling (ggf. eine andere Abteilung) als Clearingstelle
- **Betriebswirtschaftliche Unterstützung** – das Controlling (sofern zentral angesiedelt) leistet betriebswirtschaftliche Unterstützung bei der Verhandlung
- **Marktpreisvergleich** – die Transferpreisbestimmung orientiert sich am Marktpreis

Grundregeln des Leistungsaustauschs

- Unternehmensoptimum geht vor Centeroptimum
- interner Bezug geht vor externen Bezug
- externe Absätze müssen mit der Unternehmensleitung abgestimmt werden
- Qualitätsstandards des Gesamtunternehmens sind einzuhalten
- das Leistungsspektrum ist nach Umfang und Qualität zu definieren

Grundregeln der Preisfindung

- der Marktpreis ist die Obergrenze für Transferpreise
- Verhandlungspartner müssen sich um vergleichbare und faire Marktpreise bemühen
- bei fehlerhaften Lieferungen besteht die Möglichkeit der Wandelung oder Minderung

Abbildung 3.14: Beispiele für Grundsätze der Verrechnungspreisfindung

3.4 Verrechnungspreise für den innerbetrieblichen Leistungsaustausch

Diese Freiheit kann eingeräumt werden, um einen stärkeren Leistungsanreiz zu vermitteln. Sie kann aber auch ausgeschlossen sein, weil damit weitere Voraussetzungen wie etwa Ein- und Verkaufsabteilungen erforderlich wären.

Besteht die **Möglichkeit des externen Verkaufs** von Halbfabrikaten, dann können den ermittelten Marktpreisen ersparte Aufwendungen für die Beschaffung aufgeschlagen werden. Die Überlegung ist die folgende: Das kaufende Profit Center K hätte für eine Beschaffung auf dem freien Markt zusätzliche Aufwendungen (Beschaffungsmarktforschung, Abwicklung u. Ä.), die sich bei Bezug vom verkaufenden Profit Center V einsparen ließen. Der Preisspielraum ist damit für V größer, und zwar um diese Transaktionskosten. Ist K an V als Lieferant aufgrund der Unternehmenspolitik gebunden, so würden solche Kosten nie entstehen, können also nicht angesetzt werden. Hier bleibt der Marktpreis erhalten, gleich ob er die Fertigungskosten von V deckt oder nicht.

Die Orientierung an den Marktpreisen setzt neben der Vergleichbarkeit der Waren auch eine Transparenz des Marktes und verfügbare Kapazitäten voraus. Es muss möglich sein, Anbieter zu finden. Zudem müssen diese zumindest theoretisch bereit sein, ihre Waren auch zu verkaufen. Sind ihre Kapazitäten ausgelastet, so dass eine Lieferung an neue Nachfrager eine Preisexplosion zur Folge hätte, wären die Preisforderungen kein geeigneter Vergleichsmaßstab mehr. Preisschwankungen aufgrund von Nachfrageschwankungen, sich ändernden Wettbewerbsverhältnissen usw. bereiten immer Probleme und sollten daher durch den Ansatz durchschnittlicher Festpreise ausgeschlossen werden. Ansonsten würden sich Marktschwankungen auch in der Profitabilitätsberechnung der Profit Center niederschlagen, obwohl es keinen sachlichen Zusammenhang gibt. Diese Fälle zeigen, dass auch der Marktpreis-Ansatz nicht ohne Schwierigkeiten vorgenommen werden kann.

Kostenorientierte Transferpreise

Immer dann, wenn kein Markt für die betreffenden Waren vorhanden ist, müssen **Kostenansätze** gefunden werden. Hier können wieder zwei Möglichkeiten unterschieden werden: der Ansatz von Grenzkosten und der Ansatz von Vollkosten. Die **Grenzkosten** (die Kosten der nächsten produzierten Einheit) eignen sich dabei, die gewinnmaximale Produktionsmenge zu bestimmen.

Beispiel:

Betrachten wir dazu ein Unternehmen, das aus zwei Profit Centern besteht. V liefert Halbfabrikate zu einem Transferpreis an K. K verarbeitet sie weiter und verkauft dann ein Fertigprodukt am Markt. Die folgende Tabelle listet die relevanten Daten für mögliche Produktionsmengen von eins bis zehn auf.

Menge	Profit Center V		Profit Center K				Unternehmen
	Gesamtkosten	Grenzkosten	Umsatz	Gesamtkosten	Deckungsbeitrag	Grenz-DB	Gewinn
1	11	11	27	17	10	10	−1
2	17	6	49	29	20	9	3
3	21	4	69	41	28	8	7
4	24	3	87	52	35	7	11
5	26	2	103	62	41	6	15
6	27	1	117	71	46	5	19
7	31	4	130	80	50	4	19
8	37	6	142	89	53	3	16
9	44	7	153	98	55	2	11
10	52	8	163	107	56	1	4

Dabei handelt es sich um nichtlineare Kostenverläufe. Der Deckungsbeitrag von K errechnet sich aus Umsatz minus Gesamtkosten bei K. Werden vom Deckungsbeitrag von K die Gesamtkosten von V abgezogen, ergibt sich der Unternehmensgewinn. Der maximale Unternehmensgewinn entsteht bei der Menge, bei der die Grenzkosten von V dem Grenzdeckungsbeitrag von K entsprechen. (Dies entspricht der klassischen Definition des Gewinnmaximums, wenn gilt: Grenzkosten = Grenzerlös. Da die Kosten innerhalb des Profit Centers K irrelevant sind, ist hier mit dem Grenz-DB zu vergleichen.) Das Gewinnmaximum liegt demnach bei sieben (oder sechs) Einheiten. Der Transferpreis liegt bei vier.

Nun lassen sich die Gewinne bei diesem Preis und zum Vergleich noch bei einem Preis von acht berechnen:

Menge	Transferpreis = 4				Transferpreis = 8			
	Profit Center V			Profit Center K	Profit Center V			Profit Center K
	Ges.-kosten	Umsatz	Gewinn	Gewinn	Ges.-kosten	Umsatz	Gewinn	Gewinn
1	11	4	–7	6	11	8	–3	2
2	17	8	–9	12	17	16	–1	4
3	21	12	–9	16	21	24	3	4
4	24	16	–8	19	24	32	8	3
5	26	20	–6	21	26	40	14	1
6	27	24	–3	22	27	48	21	–2
7	31	28	–3	22	31	56	25	–6
8	37	32	–5	19	37	64	27	–11
9	44	36	–8	19	44	72	28	–17
10	52	40	–12	16	52	80	28	–24

Während der Gesamtgewinn für das Unternehmen natürlich gleich bleibt, sind die beiden Profit Center unterschiedlich profitabel. Bei dem Preis von vier erwirtschaftet V sogar gar keinen Gewinn. Bei einem Preis von acht würde sich sein Gewinnmaximum auf zehn Einheiten verschieben. Es würde also versuchen, mehr von seinen Halbfabrikaten an K zu verkaufen. Dabei käme das Gesamtunternehmen aber aus seinem Gewinnmaximum heraus. Bei zehn Einheiten käme es nur noch auf einen Gewinn von vier statt vorher 19 (siehe die Tabelle auf der vorigen Seite). Es zeigt sich: Ein Transferpreis auf der Höhe der Grenzkosten ist optimal in Bezug auf den Unternehmensgewinn.

Für die Leitung des Profit Centers V ist dies verständlicherweise höchst unbefriedigend. Es hat keine Chance auf eine faire Abgeltung seiner Leistung. Daher verwenden Unternehmen oft die **Vollkosten als Transferpreis**. Dieses Vorgehen entspricht eher dem Prinzip einer gerechten Zuordnung, der Teufel steckt jedoch auch hier im Detail:

- So ist zunächst zu fragen, wie die Vollkosten überhaupt ermittelt werden sollen. Dies beinhaltet nämlich eine Festlegung der Infrastrukturkostenanteile auf die verkauften Halbfabrikate. Bei unserem kleinen Beispielunternehmen besteht dieses Problem noch nicht. Stellt das verkaufende Profit Center aber mehrere Vorprodukte für mehrere kaufende Profit Center her, ist kaum noch zu klären, wie diese an den fixen Gemeinkosten beteiligt werden sollen.

- Darüber hinaus verliert der Vollkostenpreis seine Lenkungsfunktion, weil eben nicht mehr nach dem Prinzip Grenzkosten = Grenzerlös vorgegangen werden kann.
- Schließlich fehlt der Anreiz zur kontinuierlichen Kostensenkung. Kann ein Profit Center mit einer vollständigen Kostenerstattung rechnen, muss es nicht an eine Rentabilitätssteigerung denken. Hier wären zusätzliche Steuerungsmaßnahmen einzusetzen.

Um die Problematik der Transferpreisbildung zu mildern, sind verschiedene Lösungsvorschläge entwickelt worden (vgl. Drury 1996, S. 805 f.), von denen zumindest das zweiteilige Transferpreissystem durchführbar erscheint. So kann der **Transferpreis in zwei Komponenten** geteilt werden: Zum einen wird der Transferpreis auf Grenzkostenbasis verlangt, zum anderen ein fixes Entgelt für die Nutzung der Kapazitäten des verkaufenden Profit Centers.

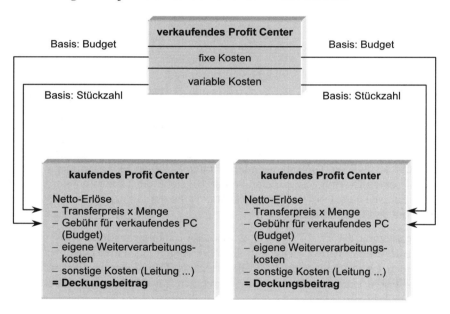

Abbildung 3.15: Zweiteiliges Transferpreissystem

Dies kann als eine Art Erlaubnis zum Kauf auf Grenzkostenbasis angesehen werden und wird vorab auf der Basis der geplanten Kapazitätsinanspruchnahme berechnet. Das verkaufende Profit Center verteilt damit seine Fixkosten auf die kaufenden Center, ist aber aufgrund der vorherigen Budgetierung an einer kostengünstigen Verfahrensweise interessiert. Beispielsweise könnten, falls rund ein Viertel der Kapazität in Anspruch genommen werden soll, 25 % der Fixkosten

3.4 Verrechnungspreise für den innerbetrieblichen Leistungsaustausch

als Entgelt festgelegt werden. Diese sind garantiert, so dass Kosteneinsparungen zu zusätzlichem Gewinn im Profit Center führen.

Abbildung 3.15 zeigt die Abrechnung eines liefernden Profit Centers mit zwei kaufenden. Es gibt nunmehr zwei Zahlungsarten, eine fixe und eine laufende.

Es deutet sich an, dass trotz der nicht geringen Zahl von Möglichkeiten eine genaue und gerechte Bestimmung von Transferpreisen nahezu unmöglich ist. Vor allem ist in empirischen Untersuchungen festgestellt worden, dass meist auch bei der Berechnung von Transferpreisen zusätzlich verhandelt wird. Dies kann zum Ausgleich von Ungerechtigkeiten (besonders bei der Grenzkostenmethode) führen, aber auch welche erzeugen.

Beispiel 1:

Kommen wir zurück zu unserem Beispiel eingangs dieser Darstellung. Für unser Unternehmen ergeben sich folgende mögliche Transferpreise:

Grenzkosten = 20 EUR

Die Grenzkosten entsprechen hier den variablen Kosten. Für das kaufende Profit Center ist diese Variante günstig. Es kann sich bei geschicktem Verhalten auf diese Art und Weise Investitionen sparen und bevorzugt von anderen Profit Centern kaufen. Für das Unternehmen insgesamt entstehen keine Konsequenzen, nur die Profitabilität der einzelnen Center wird anders strukturiert. Das verkaufende Profit Center hat keinen Anreiz, bei den variablen Kosten zu sparen. Es wird eher versuchen, die Investitionen zu reduzieren und die variablen Kosten zu erhöhen. Dadurch entsteht die Tendenz zu einem geringeren Technologieeinsatz im Unternehmen.

Vollkosten = 20 + 10 + 8 = 38 EUR

Die Investition wird auf die erwartete Stückzahl umgelegt (200.000 : 25.000 = 8 EUR). Die Fixkosten kommen auf 10 EUR pro Stück. Die 38 EUR sind nur dann kostendeckend, wenn die geplante Stückzahl erreicht wird. Das kaufende Profit Center wird eher eine hohe Menge vorgeben, um den Kostensatz zu reduzieren, das verkaufende wird versuchen, dagegenzuhalten. Es ist fraglich, ob eine Einigung möglich ist. Weiterhin wird das verkaufende Center versuchen, die alte Technologie möglichst lange einzusetzen, was den Fortschritt behindert. Zudem ist die Frage der Kapitalkosten zu klären (Wer finanziert die Investition? Welcher Zinssatz wird angesetzt?).

Marktpreis = 40 EUR

Da das Produkt ein marktgängiges ist, ist dieser Preis unproblematisch anzusetzen. 2 EUR werden als voraussichtlicher Ergebnisbeitrag an das liefernde Center gezahlt. Es hat einen Anreiz, die Kosten zu senken, muss dies aber nicht. Die Differenz von 2 EUR lässt wenig Spielraum; wären es mehr, dann könnte Verschwendung gefördert werden, weil interne Kostensteigerungen noch nicht zu einem unprofitablen Geschäft führten. Für das Gesamtunternehmen kann diese

Regelung daher ungünstig sein. Läge der Marktpreis unter den Vollkosten des verkaufenden Centers, wäre die Einschätzung umgekehrt. Andererseits bestünde auch ein Anreiz, das Produkt fremd zu beziehen.

Marktpreis + kalkulatorische Transaktionskosten = 45 EUR

Der Marktpreis als Verrechnungspreis begünstigt das kaufende Profit Center um die angenommenen 5 EUR für Aufwendungen des Einkaufs. Es entlastet sich durch den internen Kauf. In unserem Beispiel ist dies praktisch unschädlich, da das verkaufende Profit Center zu Kosten unterhalb der 40 EUR produzieren kann. Inwieweit es lieferbezogene Zusatzkosten hat, ist unklar und oft kaum zu ermitteln. Lägen die Vollkosten beispielsweise bei 43 EUR, dann wäre die Frage, ob die Transaktionskosten berücksichtigt werden, entscheidend. Im einen Fall wäre der Fremdbezug günstiger, im anderen nicht.

zwei Komponenten 200.000 + 30 EUR oder 200.000 + 50.000 + 20 EUR

Hier werden die realen Kostenverhältnisse simuliert. Anreize zur Verschiebung von Kosten und Ergebnissen werden minimiert. Fraglich ist damit, wer über die Investition und die Fixkosten entscheidet. Das kaufende Center wird Einfluss nehmen wollen, weil es die Kosten ja ohnehin tragen muss. Das verkaufende Center wird sich aber fragen, was es dann noch selbst entscheiden darf. Es wird in die Rolle der verlängerten Werkbank gedrängt.

Beispiel 2:

Das Beispielunternehmen ist ein Elektrogerätehersteller, der in mehreren Profit Centern vor allem Verkaufsautomaten produziert. Das Profit Center V stellt seit Jahrzehnten Verkaufsautomaten her. Das Profit Center K produziert Heißgetränkeautomaten, ein anderes kleinere Abfüllanlagen u. Ä. Profit Center K möchte nun eine neue Produktlinie mit Touchscreens auf den Markt bringen. Profit Center V stellt für seine Verkaufsautomaten bereits Touchscreens her und ist auch in der Lage, die notwendige Software zu erstellen.

Profit Center V nutzt für die Fertigung eine Anlage, die die Unternehmensleitung seinerzeit mit einem Aufwand von 750.000 EUR erstellt hat. Da die Profit Center keine eigenen Investitionen über 100.000 EUR tätigen dürfen, läuft die Anlage unter „Zentrale". Dafür werden dem Profit Center V Umlagen von zurzeit 75 EUR pro Stück berechnet. Der Satz ergibt sich aus den Anschaffungskosten geteilt durch die geplante Nutzung von 1.000 Stück jährlich über zehn Jahre. Die Kapazität der Anlage liegt bei 1.500 Stück pro Jahr.

Das Profit Center V kann die Touchscreens zu Kosten von 450 EUR herstellen, wobei die Umlage nicht enthalten ist. Es kalkuliert auf der Basis einer Abnahmemenge von 500 Stück jährlich. Die 450 EUR setzen sich zusammen aus 250 EUR für variable Kosten sowie jährlich 100.000 EUR für neue Arbeitskräfte. Dazu verlangt es für die Programmierung einmalig 100.000 EUR.

Profit Center K informiert sich auf dem Markt über Alternativangebote und erhält eines über 500 EUR zzgl. 50.000 EUR für die Softwareerstellung. Im Falle eines Fremdbezugs würden kalkulatorisch 50 EUR pro Stück für Transport, Versicherung, Abwicklung anfallen.

K und V treten nun in Verhandlungen über den „richtigen" Verrechnungspreis. Welche Preise dürften die beiden jeweils vorschlagen? Welcher Preis wäre gerechtfertigt?

Marktpreis = 540 EUR bei 5 Jahren à 500 St.

Marktpreis + Transaktionskosten = 590 EUR

Grenzkosten = 250 EUR bzw. 450 EUR

Vollkosten = 450 + 40 = 490 EUR bzw. 490 + 75 = 565 EUR

mehrteiliger Preis = jährlich 100.000, einmalig 100.000, pro Stück 75 + 250 EUR

Der Zielkonflikt der Transferpreisbildung

In Abhängigkeit der unterschiedlichen Verantwortlichkeiten und Sichten auf einen Konzern ergeben sich oft vollkommen unabhängige Zielsetzungen beim Einsatz von Transferpreisen. Dementsprechend hat z. B. das Konzerncontrolling in der Zentrale andere Ziele und auch Informationsbedürfnisse als der Spartencontroller eines wirtschaftlich selbstständigen Unternehmensbereiches.

Diese Zielsetzungen sind teilweise konkurrierend:

- Aus Sicht der Bereichsmanager (Profit-Center-Leiter) stehen die Ermittlung des Erfolges und des Erfolgsbeitrages von einzelnen Bereichen sowie die Koordination und Lenkung der Bereichsmanager im Vordergrund des Interesses.

- Strategische Entscheidungen aus Sicht des Gesamtkonzerns gehen von der Annahme aus, dass der Konzern wie ein Unternehmen agiert (Fiktion der Einheit). Da aber die Verrechnungen zwischen den Konzernunternehmen Zwischengewinne enthalten, müssen aus Sicht des Gesamtkonzerns Entscheidungsgrundlagen geschaffen werden, die diese Einflüsse von konzerninternen Preisen und Verrechnungen eliminieren und die Geschäftsvorfälle mit Konzernherstellkosten bewerten.

3.5 Analyse der Leistungsverflechtungen

Die Darstellung der Umlageproblematik und der Transferpreisbildung zeigte bereits, dass eine genaue Analyse der Leistungsverflechtungen erforderlich ist. Dabei geht es sowohl um die Leistungen der zentralen Abteilungen als auch den Austausch unter den einzelnen Centern.

Starke Leistungsverflechtungen führen zu einem hohen Abrechnungsaufwand und einem hohen Risiko von Ungenauigkeiten. Die Vorteile der Profit-Center-Bildung können dabei massiv eingeschränkt werden. Neben den Problemen bei der Abrechnung ist auch an die Komplexität der Managemententscheidungen zu denken. Mitunter kann es sinnvoll sein, stark verflochtene Center zu einem zusammenzufassen.

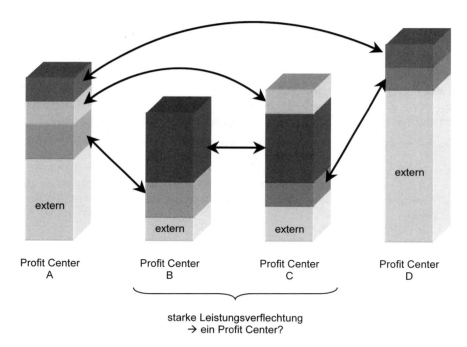

Abbildung 3.16: Darstellung von Leistungsverflechtungen

Die Analyse der Leistungsverflechtung ist aber auch Basis der Bestimmung von Verrechnungspreisen. Sie zeigt auf, in welchem Umfang Leistungen an wen abgegeben bzw. von wem aufgenommen werden und welches die Bezugsgröße ist. Siehe dazu auch die Abbildung 3.16. Hier werden die Leistungsverflechtun-

3.5 Analyse der Leistungsverflechtungen

gen grafisch als Umsatzanteile der Profit Center dargestellt. Während A und D hohe externe Umsatzanteile aufweisen, sind B und C stark miteinander verflochten. Hier könnte es sinnvoll sein, die Center zusammenzufassen.

Die Leistungsverflechtungen sind im Prinzip nichts anderes als die innerbetriebliche Leistungsverrechnung zwischen Haupt- und Nebenkostenstellen, nur mit dem Unterschied, dass die verflochtenen Center gleich geordnet sind. Die Verrechnung ist damit einfacher (falls Sie sich gerade an so spannende Themen wie Stufenleiter- und Anbauverfahren erinnert fühlen – die brauchen wir hier nicht), dafür ist das Geflecht der Leistungsbeziehungen komplexer. Abbildung 3.17 zeigt ein Beispiel eines „eingeflochtenen" Profit Centers „Qualitätsmanagement" in einer Unternehmensberatungsgesellschaft. Im oberen Teil finden sich die zentralen Stellen, die ihre Leistungen auf das Profit Center Qualitätsmanagement verrechnen. Hierfür benötigen wir das Thema Umlagen aus dem Abschnitt 3.3. Im unteren Teil sind die anderen Profit Center eingezeichnet, die, das ist eine Besonderheit des Beratungs-(Projekt-)Geschäfts, gelegentlich Leistungen an die Qualitätsleute abgeben bzw. von diesen annehmen. Für diese Leistungen müssen Transferpreise bestimmt werden (siehe Abschnitt 3.4). Hier ist die Schwierigkeit zu beachten, dass diese Preise variieren können, weil die vermittelten Aufträge bzw. benötigten Leistungen unterschiedlichen Wert haben. Folglich kommt in solchen Situationen häufig das Verhandlungsverfahren zum Einsatz.

In der Regel ist es hilfreich, mit einer solchen Analyse der Verflechtungen zu beginnen, zumal sie auch für die Unternehmensleitung nicht immer offen erkennbar sind. So ist beispielsweise ohne Existenz eines Profit-Center-Systems die Weitergabe eines Kunden an eine andere Abteilung oder die Übernahme von Tätigkeiten durch einen Mitarbeiter einer anderen Abteilung wirtschaftlich unbedeutend und für die Leitung damit uninteressant. Existieren Profit Center, sieht dies anders aus, und nicht selten muss man mit einer Inventur solcher Vorgänge beginnen, um überhaupt einen Ansatzpunkt für eine Behandlung dieser zu finden.

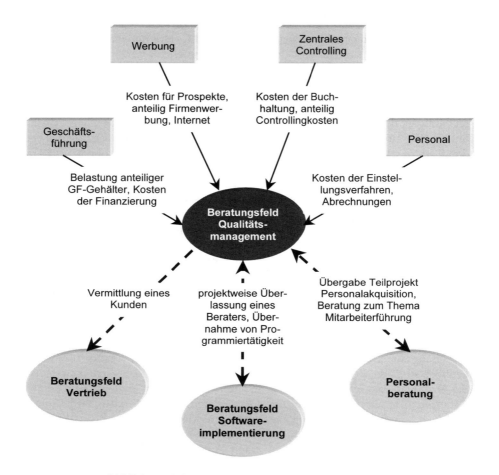

Abbildung 3.17: Verflechtungen zwischen Centern eines Beratungsunternehmens

In einem ersten, nicht unbedingt banalen Schritt, muss die Maßeinheit für die Verrechnung bestimmt werden. Wird beispielsweise Personal nicht mehr „unter der Hand" mal in einer anderen Abteilung eingesetzt, sondern an ein anderes Profit Center „verkauft", ist zu klären, ob dies nach Zeiteinheiten, Leistungsmengen oder einer Pauschale abgerechnet wird. Dann werden die jeweiligen Mengen ermittelt, so dass eine Transfermatrix erstellt werden kann. Es ergibt sich eine Tabelle wie in Abbildung 3.18 gezeigt, ergänzt um die jeweiligen Zahlen.

3.5 Analyse der Leistungsverflechtungen

	abgebende Einheiten				
	Personal-abteilung	Fuhrpark	Werkstatt	...	Summe
annehmende Einheiten Personal-abteilung	-	in km	in Mann-stunden		
Fuhrpark	in Mannstd., nach Mitar-beiterzahl	-	in Mann-stunden		
Werkstatt	in Mannstd., nach Mitar-beiterzahl	in km	-		
...				-	
Summe	Mannstunden, Mitarbeiter gesamt	gefahrene km	Mannstunden gesamt		

Abbildung 3.18: Grundstruktur einer Transfermatrix zur Analyse der Leistungsverflechtungen

Beispiel:

Sehen wir uns wieder unsere Beratungsgesellschaft an. Ihre Transfermatrix muss die Leistungsbeziehungen zwischen den vier Profit Centern und den vier Zentralstellen (Service bzw. Cost Center) widerspiegeln. Sie führt auf, welche Verrechnungspreise von den Profit Centern an die anderen Center zu zahlen sind. Wir verzichten hier auf eine eingehende Diskussion der Bezugsbasis und sehen uns nur an, welche Beträge jeweils zu zahlen/verrechnen sind.

Alle Profit Center müssen an alle vier zentralen Stellen Zahlungen leisten (die Beträge sind in der Tabelle eingetragen).

Das Profit Center Qualitätsmanagement bekommt vom Profit Center Vertrieb eine Ausgleichszahlung für die Vermittlung eines Kunden. An das Software-PC zahlt man für eine Programmierleistung, dafür erhält man auch Geld für die zeitweise Überlassung eines Beraters. An das Personalberatungs-PC wird für eine interne Beratung gezahlt, es gibt aber auch eine Gutschrift für die Abgabe eines Teilprojekts.

Zwischen den anderen drei PC gibt es ebenfalls einen Leistungsaustausch, der aber im Wesentlichen den bereits genannten Vorgängen entspricht. So beschränken wir uns auf die konkreten Zahlen, die in der Tabelle eingetragen sind.

	Profit Center				Service Center, Cost Center			
Zahlung von ↓ an →	Qualitätsmanagement	Vertrieb	Softwareimplementierung	Personalberatung	Geschäftsführung	Werbung	Controlling	Personal
Qualitätsmanagement	-	5.000	12.000	1.500	150.000	60.000	35.000	30.000
Vertrieb	-	-	48.000	-	220.000	74.000	40.000	52.000
Softwareimplementierung	86.000	10.000	-	-	210.000	53.000	42.000	48.000
Personalberatung	14.000	17.000	5.000	-	170.000	65.000	71.000	50.000
Summe	100.000	32.000	65.000	1.500	750.000	252.000	188.000	180.000

Die Daten dieser Tabelle werden benötigt, um die Erfolgsrechnung der Center erstellen zu können. Wie dies geschieht, sehen wir uns am Ende des Kapitels an. Hieraus ergibt sich schon einmal, wie stark die Verflechtungen sind. Das PC Qualitätsmanagement erhält insgesamt 100.000 EUR Transferzahlungen, die Personalberatung nur 1.500 EUR.

Transferpreise in der Profit-Center-Erfolgsrechnung

Nachdem die abrechnungstechnisch problematischen Verflechtungen analysiert sind, kann nun im Detail die Erfolgsrechnung für ein Profit Center aufgestellt werden. Abbildung 3.19 zeigt die Optimalform mit den relevanten Deckungsbeiträgen und ihrer Interpretation. Hier wurden insbesondere die verrechneten Kosten jeweils separat ausgewiesen und ihrem Verantwortungsbezug nach den DB-Ebenen zugeordnet. (Die Benennung der Deckungsbeiträge wurde bereits oben angesprochen. Ob sie numeriert oder mit Worten bezeichnet werden, ändert an ihrem Inhalt nichts, erleichtert oder erschwert aber ggf. ihre Interpretation.)

- Der **Deckungsbeitrag 1** ist im operativen Geschäft zu beeinflussen und kann als Maßstab der eigenen Leistung innerhalb des PC verwendet werden. Er eignet sich als Bemessungsgrundlage für variable Vergütungskomponenten. Verrechnete Kosten, die ihrem Charakter nach auch variable Kosten des betreffenden PC hätten sein können, sind hier schon abgedeckt.

- Der **Deckungsbeitrag 2** ist nur über strategische Entscheidungen zu beeinflussen. Er kann als Grundlage für die langfristige Erfolgsbeurteilung verwendet werden, weil z. B. Investitionen schon einen Einfluss ausüben. (Hier befinden wir uns auch im Übergang zu einem Investment Center – die Unternehmensleitung muss festlegen, inwieweit Investitionsentscheidungen ei-

3.5 Analyse der Leistungsverflechtungen

genständig getroffen werden können.) Ebenso sind fixkostenähnliche Verpflichtungen gegenüber anderen PC bereits berücksichtigt. Eine Einflussnahme auf den DB 2 setzt daher die Koordination mit anderen PC voraus.

- Der **Deckungsbeitrag 3** kann nur mit Hilfe der Unternehmensleitung beeinflusst werden. Hier spielt zwar auch die Inanspruchnahme zentraler Leistungen eine Rolle, wesentlich sind aber die Umlagesätze und Pauschalen. Eine Bemessung von Tantiemen über den DB 3 wäre nicht gerecht.

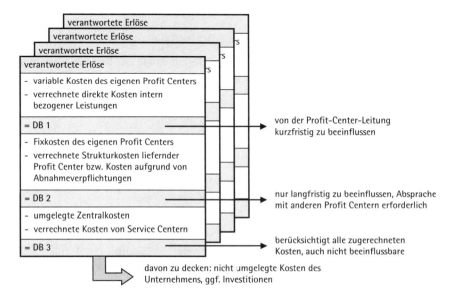

Abbildung 3.19: Erfolgsrechnung

Zum Abschluss soll nun an einem zusammenhängenden Beispiel gezeigt werden, wie eine Profit-Center-Erfolgsrechnung durchgeführt wird.

3.6 Fallstudie Profit-Center-Erfolgsrechnung

Für ein Unternehmen, das verschiedene Produkte rund um das Büro herstellt, soll eine Profit-Center-Erfolgsrechnung erstellt werden. In dem Unternehmen existieren die drei **Profit Center**:

- *Profit Center A* – Büroartikel (vor allem Kunststoffprodukte wie Karteikästen, Ablagen, Displaykästen)
- *Profit Center B* – Lampen (vor allem Schreibtischlampen und sonstige Tischlampen)
- *Profit Center C* – Büromöbel (komplette Büroausstattungen)

Zusätzlich existieren Zentralabteilungen, von denen einige als **Service Center** auf die Profit Center abgerechnet werden. Dazu gehören:

- *Buchhaltung*
- *Personalabteilung*
- *Rechenzentrum*
- *Druckerei* (Druck von Gebrauchsanweisungen, Herstellung von Verpackungen usw.)

Schließlich werden einige Bereiche als **nicht umlagefähige Zentralbereiche** geführt:

- Unternehmensleitung
- Öffentlichkeitsarbeit
- Gebäude (Da die relevanten Verträge vor der Einführung der Profit Center geschlossen wurden, somit also nicht mehr beeinflusst werden können, wurden sie aus der Profit-Center-Rechnung herausgenommen.)
- Sonstiges (Fuhrpark, Werksschutz usw.)

Die Kosten dieser Bereiche sollen über den Deckungsbeitrag der Profit Center gedeckt werden.

Für das Gesamtunternehmen wurde die folgende **Gewinn- und Verlustrechnung** erstellt:

3.6 Fallstudie Profit-Center-Erfolgsrechnung

Angaben in Mio. EUR

Bruttoerlös (außen)	609
– Erlösschmälerungen	–35
= Nettoerlös (außen)	**574**
– Herstellungskosten	–288
= Bruttoergebnis	**286**
– Verwaltungs- und Vertriebskosten	–259
= Operating Profit	**27**
+/– Saldo Finanzanlagen	+25
= Betriebsgewinn	**52**
+/– außerordentliche Aufwendungen/Erträge	–5
= Gewinn vor Steuern	**47**
– Steuern	–18
= Gewinn nach Steuern	**29**

Das **Organigramm** ist wie folgt:

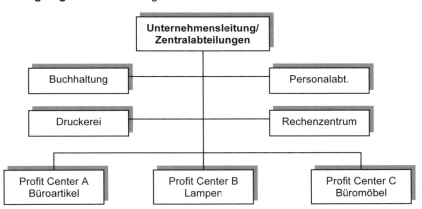

Die Profit Center erzielten folgende Gesamterlöse (innen und außen):

in Mio. EUR	Profit Center A	Profit Center B	Profit Center C
Brutto-Erlöse	210	160	320
Erlösschmälerungen	10	5	20

Die Kosten der Profit Center (ohne verrechnete Kosten aus dem internen Leistungsaustausch) verteilen sich folgt:

in Mio. EUR	Profit Center A	Profit Center B	Profit Center C
Gesamtkosten	162	85	200
davon variabel	52	65	130
davon fix	110	20	70

Die Gesamtkosten der Service Center belaufen sich auf:

in Mio. EUR	Buchhaltung	Druckerei	Personalabteilung	Rechenzentrum
Kosten	10	25	25	20

Das **eingesetzte Kapital** beläuft sich für die Profit Center auf 180 Mio. für A, 100 Mio. für B und 170 Mio. EUR für C. Für das Gesamtunternehmen sind es 540 Mio. EUR.

Die Unternehmenszentrale verursacht noch einmal Fixkosten von 20 Mio. EUR.

Folgende **interne Transferbeziehungen** müssen beachtet werden:

1. Profit Center A liefert an B Kunststoffteile im Transferwert von 20 Mio. Zusätzlich zahlt B einen fixen Zuschuss zu den Investitionen von 5 Mio. EUR.

2. Profit Center A liefert an C Fertigprodukte im Transferwert von 2 Mio. C übernimmt für A Aufgaben in der Logistik und erhält dafür Transferzahlungen von 10 Mio. EUR.

3. Schließlich liefert Profit Center B Waren für 40 Mio. EUR an C und nimmt von dort Logistikleistungen für 4 Mio. EUR in Anspruch.

4. Die Service Center werden nach der durchschnittlichen Inanspruchnahme vollständig auf die Profit Center abgerechnet.

5. Die Buchhaltung bearbeitet im Jahr 200.000 Vorgänge. Davon werden 120.000 von Profit Center A und jeweils 40.000 von B und C verursacht.

6. Die Personalabteilung wird nach der Zahl der Mitarbeiter abgerechnet. Profit Center A werden 750 Mitarbeiter, B 500 und C 1.250 zugerechnet.

7. Die Druckerei rechnet nach Verrechnungspreisen ab, die sich an den Marktpreisen orientieren. Profit Center A bezieht für 10 Mio. Leistungen, B für 5 Mio. und C für 10 Mio. EUR.

8. Das Rechenzentrum berechnet für seine Leistungen Gebühren nach der Zahl der angeschlossenen Bildschirme. Im Bereich des Profit Centers A stehen 300, bei B 100 und bei C 267.

3.6 Fallstudie Profit-Center-Erfolgsrechnung

Aus diesen Daten kann nun die vollständige **Transfermatrix** erstellt werden:

von ↓ an →	Profit Center A	Profit Center B	Profit Center C	Buch-haltung	Drucke-rei	Re-chen-zentrum	Perso-nalabt.	Summe
Profit Center A	-		10	6	10	9	7,5	42,5
Profit Center B	25	-	4	2	5	3	5,0	44,0
Profit Center C	2	40	-	2	10	8	12,5	74,5
Summe	27	40	14	10	25	20	25	

Mit Hilfe dieser Daten kann nun die **Erfolgsrechnung** durchgeführt werden:

	Profit Center A	Profit Center B	Profit Center C	gesamt
Brutto-Erlös	210	160	320	609
(davon intern)	27	40	14	
– Erlösschmälerungen	10	5	20	35
= Netto-Erlös	**200**	**155**	**300**	**574**
– variable Kosten PC	52	65	130	
– bezogene Ware	10	24	42	
= DB I	**138**	**66**	**128**	
– Fixkosten des PC	110	20	70	
– Strukturkosten	0	5	0	
= DB II	**28**	**41**	**58**	
– Personal	7,5	5	12,5	
– Buchhaltung	6	2	2	
– Druck	10	5	10	
– RZ	9	3	8	
= DB III	**–4,5**	**26**	**25,5**	**47**
– restliche fixe GK		20		
= Betriebsergebnis		**27**		**27**

Nunmehr kann eine **Kennzahlenübersicht** erstellt werden:

	Profit Center A	Profit Center B	Profit Center C	gesamt
DB I-Rendite	69 %	43 %	43 %	
DB III-Rendite	–2,3 %	–16,8 %	8,5 %	8 %
ROCE	–2,5 %	26 %	15 %	5 %
Anteil interner Erlöse	11 %	41 %	5 %	
Rabattquote	5 %	3 %	6 %	6 %

Exkurs: Segmentberichterstattung

Auf den ersten Blick mag es etwas kurios erscheinen, wenn eines der interessantesten Themen der externen Rechnungslegung, zumindest aus Sicht der Anteilseigner und Gläubiger, hier in einen Exkurs verbannt wird. Je nach Sichtweise hat Segmentberichterstattung gar nichts mit Profit Centern zu tun oder auch wieder ziemlich viel. Grundsätzlich muss gesagt werden, dass die rechtlichen Grundlagen Profit-Center-Strukturen nicht fordern, auch nicht erwähnen. Andererseits können die reglementierten Segmente aber durchaus mit Profit Centern zusammenfallen, so dass mitunter das Ergebnis der Profit Center im Jahresabschluss auftauchen würde.

Die Segmentberichterstattung ist ein Teil des Jahresabschlusses nach IAS (International Accounting Standards). Ziel dieser Standards ist eine internationale Vereinheitlichung der Rechnungslegung, die eine genauere Beurteilung von Unternehmen über Ländergrenzen hinweg ermöglicht. Wird ein solcher Jahresabschluss erstellt, ist auch die Segmentberichterstattung bei Vorliegen der entsprechenden Bedingungen vorzunehmen. Sie ist allerdings nur ergänzende Information, die insbesondere **Risikostrukturen** (Wie hoch ist die Abhängigkeit von einem bestimmten Absatzmarkt oder einem Geschäftsfeld?) und **Ertragsquellen** (Mit welchen Zielmärkten und Geschäftsfeldern wird Geld verdient, mit welchen nicht?) offen legt.

Die Segmentierung ist allein schon deswegen von Bedeutung, weil die publizitätspflichtigen Unternehmen immer größer und komplexer werden, Außenstehende somit kaum noch erkennen können, wie es um die Profitabilität einzelner Bereiche steht, ob eventuell sogar wenige hoch profitable Geschäftsfelder viele Verlustbringer subventionieren. Ein solches Unternehmen ist von einem Anleger oder Kreditgeber sicher anders einzuschätzen als eines, das über ein ausgeglichenes Ertragsportfolio verfügt.

IAS 14 (überarbeitet 1997, dieser Zusatz ist wichtig, weil es auch eine Vorversion gibt, die noch im Einsatz sein kann) definiert zwei grundsätzliche Segmentberichtsformate, die Geschäfts- und die geografischen Segmente. **Geschäftssegmente** werden durch die Produktions- bzw. Produkt- oder Dienstleistungsstruktur des Unternehmens gebildet, **geografische** durch die Absatzregionen. Eines der Formate ist das primäre, das jeweils andere das sekundäre Berichtsformat. Wenn die unterschiedlichen Produkte vorrangig Unterschiede bezüglich Risiken und Eigenkapitalverzinsung bestimmen, dann sind die Geschäftssegmente das primäre Berichtsformat, nach dem zuerst segmentiert wird. Sind die Regionen von größerer Bedeutung für Risiko und Verzinsung, dann sind sie das primäre Berichtsformat. Die Segmente orientieren sich üblicherweise an der Organisations- und Managementstruktur des Unternehmens und damit an der Finanzberichterstattung des Unternehmens. Dies sind beispielsweise Sparten, internationale Niederlassungen und besonders natürlich bereits vorhandene Profit Center. Eine vorhandene Profit-Center-Struktur kann also die Grundlage der Segmentberichterstattung sein.

Dies soll keineswegs zu der Erkenntnis führen, Profit Center würden damit mehr oder weniger automatisch berichtspflichtig. Zunächst wäre zu fragen, ob die Gliederungskriterien der Profit-Center-Struktur mit den Anforderungen des IAS 14 (überarbeitet 1997) übereinstimmen. Dies kann durchaus sein, gerade bei technologischen Gegebenheiten (Orientierung an Produktgruppen). Eine weitere Bedingung ist die Größe des Profit Centers/Segments. Eine **Berichtspflicht** entsteht nach IAS 14 (überarbeitet 1997), wenn

- das Segment überwiegend externe Erlöse erzielt (also nicht durch Leistungsabgabe an andere Profit Center), und
- seine Gesamterlöse (intern und extern zusammen) mindestens 10 % der Erlöse aller Segmente insgesamt (wiederum intern und extern) ausmachen oder
- sein Ergebnis mindestens 10 % des Ergebnisses aller Segmente ausmacht, (dies gilt sowohl für Gewinne als auch Verluste; maßgebend ist der höhere Betrag), oder
- seine Vermögenswerte mindestens 10 % der Vermögenswerte aller Segmente zusammen ausmachen.

Weniger bedeutende Segmente sind als solche auszuweisen, wenn die berichtspflichtigen Segmente weniger als 75 % des Gesamtumsatzes ausmachen, und zwar so lange, bis die 75 % erreicht sind.

Es zeigt sich, dass durchaus Profit Center im Jahresabschluss auftauchen können, damit eine neue Qualität der Transparenz und Publizität erzielt wird. Für die Gestaltung des Anreizsystems (siehe Kapitel 5) ist dies insofern von Vorteil, als sich hieraus zuverlässige Kennzahlen für die Bemessung von Prämienzahlungen ergeben.

Nach IAS gibt es bestimmte Größen, die im Rahmen der Segmentberichterstattung genannt werden müssen. Diese unterscheiden sich für das primäre und sekundäre Format. Um nicht noch eine Auflistung von Kennzahlen zu erstellen, sei an dieser Stelle als Beispiel die Segmentberichterstattung der Sartorius AG, Göttingen, für 2001 angeführt (Quelle: www.sartorius.de/de/investor_relations/financials/segment.shtml).

Segmentberichterstattung nach Sparten			
in Mio. EURO	Mechatronik	Biotechnologie / Umwelttechnik	Konzern
	2001	2001	2001
Auftragseingang	244,7	236,3	481,0
Umsatz	239,0	210,3	449,3
% gesamt	53%	47%	100%
EBITDA	17,5	16,4	33,9
in % Umsatz	7,3%	7,8%	7,5%
Abschreibungen	9,0	11,1	20,1
EBIT	8,4	5,4	13,8
in % Umsatz	3,5%	2,6%	3,1%
Betriebsvermögen	144,2	185,2	329,4
Investitionen	13,4	63,3	76,6
in % Umsatz	5,6%	30,1%	17,1%
F+E-Aufwendungen	14,6	9,9	24,6
Mitarbeiter zum 31.12.	2.167	1.578	3.745

Segmentberichterstattung nach Regionen					
in Mio. EURO	Europa	Nordamerika	Asien/ Pazifik	Übrige Märkte	Konzern
	2001	2001	2001	2001	2001
Umsatz					
- nach Sitz des Kunden	240,9	110,0	78,0	20,4	449,3
in % gesamt	54%	24%	17%	5%	100%
- nach Sitz der Gesellschaft	294,4	106,3	48,6	0,0	449,3
EBITDA	19,5	9,0	5,5	0,0	33,9
in % Umsatz	6,6%	8,4%	11,3%	—	7,5%
Abschreibungen	16,4	3,2	0,6	0,0	20,1
EBIT	3,1	5,8	4,9	0,0	13,8
in % Umsatz	1,0%	5,5%	10,2%	—	3,1%
Investitionen	73,8	1,4	1,5	0,0	76,6
in % Umsatz	25,1%	1,3%	3,0%	—	17,1%
F+E-Aufwendungen	23,3	1,3	0,0	0,0	24,6
Mitarbeiter zum 31.12.	2.901	436	408	0	3.745

Nach dem deutschen Rechnungslegungsstandard Nr. 3 sind einzelne Jahresabschlussdaten nach Sparte und Regionen zu segmentieren. Dadurch werden die einzelnen Sparten und Regionen transparenter bezüglich ihrer Ertragskraft, Profitabilität und Erfolgsaussichten gemacht.

- Die Region der übrigen Märkte beinhaltet nur Direktumsätze des Konzerns
- Das EBIT und EBITDA wird nach Sitz der Gesellschaft berechnet
- Weitere regionale Segmentdaten beziehen sich ebenfalls auf den Sitz der Gesellschaft
- Die Summe der konsolidierten Segmentkennzahlen entspricht den Konzernkennzahlen

4 Qualitative und quantitative Steuerungsgrößen im Profit Center

4.1 Kennzahlen zur Steuerung von Profit Centern

Kennzahlen gehören zu den wichtigsten Instrumenten der Steuerung von Unternehmen. Sie sind flexibel anpassbar, einfach einzusetzen und nichtsdestotrotz mitunter schwer zu interpretieren. Die Einführung von Profit Centern führt zu neuen, erweiterten Anforderungen an die Steuerung des Unternehmens und der einzelnen Center. Dabei sind drei Aspekte von besonderer Bedeutung:

- Die Bezugsbasis der Steuerungsgrößen ist eine neue, meist eine kleinere und damit konkretere, nämlich ein Center statt des Gesamtunternehmens. Kennzahlen können damit zuverlässiger ermittelt und interpretiert werden, dafür steigt aber auch die Zahl der überhaupt verfügbaren Daten.

- In den Profit Centern entstehen neue Steuerungsaufgaben für neue Entscheidungsträger. So müssen die Profit-Center-Leiter sowie die fachlichen Entscheider mit Informationen versorgt werden, die genau auf ihren Entscheidungsbereich zugeschnitten sind. Nicht zuletzt müssen sie den Einsatz der Kennzahlen auch erst üben.

- Weiterhin ist ein Überblick über und eine Koordination der einzelnen Center erforderlich. Im Anschluss daran können gezielte Vergleiche (Benchmarking) vorgenommen werden. Auch dafür kann der Einsatz von Kennzahlen, hier für die Unternehmensleitung, sinnvoll sein.

Sieht man sich nun an, welche Kennzahlen im Rahmen der Profit-Center-Steuerung eingesetzt werden können, dann fallen einige aus dem bekannten Unternehmenscontrolling meist heraus. Andere lassen sich dafür besser und einfacher verwenden. Probleme bereiten die meisten Kennzahlen, die sich auf bilanzielle Größen beziehen, mit der Kapitalausstattung, Rücklagen oder dem Anlagevermögen zu tun haben. Teilweise ist deren Verwendung nicht möglich, mangels entsprechender Entscheidungsbefugnisse der Center-Leiter auch nicht interessant. Maßgebend ist letztlich, wie das Center definiert ist. Bereits am Anfang des Buches wurde gezeigt, dass Profit Center keine Investitionsbefugnisse besitzen, weil es sonst Investment Center wären. Insofern sind Kennzahlen, die sich auf das Anlagevermögen, die Höhe der Abschreibungen oder Investitionsvolumina beziehen, nicht relevant. Die wenigsten Unternehmen halten sich allerdings an diese Definition und lassen zumindest bestimmte Investitionen in Eigenverantwortung zu, wenn auch nicht alle. Eine Kennzahl, die solche Größen einbezieht, ist dadurch mitunter missverständlich, aber nicht unbrauchbar. Vor allem wird der Vergleich mit anderen Unternehmen praktisch unmöglich.

Auf den folgenden Seiten werden wichtige Kennzahlen aus unterschiedlichen Funktionsbereichen vorgestellt, die für den Einsatz in Profit Centern geeignet sind. Dabei wird ggf. auf Einschränkungen oder besondere Vorteile aufmerksam gemacht. Klassische Bilanzkennzahlen werden hier nicht erwähnt, weil Profit Center nur in Ausnahmefällen auch eigenständig bilanzieren (dies kann aber erforderlich sein, wenn es sich um ein rechtlich selbstständiges Unternehmen handelt oder die Unternehmensleitung dies ausdrücklich vorschreibt). Größere Bedeutung erlangen dagegen solche Kennzahlen, deren Bezugsbasis enger zu begrenzen ist. Die Funktionsbereiche sind:

- Marketing/Vertrieb
- Produktion
- Finanzen
- Materialwirtschaft/Einkauf
- Personal

4.1 Kennzahlen zur Steuerung von Profit Centern

Vertrieb/Marketing:

Kennzahl	Definition	Erklärung
Angebotserfolg	erteilte Aufträge / abgegebene Angebote	Maßzahl für Effektivität des Vertriebs; auch für Kontrolle des Preises (hoher Angebotserfolg → zu niedriger Preis, geringer Angebotserfolg → unattraktive Produkte).
Angebots-/Auftragsstruktur	Volumen der Angebote/Aufträge im Bereich ... / Gesamtangebots-(auftrags-)volumen	Misst die Zusammensetzung der Anfragen bzw. Aufträge nach Bereichen wie Kundensegmenten, Ländern, Branchen. Ist ein Indikator für Veränderungen im Markt.
Reklamationsquote	Kosten für Reklamationen eines Produkts / Gesamtumsatz eines Produkts	Ermittelt problematische Produkte, die hohe Unzufriedenheit verursachen; Hinweis auf falsche Verkaufsargumente oder -methoden. Leicht centerspezifisch zu ermitteln.
Stornoquote	Volumen der stornierten Aufträge / Gesamtumsatz	Indikator für unangemessene Vertriebsmethoden (Überrumpelung durch Außendienst), unklare Vertragsbedingungen oder auch nachträgliche „Kampfangebote" durch Wettbewerber.
Vertriebskostenanteil	Vertriebskosten / Gesamtkosten	Indikator für Erfolgsträchtigkeit eines Produkts oder des Sortiments (hoher Vertriebskostenanteil deutet auf Wettbewerbsnachteil hin). Dient der Kostenkontrolle im Vertrieb.
Marktanteil	eigener Umsatz in der Produktgruppe / Gesamtumsatz der Produktgruppe	Maßzahl für den relativen Erfolg; Indikator für Marktmacht; auf Produkte oder Unternehmen zu beziehen; oft Kennzahl für Entlohnung von Führungskräften.
Innovationsgrad des Sortiments	Umsatz der bis 1 od. 2 Jahre alten Produkte / Gesamtumsatz des Sortiments	Hinweis auf mögliche Überalterung des Sortiments; gilt üblicherweise als Erfolgsgröße, kann aber auch hohe Kosten (Unterstützung der Produkte) bedeuten. Sollte auf die Elimination von alten Produkten abgestimmt werden.
Werbekostenanteil	Werbeausgaben / Gesamtkosten oder Gesamtumsatz	Kontrolle der Werbekosten; auch zum Vergleich der Ausgaben mit Wettbewerbern als Verfahren der Werbebudgetierung.
Auftragsrate	Auftragsbestand / Planumsatz	Ermittelt, welcher Teil des Planumsatzes der (restlichen) Periode bereits durch Aufträge abgedeckt ist. Früherkennungsindikator für Umsatzabweichung.

Kennzahl	Definition	Erklärung
A-Kunden-Anteil	Zahl/Umsatzvolumen der A-Kunden / Gesamtzahl der Kunden/Gesamtumsatz	Ermittelt die Umsatzkonzentration nach Kunden. A-Kunden sind die größten Kunden, die zusammen rund 65–70% des Umsatzes verursachen. Hoher A-Kunden-Anteil deutet auf Abhängigkeiten und Risiken hin, tendenziell aber auch auf hohe Profitabilität.
A-Produkt-Anteil	Umsatzvolumen der A-Produkte / Gesamtumsatz	Ermittelt die Umsatzkonzentration nach Produkten. A-Produkte sind die 10–20 % umsatzstärksten Produkte. Hoher A-Produkt-Anteil deutet auf Abhängigkeiten und Risiken hin.
Neukundenanteil	Umsatzvolumen der Neukunden / Gesamtumsatz	Ermittelt die Bedeutung neuer Kunden für den Umsatz, gilt als Attraktivitätsmaßstab für das Unternehmen. Hoher Neukundenanteil kann auch auf hohe Unzufriedenheit, schlechte Betreuung hindeuten.
Rabattquote	Summe der gewährten Rabatte / Gesamtumsatz	Ermittelt den Anteil verlorener Umsätze, sofort gewinnschmälernd. Hohe Rabattanteile gelten als Indikator für schwache Marktposition und/oder schwachen Vertrieb.
Kundenzufriedenheit	Anteil der zufriedenen Kunden an allen Kunden bzw. erreichter Zufriedenheitsindexwert	Allgemeiner Maßstab für den Erfolg, bezieht Leistung, Preis, Betreuung usw. mit ein. Hohe Kundenzufriedenheit führt meist zu hoher Profitabilität. Als Global- („Wie zufrieden sind Sie?") oder Detailurteil („Ist die Leistung unseres ... besser als die des Wettbewerbers ...?").
Kundendeckungsbeitrag	Netto-Umsatz des Kunden – dem Kunden zurechenbare Kosten = Kunden-DB	Maßstab der Kundenprofitabilität; eine Grundlage bei der Bewertung der Kundenattraktivität.
Churn Rate	Anzahl der Vertragskündigungen / Anzahl der Verträge	Stellt die Verlustrate bei vertraglichen Kundenbeziehungen dar. Wichtig bei hohen Anfangsinvestitionen in Kundenbeziehung. Indikator der Kundenzufriedenheit.
Lost-Order-Rate	Anzahl der verlorenen Aufträge / Anzahl der akquirierten Aufträge	Ermittelt den Anteil verlorener Aufträge in verschiedenen Stadien der Anbahnung und Abwicklung. Wichtig zur Steuerung der Akquisition und der Abwicklungsqualität. Insbesondere im Projektgeschäft einzusetzen.
Alleinkundenanteil	Umsätze mit Alleinkunden / Gesamtumsatz	Misst den Umsatzanteil mit Kunden, die nur Kunden dieses Profit Centers sind. Indikator für die Alleinstellung/Verflechtung des PC und das Potenzial für eine Intensivierung der Geschäftsbeziehung durch andere PC.

4.1 Kennzahlen zur Steuerung von Profit Centern

Finanzen:

Kennzahl	Definition	Erklärung
ROCE – Return on Capital Employed	$\dfrac{\text{Operating Profit}}{\text{Capital Employed}}$	Zeigt die periodenbezogene Verzinsung des Kapitals an. Operating Profit = Umsatz – Kosten Capital Employed = operative Aktiva – operative Passiva, mit: operative Aktiva = Sachanlagen + Vorräte + Sonstiges (Forderungen aus Lieferungen und Leistungen, immaterielle und sonstige Vermögensgegenstände) operative Passiva = Verbindlichkeiten aus Lieferungen und Leistungen + erhaltene Anzahlungen, Drohverluste im Auftragsbestand, Rückstellungen für Nachlaufkosten, Rückstellungen für Abrechnungsrisiken (z. B. fehlende Lohnkarten), sonstige Rückstellungen (Gewährleistungen) ROCE ist eine zentrale finanzwirtschaftliche Steuerungsgröße für PC, weil die Größen entsprechend abgegrenzt werden können.
Umsatzrentabilität	$\dfrac{\text{Gewinn + Fremdkapitalzinsen (bzw. Operating Profit oder Deckungsbeitrag)}}{\text{Umsatz}}$	Auch Return on Sales genannt. Maßgröße für den Erfolg der betrieblichen Tätigkeit. Geeignet als Vergleichsmaßstab über die Zeit, mit einzelnen Sparten des Unternehmens oder mit anderen Unternehmen. Zähler ist in Profit Center meist schlecht zu ermitteln. Daher werden Deckungsbeitrag oder Operating Profit verwendet.
EBIT (Earnings before Interest and Taxes)	ordentliches Ergebnis vor Zinsen und Steuern: Jahresüberschuss +/– außerordentliches Ergebnis +/– Ertragsteuern = Ergebnis der gewöhnlichen Geschäftstätigkeit + Zinsaufwand = EBIT	Errechnet ein operatives Ergebnis ohne steuerliche und finanzwirtschaftliche sowie außerordentliche Einflüsse. Die Kapitalstruktur bleibt unberücksichtigt, so dass ein Ertragsvergleich unabhängig vom Eigenkapitalanteil möglich ist. Für Vergleiche kann die EBIT-Marge (EBIT/Umsatz) verwendet werden. Gut geeignet für Investment Center, weil unternehmensbezogenen Größen (z. B. Steuern) ohnehin herausfallen. Problematisch ist die Ermittlung, die vom Jahresabschluss ausgeht. Dieser ist meist für Profit Center nicht verfügbar. EBIT wird gerne ausgewiesen, wenn das Ergebnis aufgrund einmaliger Aufwendungen schlecht ist. Das ausgewiesene EBIT ist dann wesentlich höher (kosmetischer Effekt, gerne in neuen Branchen verwendet).

Kennzahl	Definition	Erklärung
EBITDA (Earnings before Interest, Taxes, Depreciation and Amortization)	ordentliches Ergebnis vor Zinsen, Steuern und Abschreibungen: EBIT (siehe vorige Seite) + Abschreibungen auf Anlagevermögen + Goodwill-abschreibungen = EBITDA	Errechnet ein operatives Ergebnis ohne steuerliche, finanzwirtschaftliche und investitionsbedingte Einflüsse. Wird als Maßstab für den Markterfolg eines Unternehmens oder Geschäftsbereichs verwendet. Gegenüber dem EBIT wird noch das Investitionsverhalten als Einflussfaktor eliminiert. Für Vergleiche: EBITDA-Marge (EBITDA/Umsatz). Gut geeignet für Profit Center, weil auch Investitionen herausfallen. Problematisch ist jedoch ebenfalls die Ermittlung über den Jahresabschluss.
NOPAT (Net Operating Profit after Tax)	EBITDA − Steuern = NOPAT	Ordentliches Ergebnis nach Steuern (und vor Zinsen), wird z. B. im Rahmen des EVA-Konzepts für die Berechnung der Kapitalrendite verwendet. Direkte Ermittlung vereinfacht als: Umsatz − Kosten − Steuern = NOPAT.
Working Capital	Umlaufvermögen − kurzfristiges Fremdkapital = Working Capital	Wird auch als Nettoumlaufvermögen oder arbeitendes Umlaufvermögen bezeichnet. Bei positivem WC wird von einem finanziellen Gleichgewicht gesprochen, bei negativem von potenzieller Illiquidität. WC ist Maßgröße für die Generierung von Cash-flow. Bei Profit Centern nur einsetzbar, wenn Bilanzierung auf PC-Basis erfolgt bzw. Kapitalpositionen zurechenbar sind.
Kreditorenziel	$\dfrac{\text{durchschnittlicher Kreditorenbestand} \cdot 360}{\text{Materialeinsatz + Fremdleistungen}}$	Dient der Kontrolle der eigenen Zahlungsverpflichtungen. Gibt an, nach wie vielen Tagen durchschnittlich selbst Rechnungen bezahlt werden. Hohes Kreditorenziel kann nachteilig sein, wenn auf Skonti verzichtet wird. Ebenfalls Maßzahl für Durchflussgeschwindigkeit liquider Mittel.
Debitorenziel	$\dfrac{\text{durchschnittlicher Kundenforderungsbestand} \cdot 360}{\text{Umsatz}}$	Dient der Kontrolle der Forderungsbestände. Gibt an, nach wie vielen Tagen Rechnungen durchschnittlich bezahlt werden. Hohe ausstehende Forderungen bedeuten Liquiditätsverlust und hohen Kapitalbedarf (Zwischenfinanzierung). Indikator für das Forderungsmanagement.
Deckungsbeitragsrate	$\dfrac{\text{Deckungsbeitrag}}{\text{Umsatz}}$	Als Ersatzgröße für die Umsatzrendite im Profit Center einsetzbar. Maßstab der Profitabilität.
Investitionsfinanzierungskraft	$\dfrac{\text{Cash-flow}}{\text{Investitionen}}$	Gibt an, inwieweit Investitionen aus dem Cash-flow finanziert werden können. Nur bei Investment Centern einsetzbar.

4.1 Kennzahlen zur Steuerung von Profit Centern

Kennzahl	Definition	Erklärung
WACC (Weighted Average Cost of Capital)	Kosten des durchschnittlich gebundenen Kapitals: Eigenkapitalzinssatz · Eigenkapitalquote + Fremdkapitalzinssatz · Fremdkapitalquote = WACC	Wird vor allem zur Ermittlung des Wertbeitrags/ der Wertsteigerung des Unternehmens/des Profit Centers eingesetzt. Basis der Kapitalkosten bei EVA, Shareholder Value usw. Eigen- und Fremdkapital werden mit ihrem tatsächlichen Anteil berücksichtigt. WACC kann als Mindestanforderung an die Rendite von Investitionen/Projekte/Profit Centern usw. angesehen werden, die zu einer Wertsteigerung des Gesamtunternehmens führt.
EVA (Economic Value Added)	(Kapitalrendite − Kapitalkostensatz) · investiertes Kapital = EVA bzw. (NOPAT/ investiertes Kapital − WACC) · Investiertes Kapital = EVA	EVA ist eine Residualgröße. Er zeigt, wie viel über die Deckung der Kapitalkosten hinaus mit dem investierten Kapital verdient wurde. EVA misst die Wertsteigerung des Unternehmens in einer Periode, und zwar im nachhinein. Er ist auch als Alternative/Konkurrenz zum Shareholder Value zu verstehen, der zukunftsorientiert mit Schätzgrößen arbeitet. Bezugsgröße ist hier immer eine Periode. Prinzipiell einfache Ermittlung aus Rechnungswesendaten, es sind aber vielfache Korrekturen erforderlich, vor allem für einen internationalen Vergleich. Hier ist auch die Zurechnung von Kapital und Kapitalkosten problematisch. Für die Kapitalbasis (auch: Bruttoinvestitionsbasis, Bruttoinvestivvermögen u. Ä.) werden meist unternehmensspezifische Definitionen erarbeitet. Für Profit Center ist dies auf jeden Fall erforderlich.
Cash-flow allgemein	zahlungswirksame Veränderung des Finanzmittelfonds bzw. Einzahlungen minus Auszahlungen einer Periode	Maßgröße der Finanzkraft aus der laufenden Betriebstätigkeit. Berücksichtigt nicht nur die *liquiden* Mittel, sondern alle *finanziellen* Mittel. Der Cash-flow wird aufgeteilt in Cash-flows aus laufender Geschäfts-, Investitions- und Finanzierungstätigkeit.
operativer Cash-flow	operative Einzahlungen − operative Auszahlungen = operativer Cash-flow	Zahlungsüberschuss aus der laufenden Geschäftstätigkeit. (Wird im Rahmen der Bilanzanalyse als Brutto-Cash-flow bezeichnet, wenn das Nettoumlaufvermögen nicht berücksichtigt ist. Sonst als operativer Cash-flow gemäß Kapitalflussrechnung: Netto-Cash-flow.)
Investitions-Cash-flow	Investitionseinzahlungen − Investitionsauszahlungen	Zahlungsüberschuss aus der Investitionstätigkeit. Nur bei Investment Center einsetzbar.

Kennzahl	Definition	Erklärung
Finanzierungs-Cash-flow	Finanzierungs-einzahlungen − Finanzierungs-auszahlungen = Finanzierungs-Cash-flow	Zahlungsüberschuss aus der Finanzierungstätigkeit. Nur bei wirtschaftlich selbstständigen Profit Centern mit Finanzierungsaktivitäten.
statischer CFROI (Cash-flow Return on Investment)	Brutto-Cash-flow vor Steuern und Zinsen durchschnittliches gebundenes Anlagevermögen + Nettoumlaufvermögen	Errechnet die Rendite aller gebundenen Investitionen der Periode. Alternative zur Gesamtkapitalrentabilität, die von Bilanzierungsentscheidungen beeinflusst wird. Auch als dynamischer CFROI: Interner Zinsfuß der Cash-flows, die über die Restnutzungsdauer des gebundenen Vermögens erwirtschaftet werden.
Cash-flow Näherungsformel	Jahresüberschuss + Abschreibungen − Pensionsrückstellungen = Cash-flow	Einfache Variante, in der Praxis häufig verwendet. Leicht manipulierbar über die Bemessung der Abschreibungen. Nur für wirtschaftlich selbstständige Profit Center.
free (freier) Cash-flow	operativer Cash-flow − Investitions-Cash-flow = free Cash-flow	Frei verfügbarer Cash-flow. Gibt an, welcher Cash-flow zur Bedienung von Kapital zur Verfügung steht. (Kann eigen- und gesamtkapitalbezogen ermittelt werden.)
Discounted Cash-flow (DCF)	Barwert der abgezinsten freien Cash-flows bzw. mit WACC abgezinste freie Cash-flows der betrachteten Perioden + mit WACC abgezinster Fortführungswert = DCF	Wird im Zusammenhang mit Wertsteigerungsanalysen eingesetzt. Basis sind die zukünftigen (geschätzten) freien Cash-flows einer Investition/eines Profit Centers. Zusätzlich wird der Fortführungswert berücksichtigt. Abzinsungsfaktor sind die durchschnittlichen Kapitalkosten (WACC). DCF werden ebenfalls bei der Ermittlung des Shareholder Value eingesetzt.
Residual Income	Deckungsbeitrag − zurechenbare Kapitalkosten = Residual Income	Erfolgsgröße für Investment Center. Konzeptionell ähnlich EVA.

4.1 Kennzahlen zur Steuerung von Profit Centern

Materialwirtschaft/Einkauf:

Kennzahl	Definition	Erklärung
Material-intensität	$\dfrac{\text{Materialkosten}}{\text{Umsatz}}$	Berechnet den Materialkostenanteil am Umsatz. Ermöglicht Kostenkontrolle und Schwachstellenanalyse.
Lagerdauer	$\dfrac{\text{Vorratsbestand} \cdot 365}{\text{Materialbedarf}}$	Ermittelt die Lagerdauer für Vorräte in Tagen. Hinweis auf zu hohe/zu niedrige Bestandsmengen und nicht angemessene Kapitalbindung. Muss mit den Verfügbarkeiten der Vorprodukte abgestimmt werden.
Lagerumschlag	$\dfrac{\text{Herstellkosten der verkauften Produkte} \cdot 365}{\text{durchschnittlicher Lagerbestand}}$	Ermittelt die Geschwindigkeit, mit der Ware aus dem Lager abverkauft wird. Aussage: Alle x Tage wird das Lager umgeschlagen. Maßgebend für die Kapitalbindung im Lager.
Liefer-zuverlässigkeit	$\dfrac{\text{Anzahl termingerechter Lieferungen}}{\text{Gesamtzahl der Lieferungen}}$	Ermittelt, welcher Teil der Lieferungen pünktlich war. Indikator zur Abschätzung der Zufriedenheit des Kunden mit den eigenen Lieferleistungen.
Fehllieferungs-anteil	$\dfrac{\text{Anzahl der Lieferungen mit Fehlmengen}}{\text{Gesamtzahl der Lieferungen}}$	Ermittelt, welcher Teil der Lieferungen fehlerfrei war. Indikator zur Abschätzung der Zufriedenheit des Kunden mit den eigenen Lieferleistungen.
Beschaffungs-kostenanteil	$\dfrac{\text{Kosten der Beschaffung}}{\text{Kosten der Beschaffungsteile}}$	Ermittelt den Kostenanteil des Beschaffungsvorgangs an den Kosten der beschafften Waren. Indikator für die Effizienz des Einkaufs.
Logistik-kostenanteil	$\dfrac{\text{Kosten der Logistik}}{\text{Gesamtkosten}}$	Ermittelt den Kostenanteil der Logistik (Transport, Zwischenlagerung, Manipulation) an den Gesamtkosten der Waren. Indikator für die Effizienz der Logistik.
Liegezeit	durchschnittliche Verweildauer von Waren im Lager in Tagen	Indikator für unnötige Kapitalbindung, ungeeignete Bestellzyklen.

Produktion/Qualität:

Kennzahl	Definition	Erklärung
Fixkostenanteil	fixe Herstellkosten / gesamte Herstellkosten	Dient der Kontrolle der Kostenstruktur. Hoher Fixkostenanteil bedeutet geringe Flexibilität.
Auslastungsgrad	Produktionsmenge/-stunden / Kapazität in Stück/Stunden	Maßgröße der Effizienz der Produktion. Geringe Auslastung führt zu hohen Leerkostenanteilen und hohen Stückkosten.
Arbeitsproduktivität	Gesamt-Deckungsbeitrag / geleistete Arbeitsstunden	Maßgröße der Effizienz des Arbeitskräfteeinsatzes. Bestandteil von Schwachstellenanalysen. Wird auch für Engpassplanungen eingesetzt.
Maschinenproduktivität	Gesamt-Deckungsbeitrag / geleistete Maschinenstunden	Maßgröße der Effizienz des Maschineneinsatzes. Bestandteil von Schwachstellenanalysen. Wird auch für Engpassplanungen eingesetzt.
Ausschussquote	fehlerhafte Teile / Gesamtproduktionsmenge	Maßgröße der Produktionsqualität. Auch Kostenindikator.
Fehlerkostenanteil	Kosten für Fehlerbeseitigung/fehlerhafte Teile / Gesamtkosten	Maßgröße der Produktionsqualität, Indikator für Notwendigkeit eines Qualitätsmanagements. Auch Kostenindikator.
Fehlerverhütungskostenanteil	Kosten für Qualitätsmaßnahmen / Gesamtkosten	Teil der Qualitätskosten.
Kostenanteile	Kosten für ... / Gesamtkosten	Gibt die Kostenanteile für wichtige Inputfaktoren an. Dient der kontinuierlichen Kostenkontrolle. Sollte auf Faktoren wie Personal, Material, Verpackung, Energie usw. bezogen werden.
Fehlmengenkosten	Kosten für vermeidbaren Stillstand in der Produktion	Indikator für Produktionsprobleme in den Bereichen Steuerung, Materialversorgung, Maschinenverfügbarkeit.
Verbrauchsabweichung	tatsächlich verbrauchte Materialmengen zu geplanten Preisen – Sollkosten / Sollkosten	Gibt den Anteil der Kostenabweichung (Ist zu Soll) an, der in der Produktion zu verantworten ist. Eliminiert Mengeneffekte (falsche Schätzung der Absatzmenge) und Preiseffekte (Preisänderungen bei Vorprodukten).

4.1 Kennzahlen zur Steuerung von Profit Centern

Personal:

Kennzahl	Definition	Erklärung
Krankenstand	$\dfrac{\text{Zahl der Krankheitstage insgesamt}}{\text{Zahl der tariflichen Arbeitstage}}$	Ermittelt den Anteil ausgefallener Arbeitszeit durch Krankheit, Indikator für gesundheitliche Gefahren der Arbeitsplätze und Betriebsklima.
Personalfluktuation	$\dfrac{\text{Zahl der Austritte innerhalb eines Jahres}}{\text{Zahl der Mitarbeiter insgesamt}}$	Indikator für Mitarbeiterzufriedenheit/-unzufriedenheit, Qualität der Personalakquisition. Weiterhin ist hohe Fluktuation auch ein Kostenfaktor.
Auszubildendenanteil	$\dfrac{\text{Zahl der Auszubildenden}}{\text{Zahl der Vollzeit-Arbeitsplätze}}$	Ermittelt die Regenerationsfähigkeit des Centers mit eigenem Personal.
Mitarbeiteranteile	$\dfrac{\text{Zahl der ... Mitarbeiter}}{\text{Zahl der Vollzeit-Mitarbeiter}}$	Ermittelt die Anteile einzelner Mitarbeitergruppen an der Gesamtzahl der auf Vollzeitbeschäftigte umgerechneten Mitarbeiter. Beispielsweise für die Ermittlung des Anteils leitender Mitarbeiter, der Mitarbeiter in bestimmten Tarifgruppen, der Arbeiter usw.
Mitarbeitertreue	durchschnittliche Beschäftigungsdauer (bezogen auf Vollzeit-Mitarbeiter)	Indikator für die Mitarbeiterzufriedenheit und das Maß an firmenspezifischem Know-how der Mitarbeiter.
Personalintensität	$\dfrac{\text{Personalkosten}}{\text{Umsatz}}$	Berechnet den Personalkostenanteil am Umsatz. Ermöglicht Kostenkontrolle und Schwachstellenanalyse.
Anzahl Schulungen	durchschnittliche Seminar-/Schulungstage pro Mitarbeiter	Indikator für die Fortbildungsintensität und -bereitschaft der Mitarbeiter. Auch Indikator für die Motivation.
Mitarbeiterzufriedenheit	Zufriedenheitsindex bzw. Anteil zufriedener Mitarbeiter	Indikator für die Qualität der Führung und die Motivation der Mitarbeiter. Führt zu hoher Leistungsbereitschaft und geringer Fluktuation.
Arbeitszeitstruktur	$\dfrac{\text{Arbeitszeit für ...}}{\text{Gesamtarbeitszeit}}$	Ermittelt die Arbeitszeitanteile für bestimmte Tätigkeiten, insbesondere als Ansatzpunkt für Rationalisierung: Rüsten, Transportieren, Verpacken, Erfassen usw.
Leistung pro Arbeitnehmer	$\dfrac{\text{Gesamtumsatz/-menge}}{\text{Zahl der Mitarbeiter}}$	Ermittelt die Leistung pro Mitarbeiter. Wird oft für Effizienzvergleiche herangezogen. Umsatzbasis ist allerdings problematisch.

Personalentwicklungsausgaben	Ausgaben für Personalentwicklung	
	Zahl der Mitarbeiter	
Abwesenheitsquote	Abwesenheitszeiten	Sollte nach Abwesenheitsgründen getrennt erfasst werden, z. B. Urlaub, Krankheit, Pausen, Dienstwege.
	Gesamtarbeitszeit	

Cash-flow als zentrale finanzwirtschaftliche Erfolgsgröße

Der Cash-flow ist auf allen Ebenen (Unternehmen insgesamt wie auch Profit Center) seit längerem die wichtigste Erfolgsgröße. Er ist, anders als der Gewinn, kaum manipulierbar und stellt damit eine relativ verlässliche Basis für die Beurteilung der Erfolgssituation dar. Während im 3. Kapitel eindeutig Größen des internen Rechnungswesens (insbesondere verschiedene Deckungsbeiträge) im Vordergrund standen, geht es hier um Daten des externen Rechnungswesens. Dies ist weniger ein Meinungsumschwung als vielmehr eine objektive Notwendigkeit. Kennzahlen dienen vor allem dem Vergleich und müssen entsprechend vergleichbar sein. Vergleichbarkeit setzt aber die Orientierung an gewissen Standards voraus. Im internen Rechnungswesen (Controlling) ist dies nicht gewährleistet. Es wird so gestaltet, wie es für die individuellen Entscheidungen gewünscht wird. Die Daten des externen Rechnungswesens unterliegen Reglementierungen, so dass Vergleiche zwischen Unternehmen zumindest eingeschränkt möglich sind. Wenn da nicht eine besondere Eigenart der Kennzahl Cash-flow wäre, die regelmäßig Kopfzerbrechen bereitet, nämlich die Vielzahl unterschiedlicher Definitionen. Man muss also genau nachsehen, wie der Cash-flow berechnet wurde bzw. welcher es überhaupt ist.

Zunächst sind zwei grundlegende Möglichkeiten der Ermittlung zu unterscheiden, die direkte und die indirekte.

- Die **direkte Ermittlung** des Cash-flow ist im Rahmen einer externen Analyse nur möglich, wenn eine Gewinn- und Verlustrechnung nach dem Gesamtkostenverfahren vorliegt oder wenn interne Daten zur Verfügung stehen.

- Die **indirekte Ermittlung** erfolgt über den Jahresüberschuss. Hier kommt es also auf die Bereinigung des Jahresüberschusses um die Größen an, die nicht in die Cash-flow-Definition gehören. Im einfachsten Fall ist dies die Subtraktion von Abschreibungen und langfristigen (Pensions-)Rückstellungen.

Abbildung 4.1 gibt einen Überblick.

4.1 Kennzahlen zur Steuerung von Profit Centern

Cash-flow-Ermittlung

direkte Methode

Kurzform

einzahlungswirksamer Ertrag
− auszahlungswirksamer Aufwand
= Cash-flow

Langform

   Umsatzeinzahlungen
+ sonstige betriebliche Einzahlungen
− Materialauszahlungen
− Personalauszahlungen
− sonstige betriebliche Auszahlungen
+/− Finanzein-/-auszahlungen
− Steuerauszahlungen
= Operativer Cash-flow

oder:

   Umsatzerlöse
− Saldo Forderungen
+ erhaltene Anzahlungen
+ sonstige betriebliche Erträge
+ Saldo Sopo mit Rücklagenanteil
− Zuschreibungen
+ Saldo pass. Rechnungsabgr.posten
− Materialaufwand
− Saldo Vorräte
+ andere aktivierte Eigenleistungen
+ Saldo Verbindlichk. aus Lief. + Leist.
− Personalaufwand
+ Saldo Pensionsrückstellungen
− sonstige betriebl. Aufwendungen
− Saldo aktive Rechnungsabgrenzung
+ Saldo sonstige Rückstellungen
+ Finanzeinzahlungen
− Finanzauszahlungen
− Steuern vom Einkommen und Ertrag
− sonstige Steuern
+ Saldo Steuerrückstellungen
= Operativer Cash-flow

indirekte Methode

Kurzform

   Jahresüberschuss
+ nicht auszahlungswirksame Aufwendungen
− nicht einzahlungswirksame Erträge
= Cash-flow

Langform

   Jahresüberschuss
+ Abschreibungen
− Zuschreibungen
+ Saldo Rückstellungen
+ Saldo Sopo mit Rücklagenanteil
+ Saldo Verbindl. aus Lief. + Leist.
+ Saldo sonst. Verbindlichkeiten
+ Saldo erhaltene Anzahlungen
+ Saldo passive Rechnungsabgrenz.
− Saldo aktive Rechnungsabgrenz.
− Saldo Vorräte
− Saldo Forderungen
− andere aktivierte Eigenleistungen
= Operativer Cash-flow

Sopo = Sonderposten
Lief. + Leist. = Lieferungen und Leistungen

Abbildung 4.1: Ermittlung des Cash-flow

Nach der DVFA/SG-Konvention (Deutsche Vereinigung für Finanzanalyse/Schmalenbach-Gesellschaft) ist der Cash-flow als Indikator der langfristigen Innenfinanzierungskraft des Unternehmens ertragsnah wie folgt zu berechnen und wird dafür als **cash earnings** bezeichnet (vgl. Coenenberg 2001, S. 937):

```
    Jahresüberschuss/-fehlbetrag
+   Abschreibungen auf Gegenstände des Anlagevermögens
-   Zuschreibungen zu Gegenständen des Anlagevermögens
+/- Veränderung der Rückstellungen für Pensionen bzw. anderer
    langfristiger Rückstellungen
+/- Veränderung der Sonderposten mit Rücklageanteil
+/- latente Ertragsteueraufwendungen bzw. -erträge
+/- andere nicht zahlungswirksame Aufwendungen und Erträge von
    wesentlicher Bedeutung
=   cash earnings
+/- Bereinigung zahlungswirksamer Aufwendungen/Erträge aus
    Sondereinflüssen
=   cash earnings nach DVFA/SG.
```

Dabei handelt es sich um ein relativ einfaches Schema der indirekten Ermittlung. Für unterschiedliche Zwecke lassen sich andere Cash-flows abgrenzen, die jeweils in einem Zusammenhang zueinander stehen. Für uns sind der operative und der freie Cash-flow von Bedeutung. Ersterer gibt an, welcher Einzahlungsüberschuss aus der laufenden Geschäftstätigkeit erzielt wird, Letzterer, wie viel davon für die Bedienung des Eigen- und Fremdkapitals zur Verfügung steht.

```
      Brutto-Cash-flow bzw. cash earnings
+/-   Veränderung des Nettoumlaufvermögens
=     Operativer Cash-flow (Cash-flow aus laufender Geschäftstätigkeit)
+/-   Investitions-Cash-flow (Cash-flow aus Investitionstätigkeit)
+/-   Finanzierungs-Cash-flow (Cash-flow aus Finanzierungstätigkeit)
-     Ausschüttung
=     Veränderung der liquiden Mittel
```

und:

```
      Operativer Cash-flow
+/-   Investitions-Cash-flow
=     Free Cash-flow (freier Cash-flow)
```

Der Investitions-Cash-flow ergibt sich aus dem Anlagespiegel. Er erfasst im Wesentlichen die Ein- und Auszahlungen aus Zu- und Abgängen zum Sachvermögen, immateriellen Anlagevermögen, Finanzanlagevermögen, dem An- und Verkauf von konsolidierten Unternehmen sowie aufgrund kurzfristiger Finanzmittelanlagen.

In einer verkürzten Form lässt er sich definieren als:

> Einzahlungen aus dem Verkauf von Positionen des Anlagevermögens
> − Auszahlungen für den Kauf von Positionen des Anlagevermögens
> = Investitions-Cash-flow

Beispiele zum Einsatz finanzwirtschaftlicher Kennzahlen

ROCE (Return on Capital Employed)

$$\text{ROCE} = \frac{\text{Operating Profit}}{\text{Capital Employed}}$$

Operating Profit = Umsatz − Kosten

Capital Employed = operative Aktiva − operative Passiva, mit:

operative Aktiva = Sachanlagen + Vorräte + Sonstiges (Forderungen aus Lieferungen und Leistungen, immaterielle und sonstige Vermögensgegenstände)

operative Passiva = Verbindlichkeiten aus Lieferungen und Leistungen + erhaltene Anzahlungen, Drohverluste im Auftragsbestand, Rückstellungen für Nachlaufkosten, Rückstellungen für Abrechnungsrisiken (z. B. fehlende Lohnkarten), sonstige Rückstellungen (Gewährleistungen)

Ein Unternehmen verfügt über drei Profit Center und einen Zentralbereich. Die Profit Center erzielen Umsätze außerhalb des Unternehmens und bei ihren Center-Kollegen:

in Mio. EUR	Außenumsätze	Innenumsätze
Profit Center A	30	5
Profit Center B	20	30
Profit Center C	50	0

Die Innenumsätze verteilen sich wie folgt:

A → B: 0   B → A: 10 („B liefert an A Waren im Wert von 10 Mio. EUR")
A → C: 5   C → A: 0   B → C: 20   C → B: 0

Der Aufwand der Profit Center ist (unter Außen- und Innenumsätzen ist jeweils der Aufwand für genau diese Leistungen erfasst):

in Mio. EUR	Außenumsätze	Innenumsätze	Umlage	Gesamt
Profit Center A	20	5	3	28
Profit Center B	15	20	5	40
Profit Center C	40	0	7	47

Daraus ergibt sich der Operating Profit (Umsatz – Kosten):

Gesamt :   100 – 90 = 10   (Summe Außenumsätze – Summe Kosten der
                                  Außenumsätze – Umlagen)
Profit Center A: 35 – 28 = 7
Profit Center B: 50 – 40 = 10
Profit Center C: 50 – 47 = 3

Die Summe der Profit-Center-Profits liegt um 10 Mio. EUR über dem Gesamt-Profit, weil intern 10 Mio. EUR Profit erzielt werden (durch überhöhte Transferpreise o. Ä.).

Die Aktiva und Passiva sowie das Capital Employed (Aktiva – Passiva) sind wie folgt:

in Mio. EUR	Aktiva	Passiva	Capital Employed
Profit Center A	8	2	6
Profit Center B	5	3	2
Profit Center C	11	5	6
Zentrale	6	0	6
Gesamt	30	10	20

Für den ROCE ergibt sich:

Gesamt: 10/20 = 50 %
Profit Center A: 7/6 = 117 %
Profit Center B: 10/2 = 500 %
Profit Center C: 3/6 = 50 %

Die ROCE-Berechnung setzt im Prinzip Investment-Center-Verantwortungen voraus. Schließlich werden Kapitalentscheidungen mit einbezogen. Diese Kapitalpositionen müssen den PC eindeutig zurechenbar sein. Dies betrifft etwa

Warenvorräte, Produktionsanlagen, Rückstellungen usw. Die Kennzahl stellt aber einen guten Anreiz dar, auch das Forderungsmanagement und Lagerwesen stärker zu kontrollieren.

Residual Income

Residual Income = Deckungsbeitrag – zurechenbare Kapitalkosten

Wir werden zwar im nächsten Abschnitt noch näher auf das Thema Wertsteuerung eingehen, trotzdem soll diese wertorientierte Kennzahl schon hier dargestellt werden, zumal sie recht einfach anzuwenden ist. Das Residual Income ist eine Erfolgsgröße, die den Überschuss über das zurechenbare Kapital angibt. Sie vermeidet daher die Fehlsteuerung von Kapital in Profit Center, wie es durch die Kennzahl Return on Investment (ROI) möglich ist.

Um die Anwendung und insbesondere die Problematik dieser Kennzahlen zu zeigen, sollen sie hier auf ein kleines Beispiel angewandt werden (vgl. Drury 1996, S. 769 f.). Das Unternehmen besteht aus zwei Profit Centern A und B (genau genommen handelt es sich hier wieder um Investment Center). Es erreicht gegenwärtig eine Kapitalrendite (ROI) von 15 %. Die Rendite des Profit Centers A liegt allerdings bei 25 %, die von B bei 10 %. Die Leiter der Profit Center stehen nun vor der Entscheidung, 1 Mio. EUR in ihre Center zu investieren. Für A ergäbe sich ein Deckungsbeitrag von 200.000 EUR, für B einer von 120.000 EUR. Zusammengefasst:

	Profit Center A	Profit Center B
aktueller ROI	25 %	10 %
Investitionssumme	1.000.000	1.000.000
erwarteter Deckungsbeitrag	200.000	120.000
erwarteter Projekt-ROI	20 %	12 %
aktueller Gesamt-ROI	15 %	

Auf der Basis des ROI als Erfolgskennzahl entscheidet sich Center-Leiter A gegen die Investition, weil sie seinen ROI, der aktuell höher liegt, verringern würde. Center-Leiter B entscheidet sich für die Investition, weil sie den ROI seiner Einheit steigern würde. Für das Unternehmen insgesamt wäre beides schlecht. Im ersten Fall entginge ihm die Chance auf eine Renditesteigerung, im zweiten käme es zu einer Verringerung der Gesamtrendite. Im Fall des Investment Centers kann der ROI also zu einer falschen Investitionsentscheidung führen.

Zu einer günstigeren Entscheidung führt der Einsatz des Residual Incomes, das das eingesetzte Kapital mit einer durchschnittlichen Verzinsung berücksichtigt. Den Profit Centern werden dabei für die Investitionssumme von 1 Mio. EUR vom

Deckungsbeitrag 150.000 EUR Kapitalkosten abgezogen. So ergibt sich folgende Situation:

	Profit Center A	Profit Center B
aktueller ROI	25 %	10 %
Investitionssumme	1.000.000	1.000.000
erwarteter Deckungsbeitrag	200.000	120.000
– Kapitalkosten (15 %)	150.000	150.000
= Residual Income	50.000	–30.000

Profit Center A erwirtschaftet ein positives Residual Income, würde die Investition daher durchführen. Bei B ist es negativ, so dass darauf verzichtet wird. Für das Unternehmen insgesamt ist diese Entscheidung richtig. Es hat bei dieser Vorgehensweise weiterhin die Möglichkeit, den Kapitalkostensatz zu verändern, und zwar in Abhängigkeit vom Risiko einer Investition. Wäre die Investition besonders hohen Risiken ausgesetzt, könnten beispielsweise 25 % Kosten angesetzt werden, so dass sie nur bei besonders hohem erwarteten Deckungsbeitrag durchgeführt würde.

Beim Ansatz von Kapitalkennziffern ist auf jeden Fall zu berücksichtigen, dass den Profit Centern nur das von ihnen zu verantwortende Kapital zugerechnet wird. Betrifft eine Investition sowohl zentrale als auch dezentrale Produktionsbereiche (z. B. Infrastruktur, Gebäude), müssen die Kosten entsprechend aufgeteilt werden.

Cash-flow

Cash-flow = Jahresüberschuss + Abschreibungen – Pensionsrückstellungen

Cash-flow = Zahlungsüberschuss aus regelmäßiger Geschäftstätigkeit

Prinzipiell muss beim Cash-flow einschränkend angemerkt werden, dass die indirekte Ermittlung aufgrund bilanzieller Daten nur unter ganz besonderen Bedingungen möglich ist, nämlich wenn das Profit Center gleichzeitig selbstständiges Unternehmen ist oder „virtuell" als solches geführt wird. Wesentlich häufiger wird daher die direkte Methode angewandt. Bislang wurde davon ausgegangen, dass diese ebenfalls auf Buchhaltungsdaten basiert. Alternativ kann sie aber auch mit entsprechenden Vorarbeiten auf der Basis von Controllingdaten durchgeführt werden. Dies muss aber von vornherein so geplant sein, führt also zu einer strategischen Entscheidung, Kosten in zahlungswirksame und nicht zahlungswirksame zu unterscheiden.

4.1 Kennzahlen zur Steuerung von Profit Centern

Im Folgenden wird anhand eines Beispiels gezeigt, wie der operative und der freie Cash-flow berechnet werden können. Dabei wird ein Unternehmen als Ganzes bzw. ein Profit Center mit eigener Bilanz und GuV betrachtet (z. B. eine Holdinggesellschaft). Um einerseits einen realistischen Einblick zu vermitteln, andererseits aber nicht gleich in die Tiefen der Rechnungslegung einsteigen zu müssen, werden hier nur wichtige Positionen verwendet, das heißt die nicht immer relevanten werden der Einfachheit halber ausgelassen.

Profit Center verfügen nicht immer, um nicht zu sagen selten, über einen eigenen Bilanzierungskreis. Daher muss natürlich auch gezeigt werden, inwieweit eine Cash-flow-Ermittlung unter diesen „normalen" Bedingungen erfolgen kann. Da dies in erster Linie im Zusammenhang mit einer Wertsteigerungsanalyse von Bedeutung ist, wird die Vorgehensweise hierzu im nächsten Kapitel (4.2) behandelt.

Beispiel:

Für unser Unternehmen sind die GuV für 2002, die Bilanzen für 2001 und 2002 vorhanden. Was das Anlagevermögen sowie die Zahlungswirksamkeit von Erträgen und Aufwendungen betrifft, werden vereinfachende Annahmen getroffen.

GuV nach dem Umsatzkostenverfahren 2002	
Umsatzerlöse	1.000
− Herstellungskosten	300
= **Bruttoergebnis**	**700**
− Vertriebskosten	120
− allgemeine Verwaltungskosten	160
+ sonstige betriebliche Erträge	40
− sonstige betriebliche Aufwendungen	70
+ Erträge aus Beteiligungen, Finanzanlagen, Wertpapieren	230
− Verluste aus Beteiligungen, Finanzanlagen, Wertpapieren	140
− Zinsen	60
= **Ergebnis der gewöhnlichen Geschäftstätigkeit**	**420**
+ außerordentliche Erträge	0
− außerordentliche Aufwendungen	80
− Steuern	150
= **Jahresüberschuss**	**190**

Bilanz 2002

Aktiva		Passiva	
Anlagevermögen		Eigenkapital	
Immat. Vermögensgegenstände	140	Gezeichnetes Kapital	290
Sachanlagen	310	Kapitalrücklage	150
Finanzanlagen	120	Gewinnrücklagen	70
Umlaufvermögen		Bilanzgewinn	150
Vorräte	280	Rückstellungen	180
Forderungen	190	Verbindlichkeiten	
Wertpapiere	30	gegenüber Kreditinstituten	190
Kasse, Bank	110	erhaltene Anzahlungen	30
Rechnungsabgrenzungsposten	20	Verbindlichk. aus Lief. + Leist.	60
Bilanzsumme	**1.200**	sonstige Verbindlichkeiten	10
		Rechnungsabgrenzungsposten	70
		Bilanzsumme	**1.200**

Bilanz 2001

Aktiva		Passiva	
Anlagevermögen		Eigenkapital	
Immat. Vermögensgegenstände	130	Gezeichnetes Kapital	290
Sachanlagen	340	Kapitalrücklage	140
Finanzanlagen	120	Gewinnrücklagen	30
Umlaufvermögen		Bilanzgewinn	120
Vorräte	270	Rückstellungen	190
Forderungen	150	Verbindlichkeiten	
Wertpapiere	40	gegenüber Kreditinstituten	210
Kasse, Bank	120	erhaltene Anzahlungen	30
Rechnungsabgrenzungsposten	10	Verbindlichk. aus Lief. + Leist.	40
Bilanzsumme	**1.180**	sonstige Verbindlichkeiten	30
		Rechnungsabgrenzungsposten	100
		Bilanzsumme	**1.180**

Anlagespiegel 2002

Anschaffungs- und Herstellungskosten 1.1.2002	1.500
− Abgänge	100
+ Zugänge	200
= Anschaffungs- und Herstellungskosten 31.12.2002	1.600
Kumulierte Abschreibungen 1.1.2002	910
− Abgänge	50
+ Zugänge	170
= Kumulierte Abschreibungen 31.12.2002	1.030

Cash-flow 2002

Umsatzerlöse	1.000
− Saldo Forderungen[1]	−40
+ Saldo erhaltene Anzahlungen[1]	0
+ sonstige betriebliche Erträge[2]	+30
+ Saldo passive RAP[1]	−30
− Saldo aktive RAP[1]	−10
− Materialaufwand[2]	−200
− Personalaufwand[2]	−160
+ Saldo Pensionsrückstellungen[1]	+20
− Saldo Vorräte[1]	−10
+ Saldo Verbindlichkeiten aus Lieferungen + Leistungen[1]	+20
+ Saldo sonstige Rückstellungen[1]	−30
+ Finanzeinzahlungen[2]	+120
− Finanzauszahlungen[2]	−80
− sonstige betriebliche Aufwendungen[2]	−50
− Steuern[2]	−150
= Operativer Cash-flow	430

Anmerkungen:

1) siehe Bilanz/en; Salden aus dem Vergleich mit Bilanz des Vorjahres
2) siehe GuV; hier sind die liquiditätswirksamen Anteile der Positionen relevant, das heißt, dass die nicht liquiditätswirksamen Anteile hier nicht berücksichtigt werden

Nur der Vollständigkeit halber: Ergibt sich bei den Saldo-Positionen ein Negativsaldo, so kehrt sich das Vorzeichen entsprechend um.

Investitions-Cash-flow 2002	
Einzahlungen aus dem Verkauf von Anlagevermögen[3]	100
− Auszahlungen aus dem Kauf von Anlagevermögen[3]	160
= **Investitions-Cash-flow**	**−60**

3) siehe Anlagenspiegel; hier sind nur die liquiditätswirksamen Teile relevant

Der freie Cash-flow ist damit 430 − 60 = 370.

4.2 Wertorientierte Steuerung von Profit Centern

Ein besonderes Thema der Profit-Center-Steuerung ist im Wertbeitrag zu sehen. Bislang wurde davon ausgegangen, dass die Center-Leitung selbst oder die Unternehmensleitung die Ansprüche an bestimmte Leistungsmerkmale stellt und sich damit für Faktoren wie Qualität, Kundenzufriedenheit oder Deckungsbeiträge interessiert. Auf Unternehmensebene rückte bereits vor mehr als einem Jahrzehnt der Anteilseigner (Aktionär) in den Mittelpunkt des Interesses. Sein Interesse an einer möglichst rentablen Aktienanlage deckt sich nicht immer mit den Interessen im Unternehmen und ist vor allem mit klassischen Erfolgskriterien nicht immer (richtig) zu messen. Diese Problematik führte zur Entwicklung wertorientierter Steuerungsinstrumente, die sich am Interesse der Wertsteigerung von Beteiligungen am Unternehmen orientieren.

Zielgröße ist also der Shareholder Value. Der Anteilseigner beteiligt sich an einem Unternehmen, weil er davon eine Rendite erwartet, letztlich eine möglichst hohe Verzinsung seiner investierten Gelder. Diese Rendite erhält er durch Ausschüttungen und Steigerungen des Aktienwertes. Er erwartet, dass der Unternehmenswert, an dem er beteiligt ist, in einem bestimmten, vom Risiko abhängigen Maß wächst. Die entscheidende Frage ist nun, wie sich der Unternehmenswert messen lässt.

Im Gegensatz zu Größen wie Bilanzgewinn oder Return on Investment stellte sich der Cash-flow in der Vergangenheit als aussagefähiger für die Aktienkursentwicklung heraus. Alfred Rappaport veröffentlichte 1986 ein Konzept zur Messung und Steigerung des Unternehmenswerts („Creating Shareholder Value"). Es basiert auf der Überlegung, dass ein Unternehmen seinen Wert durch die Erzielung von Cash-flows steigert (senkt), die eine Verzinsung über (unter) den erwarteten Kapitalkosten erbringen. Anders gesagt: Die Zahlungsüberschüsse eines Unternehmens müssen also eine höhere Verzinsung erbringen als der Kapitalmarkt für andere Geldanlagen. Dann lohnt sich eine Beteiligung an

4.2 Wertorientierte Steuerung von Profit Centern

diesem Unternehmen, dann liefert es eine für den Anleger attraktive Wertsteigerung.

Der Unternehmer/Kapitalgeber stellt sich also die Frage: Zahlt mir das Unternehmen mehr Geld für meine Investition zurück, als eine anderweitige Anlage mit vergleichbarem Risiko bringt? Eine solche Frage zu beantworten wirft eine ganze Reihe von Verfahrensfragen auf, die hier nicht im Detail beantwortet werden können. Zudem ist das Konzept insgesamt nicht frei von Kritik und Widerspruch, aber auf jeden Fall eine sinnvolle Ausgangsbasis, um sich Gedanken über die „Wertigkeit" eines Unternehmens oder Profit Centers zu machen. Wichtig sind aber zwei Punkte:

- Welche Zahlungen des Unternehmens werden berücksichtigt? Und:
- Wie wird das Risiko dabei berücksichtigt?

Die erste Frage ist allgemein mit „Cash-flow" zu beantworten, und zwar dem freien Cash-flow. Die Berechnung wurde bereits oben erläutert. Die zweite läuft auf die Ansprüche an die Verzinsung hinaus: je größer das Risiko, desto höher die erforderliche Verzinsung des Kapitals, ausgedrückt als ein Multiplikator der erwarteten Rendite.

Neben dem Konzept von Rappaport existieren weitere, die sich zumindest mit Einschränkungen auch auf die wertorientierte Steuerung von Profit Centern anwenden lassen. Aufgrund der hohen Bedeutung dieser Wertorientierung sollen wichtige Konzepte hier dargestellt werden.

Zunächst in kurzer Form die Unternehmenswertberechnung nach Rappaport, die im Wesentlichen auf dem Gedanken der Abzinsung freier Cash-flows basiert. Die freien Cash-flows stellen das zukünftige Ergebnis einer Strategie, der Unternehmenstätigkeit insgesamt, einer Einzelinvestition oder eines Profit Centers dar. Die Analyse ist damit eindeutig als eine zukunftsgerichtete einzustufen, die damit auf der Vorstellung der Planbarkeit basiert.

Die Grundgleichung lautet:

Unternehmenswert = Fremdkapital + Shareholder Value

oder aus Anteilseignersicht:

Shareholder Value = Unternehmenswert – Fremdkapital

Um den Shareholder Value des Unternehmens zu berechnen, also den Wert für die Eigenkapitalgeber, sind Unternehmenswert insgesamt und Wert des Fremdkapitals zu berechnen.

Der Unternehmenswert ergibt sich als *Barwert*

1. *der abgezinsten freien Cash-flows* der nächsten Jahre (in der Regel: fünf; im Prinzip der Zeitraum, für den ein Wettbewerbsvorteil besteht bzw. eine Planung möglich ist) plus

2. *dem Endwert des Unternehmens* (als Fiktion: Wie viel wäre das Unternehmen im Fall eines Verkaufs wert? Dieser Wert wird üblicherweise als Barwert einer ewigen Rente angenommen, die aus den freien Cash-flows ab dem sechsten Jahr besteht) plus

3. *dem Wert des nicht betriebsnotwendigen Vermögens*, das liquidiert werden könnte (handelsfähige Wertpapiere und andere liquidierbare Investitionen).

In der Abbildung 4.2 wird dieser Wert als Säule links dargestellt. Er besteht in diesem Beispiel aus 772 Mio. EUR mit 15 % abgezinsten freien Cash-flows der Jahre eins bis fünf, 692 Mio. EUR abgezinstem Endwert und 512 Mio. EUR angenommenem nicht betriebsnotwendigem Vermögen. Der Zinssatz von 15 % wurde hier als Beispiel angenommen.

Das Modell ist, wie bereits erwähnt, auf mehreren Ebenen einsetzbar. Da sich die Ertrags- und Risikoverhältnisse innerhalb größerer Konzerne stark unterscheiden können, wird prinzipiell auch die Wertermittlung für einzelne Geschäftsfelder empfohlen. Im Fall selbstständiger Geschäftseinheiten, die nur von einer Management-Holding geführt werden, entspricht deren Vermögen dem nicht betriebsnotwendigen, wozu etwa auch Verwaltungsgebäude gehören können. Der Wert der Geschäftseinheit bzw. des Profit Centers ergibt sich dann aus den Cash-flows und dem Endwert.

> Ein Hinweis zwischendurch: Geschäftseinheit und Profit Center können nicht immer gleichgesetzt werden. Entscheidend ist, wie die Aufgabenverteilung zwischen den Centern und der Zentrale ist. Zentrale Produktionsbereiche sind natürlich nicht nicht betriebsnotwendig. Hier ist dann zu klären, wie deren Kosten in die Cash-flow-Berechnung eingehen. Dazu aber später mehr.

Rappaport hat für die Berechnung des freien Cash-flow einen neuen Weg entwickelt, und zwar über so genannte **Wertgeneratoren**. Dies sind Faktoren, die von betrieblichen Entscheidungen abhängen und den Unternehmenswert beeinflussen. Der Umsatz ist dann mit diesen Wertgeneratoren „zu bearbeiten", so dass sich der freie Cash-flow ergibt. Vorteil dieser Vorgehensweise ist die Verbindung zu Entscheidungsfaktoren. So kann berechnet werden, zu welchen Wertveränderungen betriebliche Entscheidungen führen. Nachteil sind einige rigide Annahmen. So wird unterstellt, dass der Umsatz um einen konstanten Prozentsatz wächst.

4.2 Wertorientierte Steuerung von Profit Centern

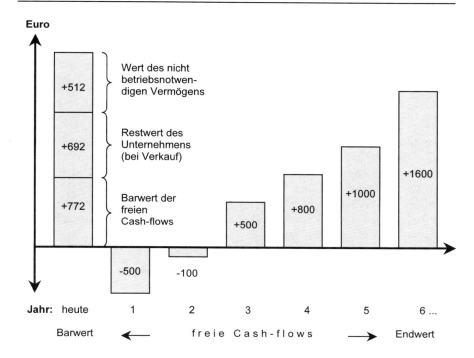

Abbildung 4.2: Berechnung des Unternehmenswerts

Die Wertgeneratoren sind:

1. Umsatzwachstum
2. Umsatzrendite
3. Steuersatz
4. Investitionsrate in Anlagevermögen
5. Investitionsrate in Umlaufvermögen

Folgende Positionen sind zu ermitteln (vgl. Rappaport 1999, S. 39 ff.):

Der Wert des **Fremdkapitals** besteht aus folgenden Positionen:

    Marktwert des aufgenommenen Fremdkapitals
  + nicht dotierte Pensionsrückstellungen
  + Marktwert anderer Forderungen
  = Wert des Fremdkapitals

Der **Unternehmenswert** insgesamt ergibt sich aus:

    Gegenwartswert der freien Cash-flows
  + Restwert
  + Wert des nicht betriebsnotwendigen Vermögens
  = Unternehmenswert

Die größte Rolle spielen die **freien Cash-flows**. Sie sind mit den Kapitalkosten zu diskontieren. Allgemein gilt:

freier Cash-flow = Einzahlungen – Auszahlungen oder:

[(Umsatz des Vorjahres)
- · (1 + Wachstumsrate des Umsatzes)
- · (betriebliche Gewinnmarge)
- · (1 – Cash-Gewinnsteuersatz)]
- – (Zusatzinvestitionen ins Anlage- und Umlaufvermögen)
= freier Cash-flow

Die Cash-flows sind für den Zeitraum zu berechnen, in dem das Unternehmen einen Wettbewerbsvorteil hat. Wie lange dies ist, hängt stark von den Marktverhältnissen ab, das heißt von der Reaktionsbereitschaft der Wettbewerber. Für die Zeit nach Ablauf dieses Vorteils wird der Restwert berechnet, der einen Barwert der Cash-flows von null unterstellt.

Gewinnmarge
= Verhältnis von Betriebsgewinn vor Zinsen und Steuern zu Umsatz

Cash-Gewinnsteuersatz
= Steuern auf den Betriebsgewinn des Steuerjahres
(enthält keine Steuerrückstellungen)

Die Zusatzinvestitionen ergeben sich wie folgt:

Zusatzinvestitionen ins Anlagevermögen
= Investitionsausgaben – Abschreibungen

bzw. als Prozentanteil:

= Zusatzinvestitionen ins Anlagevermögen · 100/Umsatzsteigerung

Die Zusatzinvestitionen ins Umlaufvermögen sind Nettoinvestitionen in Debitoren-, Lager- und Kreditorenbestände sowie in Rückstellungen. Als Prozentsatz lauten sie:

= Zusatzinvestitionen ins Umlaufvermögen · 100/Umsatzsteigerung

Rappaport verwendet als Diskontierungssatz der Cash-flows den gewichteten Mittelwert der Fremd- und Eigenkapitalkosten. Dieser Zinssatz gibt die mindestens erforderliche Rendite des Unternehmens bzw. der Investition an. Wird eine geringere Rendite erzielt, sinkt der Wert des Unternehmens, höhere Renditen erbringen eine Wertsteigerung.

Das Verhältnis von Fremd- zu Eigenkapital, das für die **Kapitalkostenberechnung** verwendet wird, soll jedoch nicht dem tatsächlichen, sondern dem angestrebten entsprechen. Somit sind die Kapitalkosten mit den Finanzierungsanteilen zu gewichten. Außerdem sind für die Kapitalkosten Marktwerte, nicht Buchwerte anzusetzen.

4.2 Wertorientierte Steuerung von Profit Centern

Für die Fremdkapitalkosten wird die langfristige Renditeerwartung der Fremdkapitalgeber angesetzt. Für die Eigenkapitalkosten muss der Risikofaktor berücksichtigt werden. Die Eigenkapitalgeber übernehmen mit ihrer Investition ein Risiko und verlangen dafür eine Prämie zusätzlich zu einer Grundverzinsung für eine risikofreie Anlage. Dieser Aufschlag muss für jedes Unternehmen separat berechnet werden.

Bei Profit Centern, die nicht selbstständige Unternehmen sind, ist eine Zuordnung des Kapitals erforderlich. Dies ist umso schwieriger, je weniger Einfluss die Center-Leiter auf den Kapitaleinsatz haben bzw. hatten und je weniger Sach- und Anlagevermögen in den Centern selbst vorhanden ist. Es besteht durchaus die Gefahr, durch abstrakte Zuteilung seitens der Unternehmensleitung aus einer sinnvollen Wert-Analyse ein reines Rechenspiel zu machen.

Zunächst ist ein Zinssatz für eine risikofreie Anlage erforderlich. Hierfür kann der Zinssatz für langfristige Bundesanleihen verwendet werden, weil diese Papiere als praktisch risikofrei angesehen werden können. Die **Risikoprämie** setzt sich aus zwei Komponenten zusammen:

- der Risikoprämie, die am Markt für Unternehmensanteile gewährt wird und das Risiko der Anlage in Unternehmen anstelle der Anleihe in Bundesanleihen ausgleicht, und

- der Risikoprämie für das individuelle Risiko des Unternehmens.

Die erste Risikoprämie wird ermittelt durch die Differenz aus der erwarteten Marktrendite für Eigenkapital, wofür beispielsweise Aktienindizes verwendet werden können, und dem risikofreien Zinssatz.

Die zweite Risikoprämie wird durch den Beta-Koeffizienten dargestellt. Er ist ein Maß für die Volatilität einer Aktie des Unternehmens im Vergleich zur Volatilität des gesamten Aktienmarktes. Unterliegt eine Aktie einem höheren Risiko als der Durchschnitt des Marktes, dann erwarten die Kapitalgeber eine höhere Verzinsung als Ausgleich für ihre Risikobereitschaft. Ist die Volatilität unterdurchschnittlich, sind sie mit einer geringeren Verzinsung zufrieden. Wie sich die Volatilität und damit das Risiko der eigenen Aktie zum gesamten Markt verhalten, wird durch das Beta ausgedrückt. Ein Beta größer als eins bedeutet höheres Risiko.

Die Eigenkapitalkosten lassen sich somit in folgender Gleichung darstellen:

    risikofreier Zinssatz
  + Beta · (erwartete Marktrendite – risikofreier Zinssatz)
  = Eigenkapitalkosten

Der **Restwert** steht für den verbleibenden Wert des Unternehmens, der Geschäftseinheit oder Investition nach Ablauf des betrachteten Zeitraums. Rappaport unterstellt in seinem Konzept eine Rendite auf dem Niveau des Kapitalkostensatzes, die Cash-flows haben dann einen Barwert von null. Diese Annahme sei sinnvoll, weil nach einer gewissen Zeit ein Wettbewerbsvorteil durch nachholende Wettbewerber aufgeholt würde und auch die Rendite des Geschäfts reduziere. Außerdem komme es zu keinen Neuinvestitionen mehr, so dass die Investitionen dem Abschreibungsaufwand entsprächen. Unter dieser Annahme kann einfach mit dem Modell der ewigen Rente gearbeitet werden. Danach entspricht der betriebliche Cash-flow geteilt durch den Kapitalkostensatz dem Restwert.

Beispiel:

Die Shareholder-Value-Berechnung wird für einen Zeitraum von fünf Jahren vorgenommen. Der Umsatz vor dem Berechnungszeitraum lag bei 200.000 TEUR. In den nächsten fünf Jahren wird mit einer Steigerung um 10 % jährlich gerechnet. Die Gewinnspanne liegt bei konstant 5 %. Ins Anlagevermögen werden jährlich zusätzlich 15 %, ins Umlaufvermögen 5 % investiert. Der Steuersatz liegt bei 40 %.

Die Kapitalstruktur soll bei 30 % Eigenkapital und 70 % Fremdkapital liegen. Die Fremdkapitalkosten liegen bei 11 %, so dass sich nach Steuern ein Fremdkapitalkostensatz von 6,6 % ergibt. Für das Eigenkapital wird von einem risikofreien Zinssatz von 4 %, einer erwarteten Marktrendite von 12 % und einem Beta von 1,5 ausgegangen. Schließlich wird der Wert des nicht betriebsnotwendigen Vermögens auf 30.000 TEUR und der des Fremdkapitals auf 50.000 TEUR festgelegt. Folgende Tabelle fasst die Vorgaben zusammen:

	vorher	1. Jahr	2. Jahr	3. Jahr	4. Jahr	5. Jahr	ab 6. Jahr
Umsatz	200.000	+10 %	+10 %	+10 %	+10 %	+10 %	+/–0
Gewinn		5 %	5 %	5 %	5 %	5 %	5 %
Gewinnsteuer		40 %	40 %	40 %	40 %	40 %	40 %
Investitionen AV		15 %	15 %	15 %	15 %	15 %	
Investitionen UV		5 %	5 %	5 %	5 %	5 %	
Diskont.faktor		0,9058	0,8205	0,7432	0,6732	0,6098	

In der nächsten Tabelle werden die geschätzten Werte dargestellt. Zu beachten ist noch, dass sich die Zunahme der Investitionen in Anlage- und Umlaufvermögen auf die Umsatzsteigerung im jeweiligen Jahr bezieht. Die Prozentsätze können sich auch jedes Jahr ändern. Der **Diskontierungssatz** ergibt sich aus der Berechnung der Kapitalkosten:

Eigenkapitalkosten = risikofreier Zinssatz +
Beta · (erwartete Rendite – risikofreier Zinssatz)
= 4 + 1,5 · (12 – 4) = 4 + 12 = 16 %

Kapitalkosten = Fremdkapital-Anteil · Fremdkapital-Kosten +
Eigenkapital-Anteil · Eigenkapital-Kosten
= 0,7 · 6,6 + 0,3 · 16 = 4,62 + 4,8 = 9,42 %

4.2 Wertorientierte Steuerung von Profit Centern

Dies ergibt die folgenden Diskontierungsfaktoren:
1. Jahr: $(1 - 0{,}0942)^1 = 0{,}9058$ 2. Jahr: $(1 - 0{,}0942)^2 = 0{,}8205$
3. Jahr: $(1 - 0{,}0942)^3 = 0{,}7432$ 4. Jahr: $(1 - 0{,}0942)^4 = 0{,}6732$
5. Jahr: $(1 - 0{,}0942)^5 = 0{,}6098$

in TEUR	vorher	1. Jahr	2. Jahr	3. Jahr	4. Jahr	5. Jahr	ab 6. Jahr
Umsatz	200.000	220.000	242.000	266.200	292.820	322.102	322.102
Gewinn	5 %	11.000	12.100	13.310	14.641	16.105	16.105
Steuern	40 %	4.400	4.840	5.324	5.856	6.442	6.442
Invest. AV	15 %	3.000	3.300	3.630	3.993	4.392	0
Invest. UV	5 %	1.000	1.100	1.210	1.331	1.464	0
Cash-flow		2.600	2.860	3.146	3.461	3.807	9.663
Diskont.faktor	9,42 %	0,9058	0,8206	0,7432	0,6732	0,6098	
Barwert		2.355	2.347	2.338	2.330	2.321	

Unternehmenswert = Summe der Barwerte 1.–5. Jahr + Restwert + nicht betriebsnotwendiges Vermögen
= 11.691 + 9.663/0,0942 + 30.000
= 144.271 TEUR

Shareholder Value = Unternehmenswert – Fremdkapital
= 144.271 – 50.000 = 94.271 TEUR

Der Shareholder Value des Unternehmens liegt somit bei rund 94 Mio. Euro.

Wird das Konzept auf die Wertermittlung von Profit Centern übertragen, sind einige unterschiedliche Fälle zu beachten:

a) Profit Center als selbstständige Unternehmen

Der einfachste Fall ergibt sich, wenn das Unternehmen eine Holdingstruktur hat, die Profit Center selbstständige Unternehmen mit eigener Bilanz sind und idealerweise auch ein vergleichbares Risiko aufweisen. Der Unternehmenswert ergibt sich dann aus den addierten Wertbeiträgen der einzelnen Center plus dem Wert des nicht betriebsnotwendigen Kapitals (Holding). Sofern die Center für ihre Finanzierung selbst verantwortlich sind, setzen sie ihre spezifischen Finanzierungskosten an. Sonst können die durchschnittlichen Kapitalkosten des gesamten Unternehmens angesetzt werden.

Abbildung 4.3 stellt dar, wie sich die Rechnung bei einem Unternehmen mit drei Profit Centern ändert.

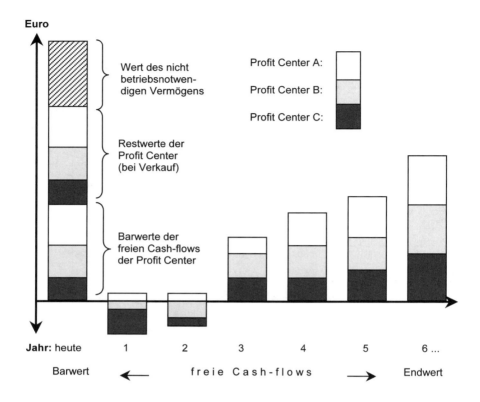

Abbildung 4.3: Unternehmenswertermittlung in einem Unternehmen mit drei selbstständigen Profit Centern

b) Profit Center mit unterschiedlichen Risiken

Unterscheiden sich die finanziellen Risiken der Profit Center stärker, weil sie etwa andere Geschäftsfelder bearbeiten, dann ergeben sich Konsequenzen für die Kapitalkosten. Der Ansatz eines durchschnittlichen unternehmensweiten Zinssatzes bedeutete dann eine Subventionierung der riskanteren Felder. Man stelle sich etwa den Fall vor, dass ein Profit Center gegründet wird, um einen neuen Markt wie etwa die Biotechnologie zu bearbeiten, während der (große) Rest des Unternehmens in klassischen und stabilen Bereichen tätig ist. Dieses zusätzliche Risiko müsste durch einen höheren Diskontierungszinssatz (wegen des höheren Beta) berücksichtigt werden.

Das folgende einfache Beispiel zeigt die Wertermittlung für zwei Profit Center, genau genommen Investment Center, in unterschiedlich riskanten Geschäftsfeldern.

4.2 Wertorientierte Steuerung von Profit Centern

Profit Center A:

Cash-flow:

Umsatz 100, Steigerung unterschiedlich
Gewinnspanne 20 %
Investitionen ins Anlagevermögen 10 %, ins Umlaufvermögen 5 %
Steuersatz 30 % (weil hier marktbedingte Fördermaßnahmen in Anspruch genommen werden können)

Kapitalkosten:

50 % Eigen- und 50 % Fremdkapital
Fremdkapitalkosten 12 %, Kapitalkostensatz nach Steuern 8,4 %
für das Eigenkapital: risikofreier Zinssatz 4 %
erwartete Marktrendite 10 %, Beta = 2,0
Fremdkapitaleinsatz: 50, Eigenkapitaleinsatz: 50
Gesamt-Kapitalkosten = $0,5 \cdot 8,4 + 0,5(4 + 2(10 - 4)) = 12,2$ %

PC A	vorher	1. Jahr	2. Jahr	3. Jahr	4. Jahr	5. Jahr	ab 6. Jahr
Umsatz	100,0	100,0	120,0	140,0	150,0	150,0	150,0
Gewinn	20 %	20,0	24,0	28,0	30,0	30,0	30,0
Steuern	30 %	6,0	7,2	8,4	9,0	9,0	9,0
Invest. in AV	10 %	0	2,0	2,0	1,0	0	0
Invest. in UV	5 %	0	1,0	1,0	0,5	0	0
Cash-flow		14,0	13,8	16,6	19,5	21,0	21,0
Diskont.faktor	12,2 %	0,8913	0,7944	0,7080	0,6310	0,5624	
Barwert		12,48	10,96	11,75	12,30	11,81	

Der Wert des Profit Centers liegt damit bei 59,3 + 172,13 = 231,43.

Bei einem Fremdkapital von 50 ergibt sich ein Shareholder Value von 181,43.

Profit Center B:

Cash-flow:

Umsatz 200, Steigerung unterschiedlich
Gewinnspanne 10 %
Investitionen ins Anlagevermögen 5 %, ins Umlaufvermögen 5 %
Steuersatz 40 %

Kapitalkosten:

50 % Eigen- und 50 % Fremdkapital
Fremdkapitalkosten 12 %, Kapitalkostensatz nach Steuern 7,2 %
für das Eigenkapital: risikofreier Zinssatz 4 %
erwartete Marktrendite 10 %, Beta = 1,2
Fremdkapitaleinsatz: 100, Eigenkapitaleinsatz: 100
Gesamt-Kapitalkosten = 0,5 · 7,2 + 0,5(4 + 1,2(10–4)) = 3,6 + 5,6 = 9,2 %

PC B	vorher	1. Jahr	2. Jahr	3. Jahr	4. Jahr	5. Jahr	ab 6. Jahr
Umsatz	200,0	220,0	230,0	240,0	250,0	260,0	260,0
Gewinn	10 %	22,0	23,0	24,0	25,0	26,0	26,0
Steuern	40 %	8,8	9,2	9,6	10,0	10,4	10,4
Invest. in AV	5 %	1,0	0,5	0,5	0,5	0,5	0
Invest. in UV	5 %	1,0	0,5	0,5	0,5	0,5	0
Cash-flow		11,2	12,8	13,4	14,0	14,6	15,6
Diskont.faktor	9,2 %	0,9158	0,8386	0,7679	0,7032	0,6440	
Barwert		10,26	10,73	10,29	9,84	9,40	

Der Wert des Profit Centers liegt damit bei 50,52 + 220,09 = 270,60.

Bei einem Fremdkapital von 100 ergibt sich ein Shareholder Value von 170,60.

Profit Center A ist wertvoller als B. Der Vorteil der wesentlich höheren Gewinnspanne von A wird durch die stärkere Abzinsung des Restwerts (Prinzip der ewigen Rente) relativiert.

c) Unselbstständige Profit Center mit Leistungsverflechtung

Besteht eine nicht unerhebliche Leistungsverflechtung unter den (nicht selbstständigen) Centern, auch mit zentralen Bereichen, dann ist schon die Ermittlung der Cash-flows problematisch. Einige Positionen fallen prinzipiell der Unternehmenszentrale bzw. einem Service Center zu (z. B. Pensionsrückstellungen, Teile der Verwaltungskosten), in anderen sind Umlagen enthalten, die unterschiedliche Kostenarten abdecken und daher die Informationen verwässern. (Beispiel: Werden Vorprodukte von einem anderen Center bezogen, sind in den

4.2 Wertorientierte Steuerung von Profit Centern

Umlagen auch Personalkostenanteile enthalten, obwohl sie eigentlich in die Rubrik Materialkosten gehören. Dies ist zwar auch bei externem Bezug so, doch könnte ganz nebenbei auf diese Art und Weise durch internen Leistungsbezug der Personalkostenanteil laut Cash-flow-Rechnung rein optisch reduziert werden.) Dass eine indirekte Ermittlung des Cash-flow bei solchen Strukturen nicht in Frage kommt, bedarf wohl kaum der Erwähnung.

Solche Einschränkungen sind aber akzeptabel, wenn der ermittelte Cash-flow nicht für externe Zwecke verwendet wird und somit fehlinterpretiert werden könnte. Die Aussagekraft wird aber aufgrund der zu akzeptierenden Unvollständigkeit reduziert. Das Ermittlungsschema für den operativen Profit-Center-Cash-flow muss entsprechend verändert werden:

	Operativer Profit-Center-Cash-flow
	externe Umsatzerlöse
−	Materialaufwand
−	Personalaufwand
+	sonstige betriebliche Erträge
−	sonstige betriebliche Aufwendungen
−	Saldo Forderungen
+	Saldo Verbindlichkeiten aus Lieferungen + Leistungen
−	Saldo Vorräte
+	Saldo erhaltene Anzahlungen
+	Saldo sonstige Rückstellungen
(+	Saldo passive RAP)
(−	Saldo aktive RAP)
−	Steuern vom Aufwand und Ertrag
=	**Operativer externer Cash-flow des Profit Centers**
+	interne Einzahlungen
−	interne Auszahlungen
−	Umlagen
=	**Operativer Cash-flow des Profit Centers**
+	Einzahlungen aus dem Verkauf von Anlagevermögen
−	Auszahlungen aus dem Kauf von Anlagevermögen
=	**Freier Cash-flow des Profit Centers**

Abbildung 4.4: Operativer Profit-Center-Cash-flow

Folgende Positionen sollten aus pragmatischen Gründen nicht auf Profit-Center-Ebene berücksichtigt werden, wenn es sich nicht um selbst bilanzierende Unternehmen handelt:

- *Finanzeinzahlungen und -auszahlungen* (z. B. Kapitalaufnahme, Kauf/Verkauf von Beteiligungen) sowie Zinsen – dafür ist meist das Unternehmen insgesamt verantwortlich bzw. überhaupt der Vertragspartner.

- *Steuern über die Aufwands- und Ertragssteuern hinaus* – hier spielt oftmals eine unternehmensweite steuerpolitische Zielsetzung eine Rolle, die eine genaue Zurechnung auf einzelne Center erschwert. Ausnahme sind jedoch Situationen, in denen steuerliche Effekte direkt mit einem Center zu tun haben, etwa die Standortentscheidung oder Branchenzugehörigkeit.

In Abbildung 4.5 werden Erläuterungen zu den einzelnen Positionen gegeben. Im Allgemeinen wird die Cash-flow-Berechnung gerne anhand vereinfachender Formeln vorgenommen, das heißt die kleineren Positionen wie Rechnungsabgrenzungsposten (RAP) werden ignoriert. In Anbetracht der ohnehin vorhandenen Unsicherheiten, die sich aus der Definition der Cash-flows sowie der Ermittlung der Daten ergeben, können solche Vereinfachungen durchaus vertretbar sein. Mitunter ist es besser, man lässt kleinere Details, die ohnehin wenig ändern, weg, als dass man eine Rechnung überfrachtet und sie dann nicht mehr durchschaut wird. Abbildung 4.6 zeigt eine vereinfachte Version der Cash-flow-Berechnung.

Abbildung 4.7 zeigt schließlich das System insgesamt. Es folgt schließlich ein kleines Zahlenbeispiel dazu (Abbildung 4.8).

Cash-flow-Position	Erläuterung
externe Umsatzerlöse	Umsätze des Profit Centers mit Kunden außerhalb des Unternehmens
Materialaufwand	Aufwendungen für Roh-, Hilfs- und Betriebsstoffe und bezogene Waren; Aufwendungen für bezogene Leistungen
Personalaufwand	Löhne und Gehälter, soziale Abgaben und Aufwendungen für Altersversorgung
sonstige betriebliche Erträge	dürfte bei Profit Centern kaum eine Rolle spielen; hierunter fallen z. B. Währungsgewinne, Rückvergütungen vergangener Perioden
sonstige betriebliche Aufwendungen	hierunter fallen alle Aufwendungen, die nicht Material-, Personalaufwand oder Abschreibungen sind, z. B. Werbeaufwand, Reisespesen, Büromaterial
Saldo Forderungen	Zunahme/Abnahme von Forderungen gegenüber Kunden
Saldo Verbindlichkeiten aus Lieferungen + Leistungen	Abnahme/Zunahme von Verbindlichkeiten gegenüber Lieferanten
Saldo Vorräte	Zunahme/Abnahme des Bestands an Material und Fertigwaren
Saldo erhaltene Anzahlungen	Zunahme des Bestands an Anzahlungen von Kunden
Saldo sonstige Rückstellungen	Beträge, die den Rückstellungen zugeführt werden, und eindeutig dem Profit Center zuzurechnen sind (z. B. für Nachbesserungen, Prozesskosten; üblicherweise nicht jedoch für Pensionen)
Saldo passive RAP	Zunahme/Abnahme der Einnahmen für spätere Erträge; aufgrund der nicht überragenden Bedeutung kann auf diese Position auch verzichtet werden
Saldo aktive RAP	Abnahme/Zunahme der Ausgaben für spätere Aufwendungen; aufgrund der nicht überragenden Bedeutung kann auf diese Position auch verzichtet werden
operativer externer Cash-flow des Profit Centers	**Cash-flow aus der Geschäftstätigkeit mit anderen Unternehmen**
interne Einzahlungen	an andere Center verrechnete Transferpreise; da hier Kreditfinanzierung, Anzahlungen usw. praktisch keine Rolle spielen, können hier direkt Einzahlungen berücksichtigt werden
interne Auszahlungen	an andere Center gezahlte Transferpreise
verrechnete Umlagen	nur erforderlich, wenn Leistungsaustausch in mehreren Stufen verrechnet wird; hierunter sind pauschale Umlagen für zentrale Leistungen zu erfassen
operativer Cash-flow des Profit Centers	**Cash-flow aus der Geschäftstätigkeit insgesamt**

Einzahlungen aus dem Verkauf von Anlagevermögen	Zugang an Zahlungsmitteln durch Verkauf von Sachanlagen und immateriellen Vermögensgegenständen (z. B. Markenrechten); Finanzanlagen dürften in den seltensten Fällen einzelnen Profit Centern zuzurechnen bzw. von diesen zu verantworten sein
Auszahlungen aus dem Kauf von Anlagevermögen	Abgang an Zahlungsmitteln durch Kauf von Sachanlagen und immateriellen Vermögensgegenständen
freier Cash-flow des Profit Centers	**Cash-flow, der dem Profit-Center für weitere Verwendungen zur Verfügung steht**

Abbildung 4.5: Erläuterungen zu den Positionen des Profit-Center-Cash-flow

	Kurzform des Profit-Center-Cash-flow
	Umsatzeinzahlungen extern
−	Umsatzauszahlungen extern
=	**operativer externer Cash-flow des Profit Centers**
+	interne Umsatzeinzahlungen
−	interne Umsatzauszahlungen
−	Umlagen
=	**operativer Cash-flow des Profit Centers**
+	Einzahlungen aus dem Verkauf von Anlagevermögen
−	Auszahlungen aus dem Kauf von Anlagevermögen
=	**freier Cash-flow des Profit Centers**

Abbildung 4.6: Kurzform des Profit-Center-Cash-flow

4.2 Wertorientierte Steuerung von Profit Centern

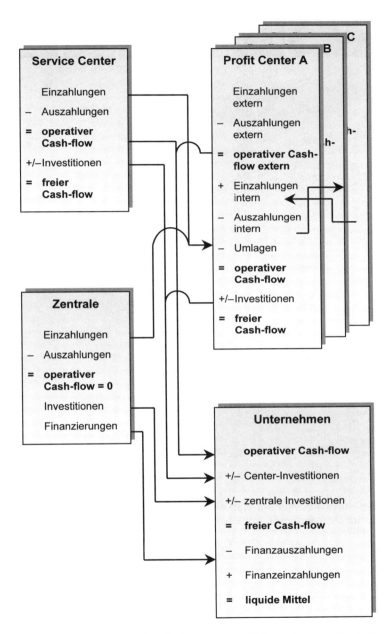

Abbildung 4.7: Profit-Center- und Unternehmens-Cash-flow

	Profit Center A	Profit Center B	Profit Center C	Service Center	Zentrale	Gesamt
Einzahlungen extern	+200	+350	+300	-	-	+850
Auszahlungen extern	–140	–210	–180	–60	–50	–740
operativer Cash-flow extern	+60	+140	+120			+110
Einzahlungen intern	+30	+20	+40	+70	+50	-
Auszahlungen intern	–20	–40	–30	-	-	-
Umlagen	–40	–50	–20	–10	-	-
operativer Cash-flow	+30	+70	+110	0	0	+110
Investitionen Center	–50	+10	–20	–10	-	–70
zentrale Investitionen	-	-	-	-	–30	–30
freier Cash-flow	–20	+80	+90	-	-	+10
Finanzeinzahlungen	-	-	-	-	+60	+60
Finanzauszahlungen	-	-	-	-	–40	–40
liquide Mittel	-	-	-	-		+30

Abbildung 4.8: Zahlenbeispiel zur Cash-flow-Berechnung im Unternehmen mit Profit- und Service-Centern

4.3 Balanced Scorecard im Profit Center

4.3.1 Das Konzept der Scorecard

Immer wieder lässt sich beobachten, dass Unternehmen besonders dann erfolgreich sind, wenn sie es verstehen, die einzelnen Bereiche (Funktionsbereiche, Sparten, Profit Center) entsprechend ihren Leistungspotenzialen zu führen. Erfolgreiche Unternehmen verstehen, warum sie Gewinn erzielen, und zwar nicht, weil sich aus der Rechnung „Einnahmen – Ausgaben" ein Überschuss ergibt. Sie erkennen die einzelnen Beiträge zum Gesamterfolg, qualitative wie quantitative, und fördern sie. Der Gesamterfolg steht letztlich immer auf mehreren Beinen, eine einseitige Ausrichtung bringt meist nur kurzfristige Erfolge, bewirkt langfristig aber das Gegenteil. Allzu lange einseitig auf Gewinnsteigerung zu achten hat oft einen Rückgang der Kundenzufriedenheit zur Folge, was sich wieder in steigenden Kosten oder schrumpfenden Erlösen widerspiegelt. Auf diese Weise sind die einzelnen Steuerungsgrößen miteinander vernetzt, so dass man behutsam eingreifen und vor allem mehrere Größen gleichzeitig im Auge behalten sollte. Ein „ausbalanciertes" Vorgehen ist das Ziel.

Diese Erkenntnis ist die Basis des Balanced-Scorecard-Konzepts, das von den US-Amerikanern Robert S. Kaplan und David P. Norton entwickelt wurde. Harvard-Business-School-Professor der Erste und Unternehmensberater der Zweite, beschäftigten sie sich mit Steuerungskonzepten in Unternehmen und veröffentlichen erstmals 1992 in der Zeitschrift Harvard Business Review einen Artikel über den Aufbau einer Balanced Scorecard *(The Balanced Scorecard – Measures That Drive Performance)*. Dieser wurde stark beachtet und brachte dem Konzept eine hohe Bekanntheit und zahlreiche intensive fachliche Diskussionen, nicht nur in den USA. Zwischenzeitlich ist eine ganze Industrie rund um die Balanced Scorecard entstanden, die neben Büchern, Beratungsleistungen und Seminaren auch größere Mengen an Software und Diskussionszirkeln hervorgebracht hat.

Im Zusammenhang mit der Einführung bzw. dem Management von Profit Centern spielt die Balanced Scorecard eine große Rolle, weil sie nicht nur für die einzelnen Center ein geeignetes Steuerungsinstrument ist, sondern auch, weil sie die Koordination der einzelnen Center wesentlich vereinfacht. In Einzelfällen kann sie auch ein Profit-Center-Konzept ersetzen, wenn nämlich einzelne Voraussetzungen nur schwer zu erfüllen sind. Die Balanced Scorecard ist zwar eigentlich „etwas ganz anderes", kann aber ähnliche Wirkungen bezüglich der Motivation und Transparenz zeigen.

„Balanced" ist nur ein Element des Konzepts. Es geht letztlich um die Gestaltung einer *Scorecard*, was ins Deutsche meist als *Berichtsbogen* übersetzt wird. Dabei geht es um die Steuerungsgrößen des Unternehmens, dies sind die Kennzahlen und/oder Ziele. Eine Scorecard enthält eine Reihe von Kennzahlen, die nach dem Prinzip der Ausgewogenheit (eben „balanced") ausgewählt wurden.

Es gibt aber durchaus Gründe, nicht gar so deutlich von *Kennzahlen* zu sprechen. Kennzahlen sind nämlich durch langjährige Praxis als Kontrollinstrument im Bewusstsein der Entscheidungsträger verankert. Hier haben sie aber eine weiter gehende Funktion, nämlich auch die der zukunftsgerichteten Planungsgröße. Deswegen werden wir hier auch von Ziel- oder Steuerungsgrößen sprechen, einfach, um die umfassendere Bedeutung der Kennzahlen zu verdeutlichen.

Im Unterschied zu den Kennzahlen und Kennzahlensystemen, die sich nicht selten recht unkontrolliert im Unternehmen tummeln, soll eine Scorecard ein **Arbeitsinstrument** sein, effektiv und übersichtlich. Sie soll operative wie strategische Entscheidungen unterstützen und über das jeweils aktuelle Maß der Zielerreichung informieren. Dabei soll sie vor allem eine Beschränkung auf die Informationen unterstützen, die wirklich benötigt werden. Sie ist damit auch ein **Instrument zur Konzentration auf die wesentlichen Steuerungsgrößen**, zur Beseitigung des Information Overflow.

Ein weiteres Merkmal ist die **Individualität** der Scorecard. Während man sich früher gerne Gedanken über möglichst weit anwendbare Kennzahlensysteme machte, steht nun die Anpassung an individuelle Gegebenheiten im Vordergrund. Je nach Anlage des Profit-Center-Konzepts können höchst unterschiedliche Scorecards im Unternehmen zum Einsatz kommen oder bewusst auch eine Standardversion, die Vergleiche untereinander vereinfacht.

4.3.2 Das Prinzip der Kausalität

Kennzahlen sind überwiegend darauf ausgerichtet, alleine zu stehen. Sie orientieren sich an unternehmerischen Zielen und messen deren Einhaltung. Klassische Kennzahlensysteme müssen sich zudem der Kritik aussetzen, dass die Verbindung zwischen den Handlungen im Unternehmen und finanziellen Erfolgsgrößen zu wenig dargestellt wird und der Zukunftsbezug fehlt.

Kaplan und Norton griffen die zu einseitige finanzwirtschaftliche Ausrichtung von Kennzahlen und die zu starke Vergangenheitsorientierung als Kritikpunkte auf und entwickelten ein vernetztes System von Kennzahlen, das sich in seiner Grundform **vier Perspektiven** widmet:

- der finanzwirtschaftlichen Perspektive,
- der Kundenperspektive,
- der internen Prozessperspektive und
- der Lern- und Entwicklungsperspektive.

4.3 Balanced Scorecard im Profit Center

Diese vier Perspektiven stehen in einer kausalen Beziehung zueinander und decken (im Normalfall) einen erheblichen Teil der erfolgsrelevanten Bereiche des Unternehmens ab. Maßgebend ist die Unternehmensstrategie, aus der sich die finanziellen Ergebnisse ableiten lassen. Um diese zu erreichen, sind bestimmte Leistungen bei den Kunden erforderlich, die wiederum geeignete interne Prozesse voraussetzen. Schließlich stellen Lernprozesse die Grundlage für eine erfolgreiche Prozessgestaltung dar. Abbildung 4.9 gibt einen Überblick.

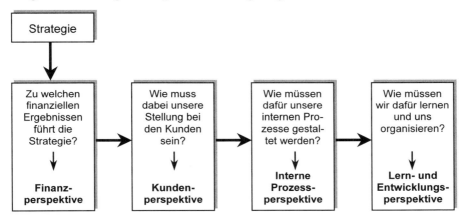

Abbildung 4.9: Kausalbeziehungen zwischen den vier Perspektiven der Balanced Scorecard

Diese vier Perspektiven sind aber nicht gar so streng miteinander verbunden, wie es Abbildung 4.9 zeigt. Vielmehr haben hervorragende interne Prozesse auch direkte Auswirkungen auf das finanzielle Ergebnis des Unternehmens, wie sich etwa auch eine effiziente Informationsnutzung durch die Mitarbeiter unmittelbar auf die Kundenzufriedenheit auswirkt. Unter Berücksichtigung dieser vielfältigen Verknüpfungen kommt man zu der allgemein üblichen Darstellung des Scorecard-Modells (Abbildung 4.10).

> Was die einzelnen Perspektiven angeht, muss noch darauf hingewiesen werden, dass die hier erwähnten von Kaplan und Norton sozusagen als **Standardperspektiven** vorgeschlagen werden, mit denen es sich auf Unternehmensebene meist sehr gut arbeiten lässt. Es gibt jedoch keine Vorschrift oder allgemeine Erkenntnis, dass es nun genau diese sein müssen. Vielmehr muss man in jeder individuellen Situation entscheiden, welche Perspektiven am besten geeignet sind.

Die **finanzwirtschaftliche Perspektive** repräsentiert die ertragsorientierten Ziele des Unternehmens/Centers. Jede unternehmerische Handlung ist letztlich darauf ausgerichtet, die Rentabilität zu steigern. Die Anteilseigner und Fremdkapitalgeber erwarten eine festgelegte oder maximale Verzinsung ihres Geldes.

Profit Center müssen einen angemessenen Beitrag dazu leisten. Insofern verbirgt sich hier die zentrale Zielsetzung des Unternehmens. Die finanziellen Ziele alleine sind jedoch für die Unternehmensführung nicht hilfreich, weil sie die Ursachen für die Erfüllung oder Nicht-Erfüllung außer Acht lassen. So wird dem Management nicht kommuniziert, über welche Stufen ein Ertragsziel zu erreichen ist. Diese Verbindung herzustellen ist Aufgabe der weiteren Perspektiven.

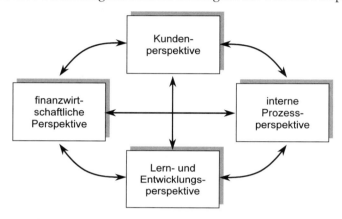

Abbildung 4.10: Scorecard-Modell

Finanzieller Erfolg wird beispielsweise durch eine hohe Kundenzufriedenheit erreicht. Zufriedene Kunden sind langfristige Kunden, so dass Marketingaufwand gespart werden kann und der Druck auf die Preise abnimmt. Die Erzielung einer hohen Kundenzufriedenheit führt automatisch zu einer hohen finanzwirtschaftlichen Leistung, wenn auch mit einer gewissen Zeitverzögerung. Die Balanced Scorecard bezieht **kundenspezifische Kennzahlen** ein, weil sie ein wichtiger Baustein für die Unternehmensleistung sind. Sie eignen sich als Kontrollinstrument, weil konkretes Handeln Auswirkungen auf die Beziehung zu Kunden hat.

Erfolg bei Kunden und finanzieller Erfolg werden durch eine entsprechende Leistungsfähigkeit der unternehmensinternen Prozesse erreicht. Im Rahmen der **internen Prozessperspektive** werden Ziele formuliert, die sich auf die erfolgsträchtigsten Prozesse beziehen. Dazu ist zu analysieren, wie die finanziellen und kundenbezogenen Ziele erreicht werden können. Neben bestehenden Prozessen (Produktionsverfahren, Vertriebsmethoden, Führungssysteme, Serviceleistungen usw.) sollen auch innovative Prozesse einbezogen werden, die erst in nächster Zukunft eingesetzt werden. Damit soll verhindert werden, dass durch das Kennzahlensystem der Status quo erhalten bleibt.

4.3 Balanced Scorecard im Profit Center

Schließlich muss zur Erreichung der Ziele eine geeignete Infrastruktur zur Verfügung stehen. Dazu gehören Faktoren wie Weiterbildung und Informationssysteme. Mit der **Lern- und Entwicklungsperspektive** soll die Lücke zwischen den Leistungszielen und den Menschen geschlossen werden, die sie erreichen sollen. Oftmals wird sie auch als Mitarbeiterperspektive bezeichnet. Sie beinhaltet personalwirtschaftliche Zielsetzungen wie etwa die Mitarbeiterzufriedenheit und analysiert die Qualität der Informationsversorgung, zum Beispiel über die Kunden.

Wichtige Voraussetzung für die Konstruktion und Anwendung einer Balanced Scorecard ist das Verständnis für Ursache-Wirkungs-Zusammenhänge. Hat man festgestellt, dass die Kundentreue ein Faktor zur Steigerung der Rendite ist, ist zu fragen, wovon die Kundentreue abhängt. Dies kann die pünktliche Lieferung der Waren sein. Eine pünktliche Auslieferung wird in den internen Prozessen durch eine bestimmte Prozessqualität und kurze Durchlaufzeiten gewährleistet. Diese setzen wiederum Fachwissen der Mitarbeiter über die Prozessgestaltung voraus. So sind umfangreiche Abhängigkeiten dargestellt, die deutlich machen, dass eine Kennzahl zur Lieferzuverlässigkeit Auswirkungen auf die erreichte Rendite hat. Gleichzeitig zeigt sie Möglichkeiten auf, die Rendite weiter zu steigern. Abbildung 4.11 zeigt ein Beispiel für solche Ursache-Wirkungs-Zusammenhänge.

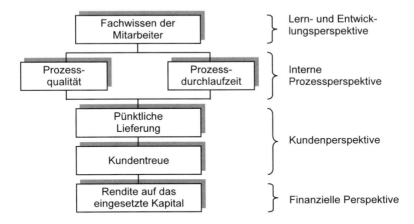

Abbildung 4.11: Ursache-Wirkungs-Kette der Balanced Scorecard
(Kaplan/Norton 1997, S. 29)

a) Die finanzwirtschaftliche Perspektive

Die finanzwirtschaftlichen Ziele konzentrieren sich auf die Rentabilität und davon abgeleitete Kennzahlen. Dabei können Differenzierungen für unterschiedliche Entwicklungsstadien der Geschäftseinheiten/Center vorgenommen werden. Beispielsweise verfolgt zwar auch ein neues Geschäft letztlich das Ziel einer hohen Kapitalverzinsung, doch ist eine solche Zielvorgabe in diesem frühen Stadium wenig sinnvoll. Für das Unternehmen ist es sinnvoller, sich zunächst auf das Umsatzwachstum zu konzentrieren und Innovationskennzahlen anzuwenden. Gelingt es, das Geschäft zu einer gewissen Größe zu bringen, so lässt sich dann später eine höhere Rendite erzielen, als wenn von Anfang an die Kostensenkung im Vordergrund gestanden hätte.

Rentabilitätskennzahlen, Kostenanteile u. ä. Zielgrößen eignen sich besser, wenn die Geschäftseinheit/das Center voll entwickelt und auch mit keinen wesentlichen Wettbewerbsveränderungen zu rechnen ist. Dann kann das Augenmerk auf eine möglichst hohe Abschöpfung finanzieller Mittel gelegt werden. Einzelne Tätigkeiten sind dann auch nicht mehr als Hoffnungsträger anzusehen, sondern können und müssen unter wirtschaftlichen Aspekten gesteuert, das heißt ggf. auch eliminiert werden.

Diese zeitbezogene Betrachtung erfordert eine Anpassung des Zielsystems. Zunächst muss das finanzwirtschaftliche Zielsystem das Wachstum unterstützen, in der Reifephase die Steigerung der Effizienz fördern und schließlich auf eine renditemaximale Nutzung des eingesetzten Kapitals hinwirken.

Die damit verbundenen Strategien beziehen sich beispielsweise in der Anfangsphase auf die Auswahl von Kunden, Märkten und anzubietenden Produkten und Leistungen, später auf Verbesserungen in der Produktion und bei den Beziehungen zu Kunden und Lieferanten, schließlich auf Rationalisierung.

Parallel dazu ist der jeweilige Verantwortungsbereich der Center zu berücksichtigen. Gerade die Vorgabe von Kapitalrentabilitäten ist beliebt, aber problematisch, weil die Zurechenbarkeit nicht unbedingt gegeben ist. Gerade bei kleineren, „kapitallosen" Profit Centern, die z. B. im Bereich der Dienstleistungen engagiert sind und über wenige Vermögenspositionen verfügen, bieten sich meist nur deckungsbeitragsbezogene Größen an.

b) Die Kundenperspektive

Kaplan und Norton sehen es als unvermeidlich an, dass sich das Unternehmen auf bestimmte Kunden- und Marktsegmente konzentriert, in denen es tätig ist. Nicht alle Kunden können gleichermaßen zufrieden gestellt werden, so dass eine Auswahl derjenigen Kunden erforderlich ist, bei denen eine herausragende Position erzielt werden kann. Diese Position kann über eine Reihe von Kennzahlen gesteuert werden, die sich auf die Treue der Kunden, ihre Zufriedenheit, ihre Rentabilität u. Ä. beziehen. Dazu kommen die volumenbezogenen Ziele der Ausweitung des Kundenstamms sowie der Erzielung von Marktanteilen.

Die Erreichung der kundenbezogenen Ziele wird durch Marketingstrategien verfolgt. Sie orientieren sich an den konkreten Anforderungen der Kunden, der Gestaltung der Kundenbeziehung sowie weiteren Faktoren, die den Wert des eigenen Angebots aus Kundensicht steigern. Beispielhaft können hier angeführt werden:

- die Entwicklung kundenindividueller (Investitionsgüter) oder zielgruppenspezifischer (Konsumgüter) Produkte
- die Abstimmung von Austauschprozessen (Lieferung, Zahlung) aufeinander
- die Beschleunigung von Bearbeitungsprozessen
- gemeinschaftliche Kommunikationsmaßnahmen
- die Einrichtung neuer Vertriebswege, mit denen Kunden besser angesprochen werden können

Im Zusammenhang mit Profit Centern können auch die internen Kundenbeziehungen abgebildet werden, gerade bei intensiverem Leistungsaustausch. Als Kunden kommen dann (auch) die anderen Profit Center in Frage, die Leistungen beziehen bzw. dazu angeregt werden sollen. Für Service Center sind in der Kundenperspektive entsprechend nur die Profit Center des Unternehmens zu berücksichtigen.

c) Die interne Prozessperspektive

Zur Analyse der internen Prozesse entwickelten Kaplan und Norton ein generisches Wertkettenmodell, das den Innovations-, den Betriebs- und den Kundendienstprozess zwischen die Identifikation des Kundenwunsches und seine Befriedigung stellt.

Diese Prozesse sind als Modell anzusehen, das für jedes Unternehmen individuell ausgestaltet werden muss. Für jeden der drei Hauptprozesse lassen sich wiederum Kennzahlen finden, die die Steuerung ermöglichen. Für die Innovation kann beispielsweise die Höhe der Ausgaben für Forschung und Entwicklung oder die Zahl der Produktinnovationen wichtig sein. Ebenso spielt die Dauer der Entwicklungsprozesse eine Rolle. Bei der Steuerung des Betriebsprozesses kann eine Reihe produktionswirtschaftlicher Kennzahlen zum Einsatz kommen. Für die Qualität der Kundenbeziehung sind beispielsweise Kriterien wie Ausfallraten, Qualitätseigenschaften oder die Lieferzuverlässigkeit bedeutsam. Die Rentabilität wird durch die Kosten der Produktion, die Auslastung der Produktionsanlagen, die Bearbeitungszeiten u. a. beeinflusst. Schließlich sind kundendienstbezogene Kennzahlen einzusetzen. In diesem Bereich spielt etwa die Reaktionsgeschwindigkeit auf eine Reklamation oder die Zuverlässigkeit von Reparaturen eine Rolle.

d) Die Lern- und Entwicklungsperspektive

Diese vierte Perspektive bezieht sich auf die unternehmensinternen Grundlagen zur Erreichung der genannten Zielsetzungen. Im Mittelpunkt steht die Rolle der Mitarbeiter. Die Mitarbeiter müssen ausreichende Wissens- und Fertigkeits-Potenziale aufweisen, um die geforderten Ergebnisse erreichen zu können. Dies setzt eine gewisse Produktivität und Treue zum Arbeitgeber voraus. Diese Faktoren sind wiederum sehr stark von der Mitarbeiterzufriedenheit abhängig, die sich damit als zentrale Kennzahl dieser Perspektive herausstellt.

Sie kann durch das Unternehmen auf verschiedene Arten gefördert werden. Dazu gehören beispielsweise die Gestaltung eines zufriedenheitsfördernden Arbeitsumfelds, das Angebot von Weiterbildungsmaßnahmen und die Nutzung und Förderung der Kompetenzen der Mitarbeiter.

Weiterhin umfasst die Lern- und Entwicklungsperspektive die Gestaltung der betrieblichen Informationssysteme sowie die Motivation der Mitarbeiter.

Abbildung 4.12 gibt einen zusammenfassenden Überblick über die Perspektiven. Die genannten Kennzahlen stellen dabei nur die Auswahl wichtiger, allgemein einsetzbarer Kennzahlen dar. Je nach Unternehmen und Branche eignen sich andere Kennzahlen, die spezifischer auf die Situation ausgerichtet sind. Hier muss das Controlling individuell prüfen, welche Kennzahlen eingesetzt werden und welche Kausalzusammenhänge jeweils bestehen.

e) Weitere Perspektiven

Kaplan und Norton haben zwar vier Perspektiven vorgeschlagen, damit aber nicht ausgeschlossen, in der konkreten Umsetzung auch mehr oder weniger Perspektiven einzusetzen bzw. auch die Inhalte zu ändern. Wenn das dargestellte Konzept so auch schlüssig erscheint, sollte es nicht dogmatisch auf jede Art von Unternehmen übertragen werden. Vielmehr ist in jedem Einzelfall zu prüfen, welche Perspektiven wichtig sind. So können beispielsweise Kooperationspartner eine Rolle spielen, nicht selten auch die Lieferanten. Es ist problemlos möglich, hierfür jeweils eine eigene Perspektive zu entwickeln.

4.3 Balanced Scorecard im Profit Center

Perspektive	Grundfrage	Ziele	Wichtige Kennzahlen
Finanzen	Wie sollen wir gegenüber Teilhabern auftreten, um finanziellen Erfolg zu haben?	Ertragswachstum/-mix	Umsatzwachstumsrate
			Neuproduktanteil
			Rentabilität
		Kostensenkung/ Produktivitätssteigerung	Mitarbeiterproduktivität
			Kostensenkungsrate
			Kostenanteile
		Nutzung von Vermögenswerten	Investitionsanteil
			Kapitalrentabilität
			Working Capital
Kunde	Wie sollen wir gegenüber unseren Kunden auftreten, um unsere Vision zu verwirklichen?	Identifikation der Kunden- und Marktsegmente, in denen das Unternehmen tätig und wettbewerbsfähig sein will	Kundenzufriedenheit
			Kundenrentabilität
			Kundentreue
			Kundenakquisition
			Marktanteil
Interne Geschäftsprozesse	In welchen Geschäftsprozessen müssen wir die Besten sein, um unsere Teilhaber und Kunden zu befriedigen?	Ausrichtung der internen Prozesse auf die Ziele der Kunden und Anteilseigner; Steuerung mit Hilfe eines umfassenden Performance-Measurement-Systems	Prozesszeit
			Prozessqualität
			Prozesskosten
			Innovationszeit
			Innovationsqualität
			Innovationskosten
			Kundendienstqualität
Lernen und Entwicklung	Wie können wir unsere Veränderungs- und Wachstumspotenziale fördern, um unsere Vision zu verwirklichen?	Schaffung der für die Erreichung der Ziele der anderen Perspektiven notwendigen Infrastruktur	Mitarbeiterzufriedenheit
			Mitarbeitertreue
			Mitarbeitermotivation
			Informationsnutzung

Abbildung 4.12: Die Standard-Perspektiven der Balanced Scorecard

Um Missverständnisse darüber zu verhindern, was eine Balanced Scorecard eigentlich ist, seien hier klassische Interpretationsfehler und eine geeignetere Sichtweise gegenübergestellt (Abbildung 4.13).

Klassische (Fehl-)Interpretation des Balanced-Scorecard-Ansatzes	„Richtige" Interpretation des Balanced-Scorecard-Ansatzes
Balanced Scorecard ist ein Kennzahlensystem.	Balanced Scorecard ist ein Führungssystem mit Kennzahlenunterstützung.
Die Entwicklung von Balanced Scorecards folgt einem Top-down-Ansatz.	Balanced Scorecard ist ein teamorientierter Ansatz, der Management und betroffene Mitarbeiter einbezieht.
Balanced Scorecard ist ein Kontrollsystem.	Balanced Scorecards sind zukunftsorientiert, das heißt Teil des Planungssystems. Sie helfen bei der Operationalisierung der Planung.
Eine Balanced Scorecard hat vier Standard-Perspektiven: Kunden, Finanzen, interne Geschäftsprozesse, Lernen und Entwicklung.	Eine Balanced Scorecard hat mehrere Perspektiven mit unterschiedlichem Inhalt und unterschiedlicher Zahl; entscheidend ist der Anwendungsbereich.
Eine Balanced Scorecard dient der Steuerung des gesamten Unternehmens.	Balanced Scorecards können auf mehreren Ebenen eingesetzt werden (Geschäftseinheiten, Fachbereiche, Abteilungen). Für das Gesamtunternehmen lässt sich ein System von Balanced Scorecards entwickeln.

Abbildung 4.13: Interpretationen des Balanced-Scorecard-Ansatzes

So lassen sich folgende **Leitsätze** formulieren:

- Die Balanced Scorecard ist ein Führungsinstrument, das zwischen strategischer und operativer Ebene vermittelt.

- Sie stellt sicher, dass die relevanten Zielbereiche (vor allem Kunden und Finanzen) konsequent verfolgt werden.

- Sie ist flexibel anpassbar auf unterschiedliche Unternehmen und Situationen.

- Der Erfolg bei der Umsetzung der Balanced Scorecard hängt nicht von der Einhaltung von Formalien ab, sondern von der Vermittlung bei den Mitarbeitern.

4.3.3 Beispiel einer Balanced Scorecard

Um nun die einleitenden Erklärungen abzurunden, soll die Entwicklung einer Balanced Scorecard am Beispiel eines Software-Unternehmens mit Profit Centern dargestellt werden. Das Beispiel wurde so gewählt, dass sich verschiedene Möglichkeiten und Probleme des Scorecard-Einsatzes unter „Profit-Center-Bedingungen" leicht erkennen lassen. Wir betrachten hier zwei Profit Center des Anbieters sowie die Unternehmens-Scorecard als übergeordnetes Instrument. Die Profit Center unterscheiden sich einerseits voneinander, andererseits ist aber auch ihre Koordination von Nutzen, weil es sich teilweise um komplementäre Leistungen handelt. Eine Einheits-Scorecard verbietet sich daher, andererseits ist aber eine Abstimmung aufeinander erfolgträchtig.

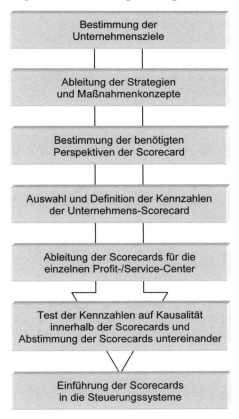

Abbildung 4.14: Überblick über den Einführungsprozess der Balanced Scorecard

Zum Unternehmen:

Ursprünglich eine kleine Softwareschmiede, hat sich das Unternehmen zu einem klassischen Mittelständler entwickelt. Man bietet branchenspezifische Programme für betriebswirtschaftliche Problemstellungen an und besetzt dabei zahlreiche Nischen. Der Kontakt mit den Kunden, vielfach Mittelständler aus Industriebranchen, wird als sehr wichtig angesehen. Das Image ist sehr gut, in aller Regel können auch höhere Preise durchgesetzt werden. Neben der Software wird verstärkt IT-Beratung angeboten, von der Produktschulung über Implementierung der eigenen Programme bis zur übergeordneten IT-Planung.

Die **Ziele** des Softwareanbieters sind im Wesentlichen:

- Stärkung des Kundenkontakts
- Ausbau der Marktposition
- Steigerung der innerbetrieblichen Effizienz
- Nutzung von Cross-Selling-Potenzialen zwischen den einzelnen Profit-Centern

Auf der Grundlage dieser Ziele wurden die folgenden **Strategien und Maßnahmenkonzepte** entwickelt:

- regelmäßige Durchführung von Kundenbefragungen zur Ermittlung der Zufriedenheit
- Förderung der längerfristigen Vertragsbindung des Kunden
- regelmäßige Präsenz auf branchenbezogenen Veranstaltungen (z. B. durch Vorträge oder Artikel)
- Intensivierung der Nutzung des Wissens innerhalb des Unternehmens durch Aufbau einer Wissensdatenbank
- Steigerung der Profitabilität durch Senkung der unproduktiven Kosten (z. B. Verwaltung)
- Durchsetzung der Positionierung als verlässlicher Partner für komplexe Aufgabenstellungen

Bestimmung der **Perspektiven**: Struktur und Tätigkeitsfelder des Unternehmens stellen keine Besonderheiten dar, so dass die klassischen vier Perspektiven übernommen werden können. Ergänzungen sind nicht erforderlich.

Nun werden die Kennzahlen für die vier Standardperspektiven abgeleitet:

a) Gesamtunternehmens-Scorecard

Lern- und Entwicklungsperspektive

- *Ausbaustand Wissensmanagement* – Das Wissensmanagement wird als eine strategische Erfolgsbasis angesehen, so dass es zentral verankert wird. Da die Einführung mehrere Jahre dauert, wurden Meilensteine definiert, die den Weg zum vollständigen Ausbau beschreiben. Der Fortschritt hierbei wird jährlich durch die Leitungsebene bewertet.

- *Attraktivität als Arbeitgeber* – Die Attraktivität des Unternehmens auf dem Arbeitsmarkt wird als globaler Indikator der Mitarbeiterzufriedenheit, Managementqualität und Entwicklungspotenziale angesehen. Indikator sind die Initiativ-Bewerbungen.

Interne Geschäftsprozessperspektive

- *Forderungsbestand* – Da das Unternehmen grundsätzlich auf Rechnung liefert/leistet, spielt das Zahlungsverhalten der Kunden eine wesentliche Rolle und hat entsprechende Auswirkungen auf die Kapitalbindung und Profitabilität. Die Reduzierung des Forderungsbestands wird als bedeutende „Einnahmequelle" angesehen.

- *Anzahl der PR-Maßnahmen* – Durch den hohen Spezialisierungsgrad und die kleinen Zielgruppen hat die Öffentlichkeitsarbeit eine starke Bedeutung. Für die Abteilung Öffentlichkeitsarbeit gilt es, möglichst regelmäßig über Neuheiten zu informieren und die Verteiler sinnvoll auszubauen.

- *Reklamationskostenanteil* – Die Leistungsqualität lässt sich übergreifend nur über Kosten der Fehlerbeseitigung messen. Deswegen wird der gesamte Aufwand für die Bearbeitung von Reklamationen erfasst.

- *Anzahl der Gesamt-Meetings* – Durch die Komplementärbeziehungen zwischen den Profit Centern und die große Bedeutung des Wissens kommt der Kommunikation eine erhebliche Bedeutung zu. Treffen von Vertretern aller Center sind ein wesentliches Koordinationsinstrument und sollen regelmäßig stattfinden.

Kundenperspektive

- *Kundenzufriedenheit* – Die Kundenzufriedenheit wurde als zentrales Unternehmensziel definiert. Sie wird über jährliche Befragungen erhoben. Dabei wird ein Index für alle Profit Center sowie das Unternehmen insgesamt berechnet.

- *Vertragskundenanteil* – Kunden mit unbefristeten Verträgen verursachen weniger Vertriebskosten und sind besser planbar. Ihr Umsatzanteil ist ein Indikator der Zufriedenheit und ein Profitabilitätsfaktor.

- *Bekanntheitsgrad* – Da der Markt stark zerklüftet ist und potenzielle Kunden nicht allzu leicht identifiziert werden können, gilt der Bekanntheitsgrad als Voraussetzung für einen Kundenkontakt. Außerdem ist er ein Indikator der Empfehlungsbereitschaft aktueller Kunden.

Finanzperspektive

- *Return on Investment* – Zentrale Zielgröße der Eigentümer.

- *Zentralkostenanteil* – Die Zentralbereiche, die sich über Umlagen finanzieren und letztlich unproduktiv sind, sollen einen bestimmten Kostenanteil nicht überschreiten.

- *Marktanteil* – Zentrale Markterfolgsgröße, die verschiedene Faktoren einbezieht, die Marketingleistungen, Verkaufspreise, den Kommunikationserfolg usw.

Anhand dieses Beispiels soll nun eine Kontrolle der Kausalität der Kennzahlen vorgenommen werden. Dazu ist festzustellen, inwieweit eine Kennzahl auf eine andere hinarbeitet, und zwar von „unten" (Lernen und Entwicklung) nach „oben" (Finanzen). Kennzahlen, die völlig zusammenhanglos in diesem System stehen, eignen sich meist nicht als Steuerungsgröße, sondern sind nur „nice to have".

Im Diagramm in Abbildung 4.15 sind die Kausalbeziehungen eingezeichnet, wobei der Zusammenhang mal stärker und mal schwächer ist und dabei sowohl positiv als auch negativ sein kann. Wichtig ist hier zunächst nur, dass keine Kennzahl ohne Anbindung bleibt und die Zusammenhänge plausibel sind. Bei einer solchen Analyse stellt sich meist noch heraus, dass andere Kennzahlen besser geeignet sind oder einzelne entfallen können. Dadurch kann die Eignung der Scorecard kontinuierlich verbessert werden.

b) Profit Center Software

Lern- und Entwicklungsperspektive

- *Kommunikationsintensität* – Die Kennzahl soll die Zusammenarbeit der Profit Center untereinander steuern. Die wird über die Zahl der Workshops mit den Kollegen ermittelt.

- *Mitarbeiterzufriedenheit* – Zwar eine komplexe Größe, wegen der Bedeutung des menschlichen Faktors bei der Leistungserstellung aber ein wichtiger In-

4.3 Balanced Scorecard im Profit Center

dex. Sie soll auf Defizite in der Führung hinweisen. Die Ermittlung erfolgt über regelmäßige Befragungen, die über ein neutrales Institut vorgenommen werden, um die Anonymität der Befragten sicherzustellen. Maßgebend ist der Anteil der Mitarbeiter, die sich insgesamt als „zufrieden" oder „sehr zufrieden" bezeichnen.

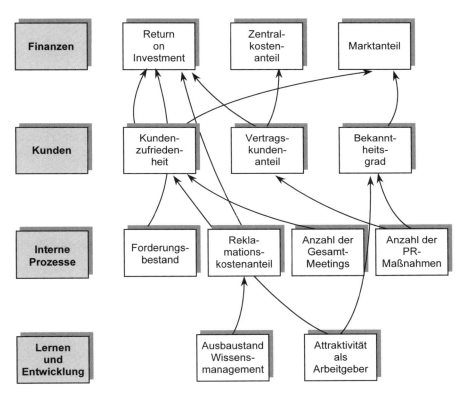

Abbildung 4.15: Kausaldiagramm der Gesamtunternehmens-Scorecard

- *Kundennähe* – Die Intensität des Kundenkontakts wurde als strategischer Erfolgsfaktor erkannt. Da qualitative Elemente sich weitgehend einer zuverlässigen Erfassung entziehen, soll die Kundennähe über die Anzahl der Tage, die Mitarbeiter durchschnittlich bei Kunden verbringen, erfasst werden. Dazu zählen Besuche in der Pre-Sales-Phase, Gespräche zur Erhebung von Anforderungen, Kulanzbesuche (z. B. Einweisungen) sowie Kontakte, die der allgemeinen Kontaktpflege nach dem Kauf dienen.

- *Umfang der Kundenbefragungen* – Für die Produktdefinition sowie Service-Maßnahmen ist die Rückmeldung der Kunden wichtig. Daher soll eine umfassende Befragung der Kunden initiiert werden. Vorgaben werden über die Zahl der Rückläufe definiert, weil nur bei hohem Rücklauf eine Aussagekraft gewährleistet ist.

Interne Geschäftsprozessperspektive

- *Anteil der maximal zwei Jahre alten Releases* – Die Kennzahl kontrolliert den Grad der Innovativität des Sortiments.

- *Durchschnittliche Dauer der Fehlerkorrektur* – Hierüber wird die Flexibilität bei der Fehlerbeseitigung gemessen. Da Programmierfehler bei Kunden zu Stillstandszeiten und Folgekosten führen können, ist die Reaktionsgeschwindigkeit von großer Wichtigkeit. Aufgrund der Individualität der Leistung sind aber Fehler nicht grundsätzlich auszuschließen.

- *Reklamationsquote* – Ebenfalls auf die Qualität ausgerichtet, aber umfassender. Reklamationen können sich auch auf die Abwicklung beziehen (z. B. Lieferzeit, Rechnungsstellung).

Kundenperspektive

- *Kundenzufriedenheit* – Wie schon auf Unternehmensebene. Der Vergleich Unternehmen – Profit Center ermöglicht es, die relative Position festzustellen und Stärken und Schwächen zu lokalisieren. Ebenso Ausgangspunkt für Benchmarking-Aktivitäten.

- *Anteil der langfristigen Verträge* – Verträge mit langer Bindungsdauer sind letztlich vorteilhaft, weil weniger Akquisitions- und Betreuungsaufwand erforderlich sind. Außerdem lassen sich Innovationen besser planen.

- *Anteil der Kunden in Wachstumsmärkten* – Diese Kennzahl gilt als Indikator des Kundenpotenzials. Je stärker das Wachstum der Märkte ist, desto größer ist die Wahrscheinlichkeit von Folgeaufträgen. Die Messung ist allerdings schwierig, weil jeweils auf Verbandsdaten der jeweiligen Branchen zurückgegriffen werden muss.

- *Anteil der Kunden mit Beratungsbedarf* – Auch hierbei handelt es sich um eine Potenzialgröße. So soll sichergestellt werden, dass in die Kundenbewertung auch der Faktor „Wert für ein anderes Profit Center" eingeht. Dies verhindert das Entstehen von Center-Egoismen. Zudem ist die Akquisition eines Kunden über Software meist leichter als über Beratung.

Finanzperspektive:

- *Return on Capital Employed* – Aufgrund der problematischen Zuordnung von Kapitalpositionen auf Profit Center wird hier der ROCE eingesetzt.

4.3 Balanced Scorecard im Profit Center

- *Umsatz pro Mitarbeiter* – Mitarbeiter stellen den größten Kostenfaktor dar. Er wird daher über den Umsatz pro Mitarbeiter kontrolliert.
- *Deckungsbeitrag pro Lizenz* – Kontrolliert die Profitabilität der Produkte.
- *Deckungsbeitrag des Profit Centers* – Dient der Profitabilitätskontrolle insgesamt, ohne von der Zurechnungsproblematik beim Kapital beeinflusst zu werden.

c) Profit Center Beratung

Bei diesem Profit Center müssen nicht mehr alle Kennzahlen erläutert werden, weil sie teilweise schon oben eingesetzt wurden.

Lern- und Entwicklungsperspektive

- *Kommunikationsintensität* – Siehe oben.
- *Mitarbeiterzufriedenheit* – Siehe oben.
- *Fortbildungsintensität* – Um die beratenden Mitarbeiter auf dem aktuellen Stand zu halten, wird auf regelmäßige Fortbildung Wert gelegt. Zielvorgabe ist die Teilnahme an Seminaren, Konferenzen u. Ä. an zehn Tagen pro Jahr.
- *Wissensnutzung* – Die Geschäftsleitung will Aufbau und Nutzung einer Wissensdatenbank durchsetzen. Gerade für die Berater ergeben sich dadurch Vorteile für die Arbeit. Die Nutzung wird mangels operativer Indikatoren vorerst noch geschätzt. Dabei geht es um die Häufigkeit der Nutzung ebenso wie über die Art der genutzten Informationen und die Bereitschaft, selbst Informationen beizusteuern.

Interne Geschäftsprozessperspektive

- *PR-Aktivitäten* – Da für Pressemitteilungen die zentrale Presseabteilung zuständig ist, werden hier die persönlichen Präsenzen auf Veranstaltungen mit Öffentlichkeitswirkung erfasst.
- *Einhaltungsgrad der Kostenvoranschläge* – Das Überschreiten der Kostenvoranschläge stellte sich in der Vergangenheit öfter als Problemfall heraus. Da Maßnahmen zu einer genaueren Schätzung eingeführt wurden, wird der Erfolg über eine eigene Kennzahl kontrolliert.
- *Akquisitionseffizienz* – Akquisitionstage sind zwar wichtig, letztlich aber unprofitabel, weil sie nicht abrechenbar sind. Um den Aufwand in einem vernünftigen Rahmen zu halten, also auch nicht zu niedrig, was das Neugeschäft in Gefahr brächte, wird hier eine Kontrolle durchgeführt.

- *Reklamationsquote* – Siehe oben, nur dass hier aufgrund der Homogenität der Leistung innerhalb des Centers die Reklamationsquote, definiert über die Fallzahl, verwendet wird.

Kundenperspektive

- *Kundenzufriedenheit* – Siehe oben.

- *Anteil der Kunden anderer Profit Center* – Gegenstück zur Kennzahl beim Profit Center Software.

- *Großkundenanteil* – Bei Kunden mit geringen Umsätzen sind die Akquisitions- und Verwaltungskosten relativ hoch. Daher wird angestrebt, möglichst verstärkt mit größeren Kunden zusammenzuarbeiten. Aufgrund der möglichen Abhängigkeiten wird aber auch eine Obergrenze gesehen.

- *Wiederholungskundenanteil* – Sowohl ein Beitrag zur Kostensenkung als auch ein Indikator der Kundenzufriedenheit.

Finanzperspektive

- *Return on Capital Employed* – Siehe oben.

- *Wachstumsrate* – Da das Profit Center noch relativ neu auf dem Markt ist, wird für die nächste Zeit verstärkt auf Wachstum Wert gelegt.

- *Umsatz pro Mitarbeiter* – Siehe oben.

- *Reisekostenanteil* – Wegen des hohen Kostenanteils wird hier besonders kontrolliert.

- *Deckungsbeitrag des Profit Centers* – Siehe oben.

Die folgenden Abbildungen 4.16 bis 4.18 stellen die Scorecards dar. Sie enthalten neben den Definitionen der Kennzahlen auch die Zielwerte. Im praktischen Einsatz ist es sinnvoll, daneben auch die aktuellen Zielwerte anzugeben, ggf. auch Hinweise auf erforderliche Maßnahmen. Dies trägt allgemein zur Transparenz des Steuerungssystems und zur Akzeptanz bei.

Abbildung 4.19 zeigt einige Abhängigkeiten zwischen Kennzahlen der jeweiligen Einheiten auf. In vielen Fällen ist eine solche Übereinstimmung äußerst sinnvoll, um Synergieeffekte zu erzielen (ja, es gibt sie noch, die guten alten Synergien ...). Jeweils gleichartige Pfeile weisen darauf hin.

4.3 Balanced Scorecard im Profit Center

		Gesamtunternehmen	
Finanzen	Return on Investment	Jahresüberschuss : eingesetztes Kapital	> 12 %
	Zentralkostenanteil	Kosten der zentralen Cost Center : Gesamtkosten	< 17 %
	Marktanteil	eigener Umsatz : Gesamtumsatz der Branche	> 4 %
Kunden	Kundenzufriedenheit	Wert des selbst erhobenen Kundenzufriedenheitsindex	= 0,92
	Vertragskundenanteil	Umsatz mit Kunden, die einen unbefristeten Liefervertrag haben	> 55 %
	Bekanntheitsgrad	ungestützte Bekanntheit unter IT-Entscheidern	> 64 %
interne Prozesse	Forderungsbestand	durchschnittlicher Bestand offene Forderungen : durchschnittlicher Jahresumsatz	< 14 %
	Reklamationskostenanteil	Kosten für die Bearbeitung von Reklamationen : Gesamtkosten	< 2,5 %
	Anzahl der PR-Maßnahmen	Zahl der versandten Pressemitteilungen nach Adressaten	> 550
	Anzahl der Gesamt-Meetings	Anzahl der Meetings mit Vertretern aller Center und der Unternehmensleitung pro Jahr	= 6
Lernen und Entwicklung	Ausbaustand Wissensmanagement	Volumen der umgesetzten Maßnahmen beim Aufbau des Wissensmanagements	> 80 %
	Attraktivität als Arbeitgeber	Zahl der eingegangenen Initiativbewerbungen : Gesamtzahl der eingegangenen Bewerbungen	> 20 %

Abbildung 4.16: Balanced Scorecard des Unternehmens insgesamt

Profit Center Software			
Finanzen	Return on Capital Employed	Jahresüberschuss : eingesetztes Kapital	> 12 %
	Umsatz pro Mitarbeiter	Umsatz des Profit Centers : Zahl der Mitarbeiter	> 180.000 EUR
	Deckungsbeitrag pro Lizenz	Gesamtdeckungsbeitrag : Anzahl der verkauften Lizenzen	< 17 %
	Deckungsbeitrag des Profit Centers	Gesamtumsatz – zurechenbare Kosten	> 4 %
Kunden	Kundenzufriedenheit	Wert des selbst erhobenen Kundenzufriedenheitsindex	= 0,92
	Anteil der langfristigen Verträge	Umsatz mit Kunden, die einen unbefristeten Liefervertrag haben : Gesamtumsatz	> 55 %
	Anteil der Kunden in Wachstumsmärkten	Umsatz mit Kunden in Märkten mit mehr als 2 % Wachstum : Gesamtumsatz	> 50 %
	Anteil der Kunden mit Beratungsbedarf	Umsatz mit Kunden, die für Beratungsverträge in Frage kommen : Gesamtumsatz	> 60 %
interne Prozesse	Anteil der max. 2 Jahre alten Releases	Umsatz mit max. 2 Jahre alten Versionen : Gesamtumsatz	> 78 %
	durchschnittliche Dauer der Fehlerkorrektur	durchschnittliche Zeit in Tagen, nach der ein erkannter Fehler beseitigt wird	< 8
	Reklamationsquote	Anzahl der Reklamationen pro Release und Jahr	< 18
Lernen und Entwicklung	Kommunikationsintensität	Anzahl Workshops mit Profit Center Beratung pro Jahr	= 4
	Mitarbeiterzufriedenheit	Resultat einer Mitarbeiterbefragung mit Maximalwert 100	> 82
	Kundennähe	Anzahl der Tage bei Kunden pro Mitarbeiter und Jahr	> 12
	Umfang der Kundenbefragungen	Anzahl der Rückläufer pro Jahr	> 85

Abbildung 4.17: Balanced Scorecard des Profit Centers Software

4.3 Balanced Scorecard im Profit Center

		Profit Center Beratung	
Finanzen	Return on Capital Employed	Jahresüberschuss : eingesetztes Kapital	> 22 %
	Wachstumsrate	Umsatz des aktuellen Jahres : Umsatz des Vorjahres	> 1,07
	Umsatz pro Mitarbeiter	Umsatz des Profit Centers : Zahl der Mitarbeiter	> 140.000 EUR
	Reisekostenanteil	Reisekosten : Gesamtkosten	< 5 %
	Deckungsbeitrag des Profit Centers	(Gesamtumsatz – zurechenbare Kosten) : Gesamtumsatz	> 25 %
Kunden	Kundenzufriedenheit	Wert des selbst erhobenen Kundenzufriedenheitsindex	= 0,92
	Anteil der Kunden anderer Profit Center	Umsatz mit Kunden, die auch Kunden anderer Profit Center sind : Gesamtumsatz	> 55 %
	Großkundenanteil	Umsatz mit Kunden, die mehr als 300.000 EUR Umsatz erbringen	> 40 %
	Wiederholungskundenanteil	Umsatz mit Kunden, die schon vorher Projektkunde waren : Gesamtumsatz	> 35 %
interne Prozesse	PR-Aktivitäten	Anzahl der PR-Veranstaltungen pro Mitarbeiter und Jahr	> 5
	Einhaltungsgrad der Kostenvoranschläge	durchschnittliches Maß der Einhaltung von Kostenvoranschlägen	> 95 %
	Akquisitionseffizienz	Akquisitionstage : Beratertage	= 0,12 – 0,15
	Reklamationsquote	Anzahl der Reklamationen pro abgerechnetem Beratertag	< 0,02
Lernen und Entwicklung	Kommunikationsintensität	Anzahl Workshops mit Profit Center Software pro Jahr	= 4
	Mitarbeiterzufriedenheit	Resultat einer Mitarbeiterbefragung mit Maximalwert 100	> 86
	Fortbildungsintensität	Anzahl der Fortbildungstage pro Mitarbeiter und Jahr	= 10
	Wissensnutzung	Intensität der Nutzung der Wissensdatenbank (Einschätzung der PC-Leitung)	> 85 %

Abbildung 4.18: Balanced Scorecard des Profit Centers Beratung

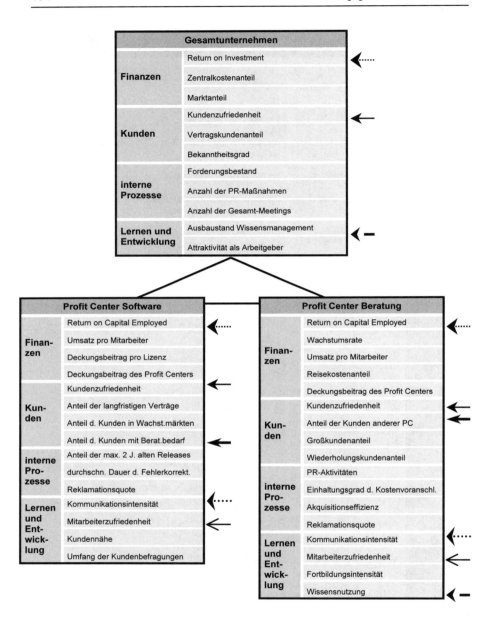

Abbildung 4.19: Zusammenhang einzelner Kennzahlen

Bevor Kennzahlen in die Scorecard aufgenommen werden, sollten die Abhängigkeiten untersucht werden, und zwar innerhalb der Scorecard (siehe Abbildung 4.15) und zwischen den Scorecards (siehe Abbildung 4.19). Gegebenenfalls sind einzelne Kennzahlen durch andere zu ersetzen oder ist zu prüfen, ob die Strategie überhaupt schlüssig ist. Nicht selten stellt sich heraus, dass entweder Strategie oder Kennzahlen oder sogar beides eine etwas lieblose Ansammlung von Einzelüberlegungen ist.

Die Analyse auf Kausalität lässt sich natürlich auch im Nachhinein als Kontrollinstrument einsetzen. Werden die Kennzahlen beispielsweise im Rahmen eines Teamprozesses ermittelt und soll der Prozess nicht durch Kritik und Diskussionen über Gebühr strapaziert werden, kann hiermit eine Auswahl der tatsächlich geeigneten Kennzahlen erfolgen. Da die Übersichtlichkeit mit steigender Kennzahlenmenge drastisch nachlässt, entsteht auch ein Anreiz zur Beschränkung auf die wichtigsten Größen. Faustregel sollte sein, pro Perspektive mit ca. fünf Kennzahlen auszukommen. In unserem Beispiel braucht die Unternehmens-Scorecard sogar weniger, weil viele andere Themen bereits in den Center-Scorecards abgearbeitet wurden.

4.3.4 Die Einführung einer Balanced Scorecard

Unter Berücksichtigung des Zusammenhangs von Scorecard und Planungsprozess lässt sich nun ein Konzept für die praktische Umsetzung erarbeiten. Wir gehen dabei davon aus, dass in einem Unternehmen sowohl für die zentrale Ebene als auch die einzelnen Center Scorecards entwickelt werden sollen. Dieses Konzept wird hier in acht Schritte unterteilt, die im Einzelfall auch zusammengefasst werden können. Wichtig ist jedoch, dass die einzelnen Schritte vollständig berücksichtigt werden.

Ebenso wichtig ist der strategische Vorspann, das heißt die Erarbeitung von Zielen und Strategien. Es ist nicht selbstverständlich, dass hier Einigkeit unter den Verantwortlichen besteht, mitunter gibt es nicht einmal eine verbindliche Unterlage dazu. Da man ohne Vorbereitung nicht selten aneinander vorbeiredet, ist eine unternehmensweite Konferenz oder ein Workshop mit Vertretern aller Center unbedingt erforderlich. Erst dann kann davon ausgegangen werden, dass beim weiteren Vorgehen eine einheitliche Grundlage besteht.

Ein weiterer Entscheidungsbereich ist die **Verantwortung für die Durchführung des Einführungsprojekts**. Prinzipiell sind zwei Ebenen zu berücksichtigen:

- Zum einen ist es die **funktionale Verantwortung** (der Machtpromotor), das heißt die Instanz, die über die Durchführung entscheidet und sie ggf. unter Einsatz der Machtmittel vorantreibt. Es besteht weitgehend Einigkeit darüber, dass dies nur die Geschäftsleitung, bei einer Insellösung auch die Centerleitung, sein kann.

- Zum anderen ist die **fachliche Betreuung** des Projekts sicherzustellen. Diese sollte durch einen Projektleiter erfolgen, der aus einer unabhängigen Perspektive die einzelnen Schritte initiiert und überwacht. Eine Unabhängigkeit von den einzelnen Centern ist deswegen erforderlich, weil die Verquickung mit eigenen Zielen ausgeschlossen sein muss und nicht selten ein hartes Durchgreifen gegenüber Interessenpartikularisten und Verzögerern erforderlich ist. Vor allem darf kein Anreiz bestehen, ein Center gegenüber anderen zu bevorzugen. Außerdem sind die Kenntnis der Vorgehensweise und ein neutraler Überblick über die erreichten Zwischenergebnisse erforderlich.

Als zentraler Koordinationsmechanismus wird die Veranstaltung von Workshops vorgeschlagen, allerdings mit der Maßgabe einer effizienten Organisation mit entsprechenden Befugnissen für die Projektleitung. Zeitlich eng definierte Workshops erscheinen dabei als probates Mittel.

Die Gesamtdauer des Prozesses wird im Normalfall nicht unter einem halben Jahr liegen, wenn „nur" eine Scorecard für ein Profit Center entwickelt und eingeführt wird. Die Ableitung weiterer Scorecards für einzelne Abteilungen innerhalb der Center oder gar Mitarbeiter wird etwa noch einmal ein halbes Jahr in Anspruch nehmen. Damit ist allerdings nur die Ersteinführung abgearbeitet. Bis erste Ergebnisse aus dem Einsatz vorliegen, kann noch einmal ein Jahr (bzw. sogar ein Kalenderjahr) vergehen, weil die entsprechenden Berichtszyklen abgewartet werden müssen. Damit dauert es mitunter rund zwei Jahre, bis über einen erfolgreichen oder nicht erfolgreichen Einsatz der Balanced Scorecard entschieden werden kann. Dies sollte man sich vor Augen halten, wenn man die Scorecard mit dem Ziel einer kurzfristigen Ergebnisverbesserung oder in einer Krisensituation einführt.

4.3 Balanced Scorecard im Profit Center

Bestimmung der Unternehmens-Vision, Ziele und Strategien
- Welche Vision hat das Unternehmen?
- Welche Ziele sollen erreicht werden?
- Welche Strategien werden verfolgt?
- Wie lassen sich die Ziele und Strategien den einzelnen Centern zuordnen?
- Welche individuellen Zielsetzungen verfolgen sie?

Workshop mit Führungskräften, Dauer: 1–2 Tage

Vor- und Nachbereitung 1–2 Monate

Leitung: Projektmanager, Center-Leitungen, Geschäftsleitung

SWOT-Analyse
- Welche Stärken hat das Unternehmen/ haben die Center?
- Wo liegen die Schwächen?
- Welche Chancen bieten sich aufgrund der Stärken und des Marktumfelds?
- Welchen Herausforderungen stehen Unternehmen und Centern gegenüber?

vorbereitende Analyse in den Abteilungen, Zeitrahmen: 1–2 Monate

Zusammenfassung in Workshop, Dauer: 1 Tag

Leitung: Projektmanager

Bestimmung der Erfolgsfaktoren für Unternehmen und Center
- Welche Vorgehensweisen und Entscheidungen führen zum Erfolg?
- Welche Maßnahmen machen Unternehmen und Center in den Augen der Kunden unverwechselbar?
- Mit welchen Instrumenten kann die Leistung gegenüber dem Wettbewerb gesteigert werden?

ggf. mit SWOT-Analyse zusammen zu bearbeiten, sonst: Workshop, Dauer: ½ –1 Tag

Leitung: Projektmanager

Bestimmung der Perspektiven für Unternehmens- und Center-Scorecards
- Mit welchen Perspektiven können die Erfolgsfaktoren und Gestaltungsinstrumente abgebildet werden?
- Können über die gewählten Perspektiven die nötigen Verbindungen zu anderen Scorecards des Unternehmens hergestellt werden?

Workshop mit breit angelegtem Führungskreis aus den Center-Führungsebenen, Dauer: 1 Tag

stringentes Projektmanagement erforderlich

Abstimmung der Unternehmens- mit den Center-Scorecards und der Center-Scorecards untereinander

- Auswahl der Variablen, die als übergeordnete Steuerungsgrößen einzusetzen sind.
- Bestimmung der jeweiligen Zielwerte.
- Prüfung auf Komplementärbeziehungen unter den Profit Centern.

wie oben, als Fortsetzung des Workshops,
Dauer: 1 Tag
Leitung: Projektmanager

Auswahl und Definition der einzelnen Kennzahlen

- Welche Kennzahlen werden für die einzelnen Perspektiven benötigt? Stehen sie in einer Kausalbeziehung zueinander?
- Wie sind sie zu definieren, wer ist für die Überwachung verantwortlich?
- Welche Zielvorgaben sind bei diesen Kennzahlen sinnvoll?

Projektgruppe (Verantwortliche der betroffenen Abteilungen, Projektmanager)

Dauer: je nach Unternehmensgröße 1–3 Monate

Abschluss: Workshop mit Führungskreis,
Dauer: 1 Tag

Ggf. Ableitung untergeordneter Scorecards in den Centern

- Für welche Einheiten innerhalb der Center sind Sub-Scorecards erforderlich (Abteilungen, Funktionsbereiche usw.)?
- Abstimmung der individuellen Kennzahlen und Zielwerte auf die Center- und Unternehmens-Scorecard.

Projektgruppe (Verantwortliche der betroffenen Abteilungen, Projektmanager)

Dauer: 2–3 Monate

Implementierung der Balanced Scorecards

- Entwicklung eines umfassenden Konzepts zur Umsetzung der Scorecard.
- Konzeption von Schulungen und Abstimmungsprozessen.
- Festlegung der Verantwortlichkeiten für Umsetzung, Kontrolle und Berichterstattung.

Projektmanager in Abstimmung mit Projektgruppenmitgliedern und Führungskreis

kontinuierliche Aufgabe, mindestens 6 Monate

Abbildung 4.20: Konzept zur Einführung von Balanced Scorecards

Zurzeit kann das Potenzial einer Balanced Scorecard kaum hoch genug eingeschätzt werden. In den USA, wo das Konzept seit Beginn der neunziger Jahre eingeführt wird, wird von teilweise drastischen Ertragssteigerungen in Unternehmen mit Balanced Scorecard berichtet. Darüber darf jedoch nicht vergessen werden, dass die formelle Existenz einer Scorecard noch gar nichts bewirkt. Sie muss in Inhalt und Struktur der Unternehmenssituation entsprechen und vor allem auch von den Beteiligten akzeptiert und aktiv umgesetzt werden.

Dem Entwicklungsprozess kommt daher eine hohe Bedeutung zu. Er ist nicht im Rahmen eines Ein-Tages-Meetings zu absolvieren. Vielmehr dauert die vollständige Verankerung der Scorecard sowie der damit verbundenen Änderungen der Steuerungsprozesse ein halbes bis ganzes Jahr. Da teilweise ein ganzes Geschäftsjahr abgewartet werden muss, weil Jahresergebnisse benötigt werden, lässt sich über den Erfolg des Einsatzes einer Balanced Scorecard meist frühestens nach zwei Jahren etwas sagen.

Gerade wegen der beabsichtigten Änderung von Prozessen, oft auch der Anreizsysteme, ist die **Unterstützung der höchsten Ebene** erforderlich, das heißt der Unternehmens- sowie Center-Leitung. Jeglicher Wandel im Unternehmen löst an bestimmten Stellen Widerstände aus, weil Gewohnheiten erhalten bleiben und Pfründe gesichert werden sollen. Nicht selten ist Mehrarbeit erforderlich, wird bisher Geleistetes und Gelerntes in Frage gestellt. Es entstehen neue Risiken für die Mitarbeiter und somit die Angst, den neuen Kriterien nicht gerecht werden zu können. In der Folge werden einzelne Kennzahlen in Zweifel gezogen oder wird gegen die Scorecard insgesamt vorgegangen.

Während die Prozessverantwortlichen dauerhaft zum Entwicklungsteam gehören, können Spezialisten fallweise hinzugezogen werden. Ebenso wird die Bereichsleitung überwiegend im Rahmen einer regelmäßigen Berichterstattung einbezogen. Aufgrund der erforderlichen Abstimmung von Center und Corporate Scorecard ist sinnvollerweise ein Führungskreis zu bestimmen, in dem die relevanten Ebenen mit mindestens einer Person vertreten sind, um auch im Rahmen der vorgeschlagenen Workshops kurzfristig eingreifen bzw. entscheiden zu können.

Für die Koordination des Projekts sollte eine von den Perspektiven unabhängige Persönlichkeit zuständig sein, die in der Lage ist, die genannten Widerstände zu überwinden, zwischen Einzelinteressen zu vermitteln und das Projekt voranzutreiben. Während auf Unternehmensebene neben Externen (Berater, Projektmanager, Coaches) beispielsweise Controller in Frage kommen, ist im Vertriebs- und Marketingbereich eher an die Unterstützung durch Persönlichkeiten mit kreativer und kommunikativer Ausrichtung zu denken, wobei der fachliche Bezug weniger bedeutend ist.

> Zusammenfassend muss der **Managementprozess** der Einführung einer Balanced Scorecard folgende Elemente berücksichtigen:
>
> - Sicherstellung der Unterstützung durch das Top-Management (Gesamtunternehmen und Center-Leitung)
> - Einbindung der Top-Management-Ebene in wichtige Phasen des Entwicklungsprozesses (Bildung des Führungskreises)
> - Information und Schulung der Entscheidungsträger und sonstigen Beteiligten über die Balanced Scorecard (z. B. durch ein Kick-off-Meeting)
> - Auswahl geeigneter Projektleiter und frühzeitige Einbindung in die Vorbereitungen
> - Training von Moderatoren für die Vermittlung und Umsetzung in den einzelnen Abteilungen (als Moderatoren kommen Fach- und Führungskräfte in den betroffenen Bereichen in Frage)
> - Einhaltung des festgelegten Review-Prozesses gemäß dem gewählten Projekt-Konzept
> - Weitergabe der gewonnenen Erfahrungen und Anregungen innerhalb des eigenen Entwicklungsprozesses und für weitere Scorecard-Projekte im Unternehmen
> - Sicherstellung der Abstimmung mit anderen Funktionsbereichsscorecards und der Corporate Scorecard

4.4 Benchmarking zwischen Profit Centern

Unter Benchmarking wird ein systematischer Vergleich des eigenen Unternehmens mit dem besten verstanden. Ziel ist es, durch diesen Vergleich Anregungen für Verbesserungsmaßnahmen im eigenen Unternehmen oder Profit Center zu gewinnen. Diese Methode wird nicht selten als organisiertes Abkupfern bezeichnet, geht aber über die reine Informationsgewinnung hinaus. Wenn der Name nicht dafür verwendet wird, einen Deckmantel für eine legale Spionage darzustellen, dann steht ein gleichberechtigter Datenaustausch von in der Regel nicht konkurrierenden Unternehmen im Mittelpunkt.

> Das wohl erste Benchmarking-Projekt fand zwischen Rank Xerox und L. L. Bean statt und betraf insbesondere das schon legendäre Versandwesen des Sportartikelversenders. Xerox hatte mit Problemen der Ineffizienz zu kämpfen und im Versandbereich hohe Kostensenkungspotenziale ausgemacht. Bei L. L. Bean stellte sich heraus, dass die Rahmenbedingungen des Sortiments durchaus ähnlich sind, auch wenn es sich um eine ganz andere Produktkategorie handelt. Xerox gelang es aber, von L. L. Bean zu lernen und im eigenen Unternehmen Kosten zu sparen: Als Leistungsbeurteilungsgrößen wurden die Kennzahlen „Aufträge pro Manntag", „Stückzahl pro Manntag" und „Gänge pro Manntag" (Wege zu einem

4.4 Benchmarking zwischen Profit Centern

Transportbehälter) – hier war die Leistung bei L. L. Bean dreimal höher als bei Xerox – verwendet. Als Konsequenz des Vergleichs wurden u. a. Kommissionierwagen für die Mehrfach-Kommissionierung eingesetzt.

Der Ursprung des Benchmarking ist eindeutig der Unternehmensvergleich, verbunden mit der Hoffnung, Zugang zu Ideen und Verfahren zu bekommen, die wesentlich weiter entwickelt sind als im eigenen Unternehmen. Damit wird der „große Sprung" hin zu mehr Gewinn, Schnelligkeit oder Qualität erhofft. Die Möglichkeiten zu solchen Fortschritten sind allerdings begrenzt. Das Spektrum reicht aber letztlich vom internen Vergleich über andere Unternehmen innerhalb der eigenen Branche bis hin zum potenziell besten Unternehmen in meist einer anderen Branche (siehe Abbildung 4.21).

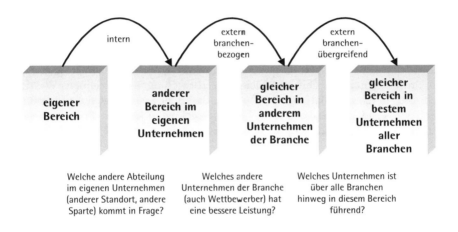

Abbildung 4.21: Spektrum der Benchmarking-Partner

Unternehmen mit Profit-Center-Strukturen können Benchmarking jedoch auf eine vergleichsweise einfache Art und Weise einsetzen, um rein intern Leistungen zu steigern und Kosten zu senken. Dabei ist weniger mit Quantensprüngen zu rechnen als vielmehr mit einem kontinuierlichen Anreiz zu kleinen Verbesserungen.

Voraussetzung ist dabei, dass die Profit Center Kriterien der Vergleichbarkeit genügen. So lassen sich vor allem Center, die nach Sparten gegliedert sind, vergleichen, während funktionsbezogene Center dies meist nicht erlauben.

Da es sich beim Benchmarking nicht um ein eindeutig abgrenzbares Verfahren handelt, sondern um einen jeweils individuell zu gestaltenden Managementprozess, gibt es eine Vielzahl unterschiedlicher Konzepte und Ansatzpunkte. Benchmarking kann sich beziehen auf:

- **Prozesse** – Beispiele: Wie laufen die Verwaltungsprozesse (Planungsprozess, Abrechnung, Einkauf usw.) in einem anderen Center ab? In welchen Schritten werden Produkte in anderen Centern entwickelt?

- **Leistungen** – Beispiele: Wie hoch sind die Kosten für eine bestimmte Tätigkeit in einem anderen Center? Wie hoch sind die Ausfallraten in der Produktion eines anderen Centers?

- **Produkte** – Beispiele: Wie sind die Produkte eines anderen Centers gestaltet? Welche Zusatzprodukte und -leistungen werden dort angeboten? Welche Konstruktionsprinzipien werden verwendet?

Das Resultat eines Benchmarking ist keine statistische Aussage, die nach einer gewissen Allgemeingültigkeit strebt, sondern eine Einzelerfahrung. Von besonderer Bedeutung ist daher die Auswahl des Benchmarking-Partners. Ein gleich gutes oder gar schlechteres Profit Center hilft nicht, außer zur Selbstbestätigung. Da innerhalb des Unternehmens ein hohes Transparenzniveau besteht, ist es jedoch leicht, den richtigen Partner zu ermitteln. Gerade bei einer geringen Zahl von Profit Centern ist eher mit kleinen Verbesserungen zu rechnen. Was zunächst ein Manko ist, hat aber den Vorteil, dass sehr systematisch und kontinuierlich vorgegangen werden kann. Werden regelmäßig kleinere Fortschritte erzielt, ergibt sich am Ende wieder ein großer Fortschritt.

Die Vorgehensweise beim Benchmarking

Wie beim Benchmarking vorzugehen ist, hängt vom Erkenntnisinteresse ab. Allgemein wichtig ist die Berücksichtigung einiger Grundsätze:

1. **Die miteinander zu vergleichenden Center oder Unternehmen müssen anhand einiger Kriterien übereinstimmen.** Diese Kriterien bestimmen die Grundbedingungen der Tätigkeit und damit die Strukturen. Beispiel ist etwa das Organisationsprinzip. Geht es um Entscheidungsprozesse, dann lässt sich ein Unternehmen mit Funktionsgliederung nicht mit einem mit Spartengliederung vergleichen. Ein Profit Center, das mit 500 Mitarbeitern Spezialmaschinen herstellt, ist kein Vergleichsobjekt für ein Profit Center, das mit zwölf Mitarbeitern Schulungen anbietet. Andererseits kann aber ein Profit Center Logistik ein geeigneter Benchmarking-Partner für ein produzierendes Center mit eigener Auslieferung sein.

2. **Die zu untersuchenden Daten müssen vorher bestimmt werden und erhebbar bzw. zugänglich sein.** Das Objekt des Benchmarking muss also operativ beschrieben werden, das heißt anhand empirisch zu ermittelnder Kriterien. Dies können Arbeitszeiten sein, Personenzahlen, Wegstrecken, Reihenfolgen usw. Ein bekanntes und beliebtes Beispiel ist die Bearbeitung von Rechnungen. Hier wird viel Geld für bürokratischen Aufwand verschwendet. Im Zuge des Benchmarking wären folgende Kriterien zu analy-

sieren: Zahl der Personen, die mit der Bearbeitung zu tun haben, Regelung der Verantwortlichkeiten, Reihenfolge der Kontakte, durchschnittliche Verweildauer, Fehlerquote, Transportwege/-mittel, Verarbeitungsmengen pro Tag und Person.
3. **Die Analyse muss systematisch und vollständig erfolgen.** Ein häufiger Fehler ist es, im Anblick eines einzelnen Vergleichsergebnisses in Euphorie oder Depression zu verfallen und die Erkenntnis sofort umsetzen oder das Projekt abbrechen zu wollen. So muss sichergestellt werden, dass eine empirische Basis vorhanden ist, also nicht einzelne Ausreißer beobachtet werden, sondern durchschnittliche Ergebnisse. Außerdem sollten Ausnahmesituationen beim Partner analysiert werden. Beispiel: Es stellt sich heraus, dass der Partner seine Rechnungen wesentlich schneller und mit weniger menschlichen Kontakten bearbeitet. Das mag bei problemlosen Fällen funktionieren. Doch was passiert, wenn Unstimmigkeiten festgestellt werden? Wie groß sind die Manipulationsgefahren? Solche Fragen können nur in einem längeren Prozess untersucht werden.

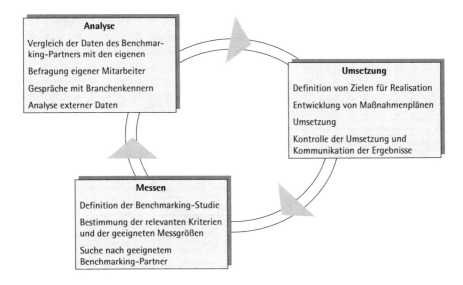

Abbildung 4.22: Benchmarking-Prozess

Abbildung 4.22 (in Anlehnung an Leibfried/McNair 1995, S. 51) stellt die Vorgänge beim Benchmarking als Kreismodell dar. Im Idealfall wird der Prozess auch kontinuierlich durchgeführt, was mit Centern des eigenen Unternehmens auch realisierbar ist.

Benchmarking mit Balanced Scorecard

Der Einsatz der Balanced Scorecard beim Benchmarking von Profit Centern stellt in gewisser Weise die Krönung des Steuerungsprozesses dar. Es wurde bereits gezeigt, wie Profit Center mit Scorecards gesteuert und auch koordiniert werden können, und wie das Benchmarking zur systematischen Leistungssteigerung eingesetzt wird. Verfügen nun alle Profit Center über ein aufeinander abgestimmtes System von Balanced Scorecards, dann kann darüber ein Profilvergleich vorgenommen werden. Der Vorteil liegt darin, dass nicht mehr nur nach Vorteilen in einzelnen Bereichen gesucht wird, sondern die Zusammenhänge offen liegen. Gerade beim Vergleich interner Prozesse („Wie werden Werbemaßnahmen geplant?" „Wie werden Reklamationen bearbeitet?" „Wie wird der Warenversand organisiert?") können zwar isoliert Vor- und Nachteile ermittelt werden, jedoch nur eingeschränkt die Auswirkungen auf andere Erfolgsgrößen. Beispielsweise kann einer Kostenersparnis auf der einen Seite eine Verringerung der Kundenzufriedenheit auf der anderen gegenüberstehen.

Die Balanced Scorecard legt solche Zusammenhänge offen. Sie ermöglicht es vor allem auch, das Benchmarking zielgerichtet auszuführen und nicht zu sehr an einzelnen Maßnahmen zu orientieren. Mitunter ist ja auch gar nicht bekannt, welche Auswirkungen eine Veränderung bei operativen Prozessen hat oder mit welchen besonderen Leistungen ein Renditevorteil zusammenhängt.

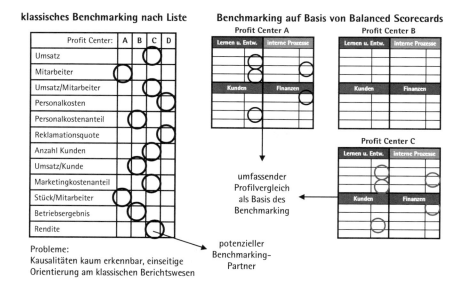

Abbildung 4.23: Benchmarking mit und ohne Balanced Scorecard

5 Gestaltung von Anreizsystemen in Profit Centern

5.1 Grundlegende Problematik von Anreizsystemen

Eingangs wurde das Thema Anreize und Motivation als einer der Gründe für die Einführung von Profit Centern im Unternehmen genannt. Dabei sind Anreizsysteme einerseits eine gute Chance, bestimmte Ansätze der Mitarbeiterführung umzusetzen und dadurch zusätzlich „etwas Gutes zu tun". Andererseits sind sie aber auch eine Notwendigkeit, weil Profit Center nämlich zu einer Problematik führen, die ein Gegensteuern erfordert.

Diese Problematik besteht in **Interessengegensätzen**. Die Profit-Center-Leitung soll und wird sich zwar als Unternehmer im Unternehmen verhalten und insofern nach Mustern handeln, die in der Unternehmenszentrale auch vorhanden und erwünscht sind, sie wird aber auch einen deutlichen Unterschied zwischen „ihrem Unternehmen" und „dem anderen Unternehmen" wahrnehmen. Anders gesagt: Das Center-Optimum ist nicht das Gesamtunternehmens-Optimum. Bestehen nun auf beiden Ebenen die gleichen Leistungsanreize, dann kann dies auch zu einem Gegeneinander statt Füreinander führen. Diese Diskrepanz kann durch entsprechend gestaltete Anreizsysteme zumindest gemildert werden.

Besonders offenkundige Beispiele für solche Diskrepanzen lassen sich im Zusammenhang mit Verrechnungspreisen finden. Es bedarf nicht allzu großer Phantasie, sich vorzustellen, dass für das Gesamtunternehmen das Ziel der Gewinnmaximierung besteht und daran auch Anreize für die Mitarbeiter gebunden werden. Für die Profit Center gilt dies natürlich auch. Liefert nun das PC A ein Bauteil an das PC B, dann will A einen möglichst hohen Preis realisieren. Gibt es keine Möglichkeit, dieses Bauteil auch auf dem freien Markt zu beziehen (z. B. weil es niemand sonst herstellen kann oder die Regeln dies ausschließen), dann wird sich PC A egoistisch verhalten und den Preis sehr hoch festlegen, zumindest nicht in kostensenkende Maßnahmen investieren. A wird dafür durch die Gewinnbeteiligung belohnt, B wird bestraft. In der Folge wird B seinen Verkaufspreis höher festlegen müssen, so dass mit großer Wahrscheinlichkeit eine Abwärtsspirale beim Absatz in Gang gesetzt wird.

Ein anderes Beispiel liefern Anreize, die sich an Renditekennziffern orientieren. Der **Return on Investment**, eine weit verbreitete und zwischenzeitlich viel gescholtene Größe, könnte Profit-Center-Leiter fatalerweise dazu verleiten, wieder manuelle Tätigkeiten einzuführen und auf Maschinen zu verzichten. Zahlt man ihm nämlich eine Prämie auf den erzielten/gesteigerten ROI oder auch ROCE (besser, aber auch nicht perfekt), dann steigert er diese durch den Verzicht auf Investitionen. Kurzfristig gesehen ist dies optimal, langfristig gesehen führt es das Unternehmen in die Krise.

Je weiter man mit solchen Beispielen in die Tiefe geht, desto mehr Abgründe tun sich auf. Es bestehen vielfache Möglichkeiten, durch ein Entscheidungsverhalten, das für andere (Center oder Unternehmensleitung) negativ ist, zumindest kurzfristig das eigene Ergebnis zu verbessern. Daher muss von vornherein klar sein, welche Interessen- und Zielkonflikte zwischen den Ebenen existieren. Dann ist festzustellen, durch welche (unterschiedlichen) Anreize diese Konflikte entschärft werden. Dabei sollten insbesondere Zielgrößen aus der **Balanced Scorecard** einbezogen werden, weil sie ja zumindest teilweise auch im Hinblick auf eine Koordination der Center untereinander entwickelt wurden.

Zunächst sind zwischen Profit-Center-Ebene und Unternehmensleitung drei wesentliche **Diskrepanzen** festzustellen (Abbildung 5.1).

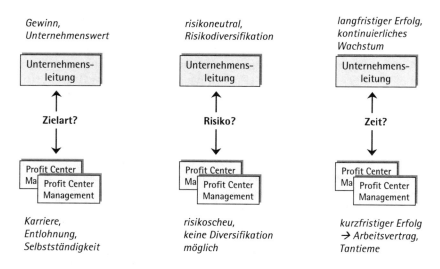

Abbildung 5.1: Diskrepanzen zwischen Unternehmens- und Profit-Center-Leitung

Zielarten-Diskrepanz

Grundsätzliche Unterschiede bestehen schon einmal, was die Art der verfolgten Ziele angeht. Aus Unternehmenssicht stehen traditionell Umsatz und Gewinn im Vordergrund, in wachsendem Maße auch der Unternehmenswert, was zwar nichts wesentlich anderes ist, sich aber in anderen Größen konkretisiert (Aktienkurs, potenzieller Verkaufspreis). In Zukunft wird der Aspekt des Risikoniveaus hinzukommen, das über die davon abhängigen Fremdkapitalzinsen (siehe Basel II) die Finanzierungskosten erhöht und damit die Rendite schmälert.

Auf Seiten des Profit-Center-Managements bzw. des Managements allgemein sieht die Sache anders aus. Die Unternehmens-Zielgrößen sind letztlich abstrakt und haben keine direkte Auswirkung. Manager interessieren sich u. a. für Karrieren, was für das Unternehmen selbst wiederum abstrakt ist. Karriereorientiertes Verhalten, was auch mit dem Aufbau spezifischer Machtstrukturen verbunden ist, dürfte selten gleichzeitig gewinnsteigernd für das Unternehmen sein. Hier ist schon einmal ein gewisser „Übersetzungsbedarf" zu erkennen.

Bei der Frage der Entlohnung geht es immerhin schon um die gleiche Währung wie beim Gewinn (Betriebsergebnis), nämlich um Geld. Was den Punkt der Selbstständigkeit im Sinne eigenverantwortlichen Handelns angeht, ist das Profit Center an sich schon der Anreiz. Es gibt natürlich noch eine Vielzahl weiterer Zielarten, die ähnliche Probleme aufwerfen. Beispielsweise ist an das Interesse an Macht zu denken, an Image (Ausstrahlung des Arbeitgebers) oder an soziale Faktoren wie Arbeitsatmosphäre, Zugehörigkeitsgefühl oder Arbeitsplatzsicherheit.

Es lässt sich daher kurz sagen:

Aufgabe des Anreizsystems ist es, unterschiedliche Zielarten von Unternehmen und Mitarbeitern miteinander zu vereinen.

Risiko-Diskrepanz

Zweiter Problembereich ist der Umgang mit Risiken. Dies ist besonders im Zusammenhang mit Profit Centern ein Thema, weil Center-Strukturen praktisch immer auch in die Risikostruktur eingreifen. Durch die Teilung des Unternehmens in Center wird aus deren Sicht Komplexität reduziert. Die Center konzentrieren sich auf ein bestimmtes Betätigungsfeld, haben mit einem homogeneren Umfeld zu tun. Dies ist einerseits ganz angenehm, weil übersichtlicher, führt aber andererseits zu einer stärkeren Abhängigkeit von einzelnen Faktoren.

Für das Center-Management entsteht damit das Problem, sich mit noch mehr Sorgfalt um den eigenen Bereich zu kümmern und hierbei auf riskante Entscheidungen zu verzichten. Es kann keine Risikodiversifikation betreiben, ein Fehlschlag kann die Karriere kosten. Insofern entsteht ein Anreiz zu konservativerem Verhalten, Innovations- und Expansionsziele werden möglicherweise nicht ausreichend beachtet.

Die Unternehmensleitung hat eine andere Sicht der Dinge. Sie kann über die Zahl und Tätigkeitsbereiche der Profit Center Risikodiversifikation betreiben. Über die eigenständige Erfolgsrechnung kann sie diese besser kontrollieren. Durch die Verselbstständigung einzelner Einheiten kann sie ihr Risiko insgesamt sogar verringern. Will sie eine riskantere Politik betreiben, muss sie diese zusätzlichen Risiken den Mitarbeitern schmackhaft machen. Eine reine Gewinnbeteiligung liefe vermutlich ins Leere, weil ein Gewinn zwar möglich, vielleicht auch recht hoch ausfiele, aber nicht sehr wahrscheinlich wäre. Durch die Leistungsverflechtungen übertrüge sich diese Lethargie auch auf andere Bereiche, so dass insgesamt das Unternehmen in seiner Wettbewerbsfähigkeit eingeschränkt würde.

Es lässt sich daher kurz sagen:

Aufgabe des Anreizsystems ist es, einen Ausgleich für die unterschiedlichen Risikoabhängigkeiten von Unternehmen und Mitarbeitern zu schaffen.

Zeit-Diskrepanz

Der dritte Faktor ist die Zeit. Unternehmen denken meist langfristig, wollen und müssen langfristige Erfolgspotenziale entwickeln, Geschäfte neu aufbauen, sich neu positionieren. Je größer Unternehmen sind, desto langfristiger denken sie, zum einen, weil sie schwerfälliger sind, zum anderen, weil sie auch zwischenzeitliche Durststrecken überstehen können. Kleinere Unternehmen denken kurzfristig, müssen mangels entsprechender Kapitaldeckung stärker auf Liquidität achten und können größere Innovationsprojekte oft auch gar nicht eigenständig finanzieren.

Dies betrifft Profit Center ebenfalls. Großprojekte können schon aufgrund des Finanzierungsvolumens meist nicht selbstständig abgewickelt werden. Auch kleinere Projekte ziehen schon einen Verzicht auf Cash-flow für einige Zeit nach sich, weil der relative Einfluss auf die Zahlungen groß ist. Dementsprechend entstehen schnell Einkommensverluste für die Mitarbeiter (bei Gewinnbeteiligung). Diese können zwar später kompensiert werden, doch ist dies wiederum mit Unsicherheit verbunden. Außerdem dürfte dem Einkommen jetzt immer eine höhere Präferenz eingeräumt werden als dem Einkommen später. Dadurch wird eine prinzipiell ablehnende Haltung gegenüber langfristigen Aktivitäten produziert.

Das folgende Beispiel verdeutlicht das Problem:

Projekt I	Einzahlungsüberschüsse					
	Ende 1. Jahr	Ende 2. Jahr	Ende 3. Jahr	Ende 4. Jahr	Ende 5. Jahr	
Investition Anfang 1. Jahr: 1.000	−100	300	500	500	500	
abgezinst bei 10 %:	−91	248	376	342	310	Barwert = 185
kumulierte Gewinnbeteiligung bei 2 %:	−2*	4	14	24	34	Barwert = 24
Projekt II	Einzahlungsüberschüsse					
	Ende 1. Jahr	Ende 2. Jahr	Ende 3. Jahr	Ende 4. Jahr	Ende 5. Jahr	
Investition Anfang 1. Jahr: 1.000	300	300	300	300	300	
abgezinst bei 10 %:	273	248	225	205	186	Barwert = 137
kumulierte Gewinnbeteiligung bei 2 %:	6	12	18	24	30	Barwert = 23

* Es erfolgt eine Verrechnung mit anderen Prämen.

Projekt I ist eindeutig vorteilhafter. Sein Barwert liegt über dem des Projekts II. Die Mitarbeiter bekämen auch eine höhere Prämie, insgesamt nominal 34 statt 30. Projekt I lohnt sich aber aus Mitarbeitersicht erst ab dem vierten Jahr, dann steigt dessen Gewinnbeteiligung über die des Projekts II. Zumindest diejenigen, die innerhalb dieses Zeitraums kündigen wollen, in den Ruhestand gehen, das Profit Center wechseln usw., werden sich eher für Projekt II entscheiden. Aus der späten Amortisation entsteht ein höheres Risiko.

Es lässt sich daher kurz sagen:

Aufgabe des Anreizsystems ist es, die längerfristige Orientierung des Unternehmens in die kurzfristiger orientierten Profit Center zu transportieren.

5.2 Anforderungen an Anreizsysteme

Mit diesen Diskrepanzen sind die inhaltlichen und strategischen Anforderungen an Anreizsysteme in Unternehmen mit Profit-Center-Organisation dargestellt. In Unternehmen ohne Center-Struktur gelten sie prinzipiell auch, allerdings sind die einzelnen Kriterien anders ausgeprägt. Bevor nun konkrete Konzepte entwickelt werden können, müssen noch die operativen **Anforderungen an Anreiz-**

systeme generell, unabhängig von der Unternehmensstruktur, festgehalten werden:

a) Anreizsysteme müssen **gerecht** sein im Hinblick auf:

- **Anforderungen** – Die Anreize müssen so gestaltet sein, dass sie sich proportional zu den Anforderungen verhalten. Hohe Anforderungen müssen immer mit hohen Anreizen einhergehen und dürfen nicht ohne nachvollziehbaren Grund mal mit hohen Anreizen und mal mit niedrigen versehen werden. Ansonsten käme es zu einer Fehlallokation von Arbeitnehmerfähigkeiten. Hohen Anforderungen würde man dann weitgehend aus dem Weg gehen, sofern nicht mit hohen Tantiemen und Provisionen zu rechnen ist.

- **Leistungen** – Das Anreizniveau muss mit dem Leistungsniveau übereinstimmen. Sie sind letztlich nur dann wirksam, wenn eine Leistungssteigerung zu steigender Belohnung führt bzw. an unterschiedlichen Stellen gleichermaßen prämiert wird. Eine Verteilung nach Gutsherrenart würde den Anreiz schnell entwerten.

- **Soziale Aspekte** – Anreize müssen ein soziales Gewissen haben, indem beispielsweise ein gewisses Einkommensminimum garantiert wird und auch eine Vergleichbarkeit der Einkünfte im Team gewährleistet ist. Dies betrifft etwa auch die klassische Situation, dass Teammitglieder durch sehr hohe Anreize angeworben (bzw. von einem anderen Arbeitgeber abgeworben) werden, die den „alten" Mitarbeitern nicht zur Verfügung stehen. Der hohe Anreiz mag aus Unternehmenssicht vertretbar sein, weil der Arbeitsmarkt leergefegt ist oder die Fähigkeiten dringend benötigt werden, aus Sicht der Mitarbeiter ist er jedoch nicht gerechtfertigt.

b) Anreize sollen hochklassige Führungskräfte und Mitarbeiter anziehen und binden, ungeeignete Führungskräfte und Mitarbeiter allerdings abschrecken oder gar vertreiben. Gerade der zweite Aspekt wird nie in den Vordergrund gestellt, doch ist dies mehr als ein Nebenaspekt. Werden die Anreize stark auf verkäuferische Aktivitäten ausgerichtet, werden eher zurückhaltende Menschen aufgrund ihres geringeren Einkommens tendenziell nach anderen Tätigkeiten suchen. Im Profit Center ist vor allem an die Besetzung der ersten Ebene mit unternehmerisch denkenden Führungspersönlichkeiten zu denken. Eine gewinn- bzw. deckungsbeitragsbasierte Entlohnung mit hohem Risiko schreckt auch Persönlichkeiten von einem Einstieg ab, die sich dieses Risiko nicht zutrauen.

c) Anreize sollen Arbeitsaufwand und -zeit bei Führungskräften und Mitarbeitern im Sinne der Unternehmens- und Center-Ziele lenken. Sie sollen durch entsprechende inhaltliche Ausrichtung (z. B. Qualität, Kunden, Wert) verhindern, dass Ressourcen für Nebenschauplätze verschwendet werden. Vor allem können solche Ziele in den Mittelpunkt gestellt werden, über die die Mitarbeiter sonst nicht ihre persönlichen Interessen definieren. So mag den Führungskräften die Kundenbindung gleichgültig sein, wenn stattdessen die Neukundenquote stimmt, also überhaupt Umsätze erzielt und Tantiemen ausgeschüttet werden. Für das Unternehmen insgesamt ist aber die Kundenbindung von Bedeutung, weil sich daraus auch Cross-Selling-Potenziale ergeben. Insofern lohnt es sich, einen Anreiz auf die Kundenbindung zu beziehen.

5.3 Arten von Anreizen

Das Spektrum der Anreize für Mitarbeiter ist in den letzten Jahrzehnten kontinuierlich gewachsen. Viele, gerade auch die großen Unternehmen haben erkannt, dass die Gestaltung des Anreizsystems ein wesentliches Instrument ist, um Mitarbeiter zu gewinnen und zu halten und natürlich auch zu motivieren. Dabei ist noch gar nicht berücksichtigt, dass und wie die besondere Steuerungsproblematik im Profit-Center-System gelöst wird. Unter unserem thematischen Blickwinkel ist stets auch zu fragen, inwieweit Anreize ihrer Koordinations- und „Übersetzungs-"Funktion gerecht werden.

Um einen ersten Überblick zu bekommen, ist es hilfreich, Anreize nach bestimmten Kriterien zu gliedern. Pragmatisch ist die Unterscheidung nach materiell/immateriell, auch wenn es nicht zu mehr als einer ersten Sortierung führt (Abbildung 5.2).

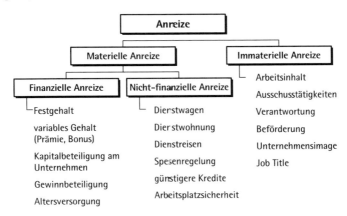

Abbildung 5.2: Arten von Anreizen

Diese Übersicht gibt nur einen ersten Einblick, lässt die konkrete Zwecksetzung ebenso außer Acht wie die hierarchische Position der Betroffenen und enthält auch keine der kreativeren Maßnahmen. Diese lassen sich schlecht schematisch darstellen, weil sie sehr individuell zugeschnitten und auch nicht vollständig erfassbar sind. Beispiele sind die Teilnahme an außergewöhnlichen Reisen (Abenteuerreisen für die besten Verkäufer usw.) oder ein außergewöhnliches Fahrzeug als Leih-Firmenwagen.

Der Einsatz von Anreizen muss in einem bestimmten Rahmen geplant werden. Prinzipiell gilt, dass nur ein gewisser Teil des Einkommens variabel sein kann, allein schon aufgrund gesetzlicher Bestimmungen und/oder Tarifverträge. In einem ersten Schritt muss bestimmt werden, wie hoch der variable Anteil des Einkommens sein kann. Als Faustregel kann heute davon ausgegangen werden, dass Anteile ab 15 % als zufrieden stellend wahrgenommen werden. Liegt der variable Anteil darunter, wird er oft als nicht signifikant angesehen, um sich ernsthaft um die erforderliche Leistung zu bemühen. Wesentlich höhere Anteile werfen jedoch andere Probleme auf. So würden beispielsweise hohe Gesamteinkünfte erzielt, wenn ein fixes Tarifeinkommen zu berücksichtigen ist. Dadurch könnte selbst in erfolgreichen Zeiten das Einkommensniveau als zu hoch angesehen werden (aus Sicht des Unternehmens natürlich).

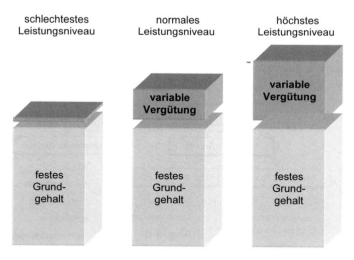

Abbildung 5.3: Variables und fixes Einkommen

Anreizsysteme müssen prinzipiell so gestaltet werden, dass sowohl eine „Voll-Auszahlung" als auch eine „Null-Zahlung" möglich sind. Leider passiert es gar nicht so selten, dass gerade im Führungskräftebereich Prämien so festgelegt werden, dass ein vollständiger Ausfall praktisch ausgeschlossen ist. Ein solches

System kann nicht richtig sein! Eine Kappungsgrenze nach oben ist durchaus sinnvoll. Auch hier kann wieder eine Faustformel als Anhaltspunkt dienen, nämlich die, dass das variable Spektrum um 100 % (nicht: Prozentpunkte) um den als „normal" angesehenen Anteil reichen sollte.

Abbildung 5.3 verdeutlicht die Bandbreite des Einkommens unter den genannten Rahmenbedingungen. Setzt man das Grundgehalt bei 100 fest, dann liegt das Minimum bei 100, das Maximum bei 130. Insofern ergibt sich ein Gesamtanreiz von 30 %, was sicherlich als ausreichend einzustufen ist, um die nötige Motivationswirkung zu entfalten. Dies gilt für den tariflichen wie außertariflichen Bereich gleichermaßen. Im Tarifbereich sind vor allem nach unten Grenzen durch Tarifverträge gegeben. Darüber hinaus ist meist an die Zustimmung zu neuen oder veränderten variablen Komponenten durch den Betriebsrat zu denken. Im außertariflichen Bereich spielen ebenfalls Minimumanforderungen eine Rolle, die sich aber eher aus vorhandenen privaten Verpflichtungen der Mitarbeiter ergeben. Zudem ist mit einer gewissen Vielfalt von Sonderwünschen bei den variablen Komponenten zu denken, vor allem im nicht-monetären Bereich.

In Bezug auf ihre Anziehungs- und Abweisungsfunktion sind Anreize auch danach zu unterscheiden, welchen **Mitarbeitertyp** bzw. welche Eigenschaft sie ansprechen. Die Möglichkeiten, hier seitens der Unternehmensleitung zu differenzieren, sind aus eher politischen Gründen durchaus beschränkt, aber es ist schon zu fragen, ob erweiterte Sozialleistungen einen unternehmerisch veranlagten Typ ansprechen oder eher langfristig denkende, sicherheitsorientierte Menschen.

Betrachtet man die verfügbaren Anreizinstrumente unter **Zielaspekten**, dann lässt sich etwa folgende Matrix erstellen (Abbildung 5.4). Sie listet Ziele anhand der Dimensionen Zielgröße (finanziell/qualitativ), Zeit (kurzfristig/langfristig) und Bezug (Mitarbeiter/Gruppe bzw. Center/Unternehmen).

Eine solche Zielmatrix kann nun Ausgangspunkt für die Gestaltung des Anreizsystems sein.

> In erster Linie wird an dieser Stelle an das Cafeteria-System gedacht, das den Mitarbeitern die Wahl unter verschiedenen Vergütungsbestandteilen lässt. Sie können in einem vorgegebenen Rahmen, der sich z. B. aus der erreichten Prämienhöhe bemisst oder auch fix festgelegt wird, aus einem Angebot an Vergütungskomponenten nach eigenen Bedürfnissen auswählen. Dies können Firmenwagen, Zuschüsse zur Altersversorgung, Seminare und sonstige Leistungen im Rahmen der Weiterbildung, Sonderurlaube (auch Sabbaticals) u. Ä. sein. Der Wert dieser Anreize ergibt sich für den Mitarbeiter vor allem aus der Möglichkeit der individuellen Auswahl, für das Unternehmen aus dem wirtschaftlichen Wert im Vergleich zur Entgeltzahlung. Aufgrund steuerlicher Vorteile sowie Möglichkeiten des günstigeren Zugangs zu den Leistungen liegt der wirtschaftliche Wert über den Kosten.

Hier interessiert jedoch eine andere Sichtweise, nämlich die zielorientierte Steuerung durch das Unternehmen. Dabei muss die Grundlage der Entlohnung (Wofür?) von der Unternehmensleitung im Einklang mit den betroffenen Mitarbeitern festgelegt werden. Die Art der Entlohnung (Womit?) kann dann von den Mitarbeitern entschieden werden, wobei darauf zu achten ist, dass Inhalt und Art zueinander passen. Z. B. bietet sich für eine Gewinnbeteiligung nur eine Geldzahlung an, schon um den direkten Bezug zu verdeutlichen, während bei qualitativen Kennzahlen (Erreichen eines Kundenzufriedenheitsziels o. Ä.) auch einmalige Leistungen in Frage kommen.

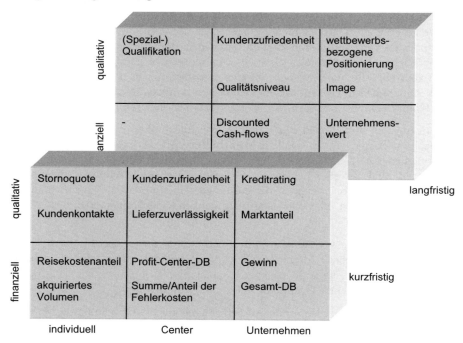

Abbildung 5.4: Ziele als Basis für Anreizsysteme

Der Zusammenhang zum Steuerungsmodell der **Balanced Scorecard** ist leicht herzustellen. Sie stellt eine Reihe von Kennzahlen zur Verfügung, die ja explizit auch in die Entwicklung eines Anreizsystems einfließen sollen. Dabei sind jedoch zwei Probleme zu beachten:

- Nicht alle Kennzahlen und Zielgrößen eignen sich zur Konstruktion von Anreizen. So kann die Ermittlung nicht immer so zweifelsfrei und zuverlässig erfolgen, dass sich daraus Entgeltzahlungen ableiten lassen, die keinen Wi-

5.3 Arten von Anreizen

derspruch verursachen. Außerdem muss die Gültigkeit der Zielgröße für einen längeren Zeitraum sichergestellt werden.

- Die Scorecard enthält in der Regel um 15–20 Kennzahlen. Alle in die Entgeltzahlung einzubeziehen ist nicht möglich, weil die einzelne Zielgröße viel zu unbedeutend würde, als dass sie jemand ernsthaft verfolgen würde. Folglich müsste mindestens eine Auswahl von 1–3 Kennzahlen aus der Scorecard erfolgen, die dann tatsächlich in das Anreizsystem einfließen.

Welche Aspekte dabei zu beachten sind, ergibt sich z. B. aus der dreidimensionalen Darstellung der Ziele in Abbildung 5.4, die letztlich die besonderen Anforderungen eines Unternehmens mit Profit-Center-Struktur zusammenfasst.

Richtlinien der Konstruktion von Anreizsystemen

- Die Ziele des Unternehmens sollten berücksichtigt werden, um das Interesse am „Gemeinwohl" zu fördern, den Center-Egoismus zu beschränken.
- Die Ziele des Profit-Centers sollten berücksichtigt werden, weil ein direkter Leistungsbezug gegeben ist.
- Um konkrete Schwachstellen zu beseitigen, können individuelle Anreize definiert werden, die ein hohes Engagement erzielen. Dabei muss eine besondere Kompetenz der betroffenen Person gegeben sein.
- Ziele sollten ausgewogen nach lang- und kurzfristig eingeteilt werden. Kurzfristige Ziele verleiten zur Manipulation von Ergebnissen mit langfristig negativen Konsequenzen. Außerdem muss das Interesse an der langfristigen Unternehmensentwicklung gefördert werden.
- Qualitative Vorgaben sollten nicht aufgrund der Operationalisierungsproblematik ausgeschlossen werden. Vielfach lassen sich ein konkreterer Leistungsbezug und damit eine höhere Motivation herstellen.
- Das Gesamtvolumen der variablen Komponenten sollte signifikant sein, um einen effektiven Leistungsanreiz darzustellen. Da aber nie alle Zielsetzungen ausgewogen abgedeckt werden können, sind Obergrenzen zu beachten, die eine reine Prämienjagd verhindern.
- Alle Ziele müssen transparent und objektiv prüfbar sein. Sie sollten auch unterjährig gemessen und kommuniziert werden.

Konkret könnte ein Entlohnungskonzept für eine Führungskraft wie in Abbildung 5.5 gezeigt aussehen. Basis ist eine so genannte Bonus- oder Prämienmatrix, die die verfügbaren variablen Komponenten auflistet. Je nach Zuständigkeitsbereich sowie Führungsebene werden daraus die einzusetzenden Komponenten bestimmt.

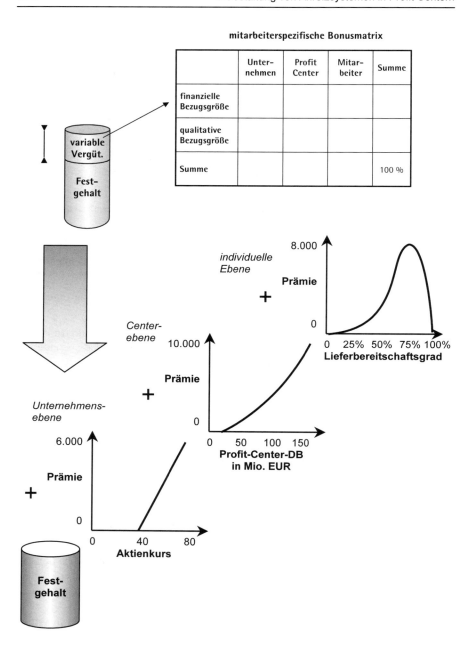

Abbildung 5.5: Komponenten des Entgelts einer Führungskraft im Profit Center

Hier wurden drei Komponenten ausgewählt, die jeweils eine unterschiedliche Ebene ansprechen: Unternehmen, Profit Center, Individuum. Der Lieferbereitschaftsgrad wurde hier als besonderes Problemfeld zur persönlichen Messgröße erhoben, weil die Person dafür verantwortlich ist.

Das Gesamtspektrum der variablen Vergütung wird sinnvollerweise auf Leitungsebene bestimmt. Dabei ist auf jeden Fall der Überblick über die einzelnen Komponenten gewährleistet und es kann verhindert werden, dass Zielgrößen nach der Erreichbarkeit und nicht nach der Bedeutung für Unternehmen und Profit Center ausgewählt werden. Maßgebend soll dabei die Frage sein, inwieweit die Bewerteten Einfluss auf die einzelnen Größen nehmen können (individuelle Ebene) und inwieweit die Gesamtzielsetzung von Unternehmen und Profit Center abgebildet wird.

Abbildung 5.6 zeigt eine Bonus-/Prämienmatrix, die vier Funktionsebenen (Profit-Center-Leiter, Funktionsmanagement, Verkäufer, Lagermitarbeiter) und drei Zurechnungsebenen (Unternehmen, Profit Center, persönliche Ebene) vorgibt. Für die Unternehmens- und Center-Ebene werden jeweils zwei Kriterien vorselektiert, die individuelle Ebene wird nach entsprechend individuellen Maßstäben vorgegeben.

Funktion	Unternehmen		Profit Center		persönlich	Sum.
	Umsatz	Jahres-überschuss	Operating Profit	Kundenzufriedenheit		
Profit-Center-Leiter	20 %		40 %	20 %	Qualitätsindex: 20 %	100 %
Funktionsmanager (Produktion)		20 %	20 %	20 %	Qualitätsindex: 40 %	100 %
Verkäufer	20 %		40 %		Stornoquote: 40 %	100 %
Mitarbeiter (Lager)		20 %		40 %	Lieferzuverlässigkeit: 40 %	100 %

Abbildung 5.6: Beispiel einer Bonus-/Prämienmatrix

Die folgende Abbildung fasst das Vorgehen bei der Entwicklung des Anreizsystems zusammen. Es integriert die Balanced Scorecard, die zwar nicht vorhanden sein muss, aber ein wichtiges Hilfsmittel ist. Wenn eine solche existiert, dann sollte sie auch unbedingt in das System integriert werden. Abbildung 5.8 zeigt schließlich einige häufig verwendete Messgrößen mit ihren Problematiken.

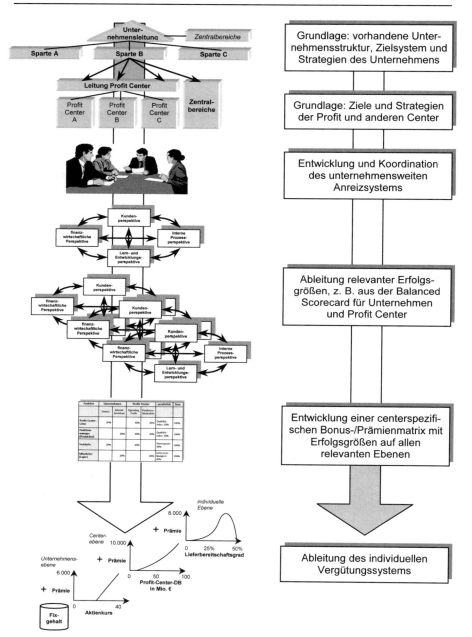

Abbildung 5.7: Vorgehensweise bei der Entwicklung eines Anreizsystems

	Probleme einzelner Messgrößen beim Einsatz in profit-center-orientierten Anreizsystemen
Operativer Cash-flow	Prinzipiell relativ gut geeignete Messgröße. Geringfügig beeinflussbar etwa durch Verringerung der Vorratshaltung → Gefahr von Lieferschwierigkeiten oder durch Automatisierung → Verlagerung von Material-/Personalaufwand zu Anlagevermögen.
Return on Investment	Problem der Zurechenbarkeit von Kapital zu den Profit Centern. Anreiz zu Unterinvestition, d. h. Vermeidung von Investitionen. Definition der Ertragsgröße problematisch (Gewinn, Cash-flow, Deckungsbeitrag?).
Gewinn	Abhängig von vielen gesetzlichen Vorgaben sowie Bilanzpolitik. Für einzelne Profit Center nur schwer und ungenau zu ermitteln. Unternehmensleitung kann außerdem die Ausschüttung manipulieren.
Profit-Center-Deckungsbeitrag	Prinzipiell gut geeignet. Berücksichtigt werden muss aber die Beeinflussung durch die Bemessung von Transferpreisen (lieferndes PC kann sich besser stellen, wenn Abnahmezwang besteht) und durch das Investitionsverhalten (Welche Ebene trägt die Ausgaben für Anlagegüter?).
Kundenzufriedenheit	Zentrale Größe, aber global. Meist nur von allen Mitarbeitern zusammen oder vom Gesamtunternehmen zu beeinflussen. Insofern nur bei Gesamtverantwortung einsetzbar.
Umsatz	Nur als kurzfristige Aktionsgröße im Vertrieb interessant. Umsatz kann immer teuer erkauft werden (durch Werbeausgaben usw.). Manipulierbar durch Vorziehen von Verkäufen an Stammkunden.
Aktienkurs	Meist als Standardmessgröße für die langfristige Orientierung eingesetzt. Allerdings bestehen zufällige Schwankungen, Marktabhängigkeiten, die nicht beeinflusst werden können. Ebenso bestehen Möglichkeiten der Manipulation durch Unternehmensleitung. Bezug einzelner Profit Center zum Aktienkurs nur schwach vorhanden.
fiktiver Firmenwert	Teilweise als Alternative zu Aktienkursen eingesetzt, wenn Unternehmen keine Aktiengesellschaft ist. Problem der objektiven Ermittlung, bei Profit Centern noch schwerer als bei Gesamtunternehmen. Vor allem der immaterielle Teil stellt ein Problem dar.
Reklamationsquote	Die Größe gibt zunächst keine Ursache an. Sinnvoll wäre daher eine Erfassung der Reklamationsursachen, um eine Zuordnung zu Verantwortungsbereichen vornehmen zu können. Außerdem muss sichergestellt sein, dass alle Reklamationen zentral erfasst und nicht unter der Hand bearbeitet werden.
Qualitätsindex	Nur mit Gesamtverantwortung für Profit Center oder Fertigung vereinbar. Problem, dass hohe Qualität zu hohen Kosten, geringeren Stückzahlen, geringerer Innovation führen kann. Hier sind Parallelkontrollen sinnvoll.

Abbildung 5.8: Probleme von Messgrößen für Anreizsysteme

Eine solche Übersicht soll nun aber auch nicht dazu führen, das Ganze nur als Problemfeld zu sehen. Diese Größen eignen sich zumindest zum Teil recht gut, wenn die genannten Einschränkungen beim Einsatz berücksichtigt werden. Darüber hinaus lässt sich auch auf einzelne Kriterien hinweisen, die zwar relativ selten zum Einsatz kommen, sich aber im Allgemeinen recht gut eignen (Abbildung 5.9).

\multicolumn{2}{c}{Besonders interessante Messgrößen für den Einsatz in profit-center-orientierten Anreizsystemen}
Free Cash-flow	Ist in geringerem Maße manipulierbar als der operative Cash-flow, muss aber auch erst zur Verfügung gestellt werden (Anforderung an das Rechnungswesen). Insgesamt gute Aussage über Ertragskraft.
externer operativer Profit-Center-Cash-flow	Sehr präzise Aussage, beschränkt auf Geschäfte mit Unternehmensfremden. Klammert daher Problematik aus dem Bereich der Verrechnungspreise aus.
Mitarbeiter-entwicklungsquote	Maßgröße für die Fähigkeit, eigenen Führungskräftenachwuchs heranzubilden. Wichtige Funktion in Profit Centern.
Budgeteinhaltung	Kontrolliert vor allem die Bestrebungen in Profit Centern, Budgets zu erschleichen bzw. manipulativ zu planen. Belohnt Manager mit einer realistischen Planung.
Verbundumsatzanteil	Misst den Anteil am Umsatz, der durch andere Profit Center vermittelt wurde bzw. mit anderen zusammen entstand (z. B. Großprojekte, Systemgeschäft). Ist ein Indikator für die Qualität und Bereitschaft zur Zusammenarbeit.
externer Umsatz-/Kosten-/Cash-flow-Anteil	Gibt an, in welchem Verhältnis externe Umsätze/Kosten/Cash-flows zu internen stehen, das heißt in welchem Maße das Center autark ist. Auch ein Maß der Selbstständigkeit bzw. der Existenzberechtigung als Center.
relatives Umsatz-/Cash-flow-Wachstum	Misst die Entwicklung des eigenen Umsatzes oder Cash-flows in Relation zu den anderen Profit Centern.
relative Kundenzufriedenheit	Kundenzufriedenheitsindex des Profit Centers im Vergleich zum Gesamtunternehmen (Durchschnitt aller Profit Center). Objektive Messung (z. B. durch externes Institut) ist für Akzeptanz erforderlich.

Abbildung 5.9: Interessante Messgrößen für den Einsatz in profit-center-orientierten Anreizsystemen

5.3 Arten von Anreizen

Kommen wir nun noch einmal zurück zum Balanced-Scorecard-Beispiel aus Kapitel 4.3.3. Dort wurde ein Unternehmen vorgestellt, das im Bereich Software tätig ist und Profit Center für die Softwareentwicklung und Beratung unterhält. Auf der Basis dieser Scorecard können nun Komponenten des variablen Vergütungsanteils bestimmt werden. In diesem Beispiel soll es um die konkrete Auswahl gehen, was nicht heißt, dass alle Größen aus der Balanced Scorecard stammen müssen. Längst nicht alle sind nämlich dafür geeignet.

Wir betrachten hier drei Positionen in dem Unternehmen, den Leiter des Profit Centers Software, die Verkaufsleiterin dieses Centers und die Senior-Beraterin im Profit Center Beratung. Aus den bereits genannten Gründen wurden jeweils drei Messgrößen ausgewählt. Der Gesamtanteil der variablen Vergütung soll im Normalfall bei 15–30 % liegen. Die Gewichtung der Größen wird durch die Höhe der erreichbaren Prämie vorgenommen. Alternativ ließen sich auch Punktwerte anhand von Skalen ermitteln, die dann mit den Gewichtungsfaktoren multipliziert werden und in der Summe einen Wert ergeben, der wiederum in einer Tabelle zur Prämie führt.

Für den **Leiter des PC Software** wurden folgende Bezugsgrößen ausgewählt

- *Innovationsrate* – Das Center soll in den nächsten Jahren ein stärkeres Maß an Innovativität aufweisen. Der Leiter soll dabei auch einen kulturellen Einfluss ausüben und Entwicklungsprojekte anstoßen. Damit wird auch gleichzeitig die langfristige Orientierung berücksichtigt. Innovation kostet zunächst und schmälert damit das Ergebnis. Über die Messgröße Innovationsrate wird dieser Effekt aber aufgefangen. Hier werden die neuen Releases (überarbeitete und marktfähige Softwareversionen) gezählt, nicht der Umsatz mit innovativen Produkten. Dadurch führen Innovationen früher zu Prämien. Aufgrund des vorhandenen Sortiments wird eine Zahl von vier neuen Versionen als sinnvoll angesehen. Darüber hinaus würde der Kostennachteil sowie das Vertriebsrisiko überwiegen.

- *ROCE des Profit Centers* – Umfassende Ertragsgröße. Als Basis wird jeweils der ROCE des vergangenen Jahres verwendet. Bei Verbesserungen gibt es anteilige Prämien, bei Verschlechterungen auch Abzüge. Diese dürfen jedoch maximal zu Lasten anderer Prämien gehen, nicht zu Lasten des Grundgehalts.

- *Anteil der langfristigen Verträge* – Wird hier als umfassender Qualitätsindikator eingesetzt. Soll ebenfalls zum längerfristigen Handeln anregen: Ausbau der Kundenzufriedenheit, hohe Vertriebsqualität usw. Die Prämie steigt progressiv, weil es immer schwieriger wird, den Anteil auszuweiten.

Die folgende Abbildung 5.10 stellt das variable Prämiensystem dar. Alternativ kann auch mit Tabellen gearbeitet werden, in denen jeweils Stufen für erreichte Leistungsklassen definiert sind.

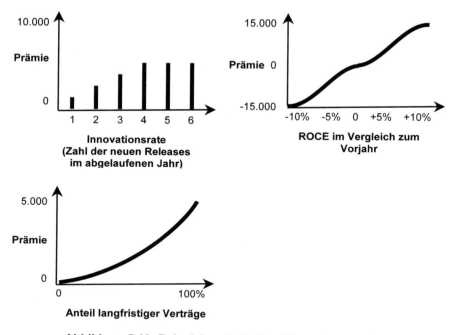

Abbildung 5.10: Beispiel variable Vergütungskomponenten

Für die **Verkaufsleiterin im PC Software** sind die genannten Bezugsgrößen weniger gut geeignet. Auf die langfristigen Verträge besteht zwar ein Einfluss, aber es sind auch verschiedene andere strategische Faktoren relevant. So erscheinen letztlich die folgenden Kriterien sinnvoll:

- *Durchschnittlicher Forderungsbestand* – Hier wurden der Vertriebsleiterin konkrete Vorgaben gemacht, den Forderungsbestand durch gezieltes Nachhaken bei den Kunden zu reduzieren. Die Auswirkungen auf den Ertrag sind deutlich, und zwar schon kurzfristig. Anstrengungen in diesem Bereich können daher kurzfristig zu einer Einkommenssteigerung führen.

- *Kundenzufriedenheit* – Längerfristige Größe der Vertriebsqualität. Investitionen in zufriedene Kunden lohnen sich letztlich über entsprechende Befragungsergebnisse, selbst wenn der kurzfristige Erfolg ausbleibt. Reines „Umsatzschinden" wird hier zwar nicht verhindert, erhält aber keine gesteigerte Bedeutung.

- *Deckungsbeitrag des Profit Centers* – Sowohl Umsatz als auch Kosten werden durch den Vertrieb beeinflusst. Da die Kapitalausstattung sowie Finanzierungs- und Investitionsentscheidungen mit dem Vertrieb nichts zu tun haben, werden sie hier auch ausgeklammert. Auch hier gilt, dass reine Umsatzprämien vermieden werden, um nicht unprofitables Wachstum zu provozieren. Die Kostenkomponente stellt hierbei das Korrektiv dar.

Schließlich bleibt noch die **Senior-Beraterin aus dem PC Beratung**. Sie ist grundsätzlich dem Kunden gegenüber verantwortlich, leitet ein Team von Beratern und untersteht der Profit-Center-Leitung. Ihr wesentlicher Beitrag zum Unternehmenserfolg wird in der Akquisition von Auftragsvolumina gesehen. Ihr variables Entgelt wird über die folgenden Komponenten bestimmt:

- *Reklamationsquote* – Soll die „Ordnungsmäßigkeit" von Akquisition und Abwicklung kontrollieren. Reklamationen sind darüber hinaus organisatorisch schwierig zu bewältigen. Die Kontrolle der Reklamationsquote verhindert z. B. auch ein zu umsatzorientiertes Denken und Handeln.

- *Einhaltungsgrad der Kostenvoranschläge* – In diesem Bereich werden allgemein viele Fehler gemacht, wobei es oft zu Zugeständnissen auf Kulanzbasis kommt. Insgesamt ergibt sich eine starke Auswirkung auf die Profitabilität der einzelnen Projekte.

- *Umsatzwachstum* – Diese Größe soll die Akquisitionstätigkeit entlohnen. Um „schlechte" Umsätze (z. B. mit zahlungsunfähigen Kunden, problematischen Projekten) zu vermeiden, wurde bereits die Reklamationsquote als Korrektiv eingeführt. Ein nicht unwesentlicher Vorteil dieser einfachen Komponente ist die Möglichkeit für die Unternehmensleitung, im Bedarfsfall zusätzliche Provisionen als Anreiz einzusetzen (z. B. ab 10 % Umsatzwachstum zusätzlich 1 % Provision).

Abbildung 5.11 zeigt einige grundsätzliche Formen der Umsatzprovision.

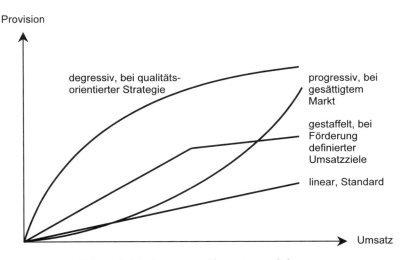

Abbildung 5.11: Arten von Umsatzprovisionen

Position	unternehmensbezogen	centerbezogen	individuell
Leiter PC Software	–	ROCE des Profit Centers (50%) Anteil der langfristigen Verträge (20%)	Innovationsrate (30%)
Vertriebsleiterin PC Software	–	Deckungsbeitrag des Profit Centers (50%) Kundenzufriedenheit (30%)	Durchschnittlicher Forderungsbestand (20%)
Senior-Beraterin PC Beratung	–	Umsatzwachstum (40%) Reklamationsquote (30%)	Einhaltungsgrad der Kostenvoranschläge (30%)

Die prozentualen Anteile ergeben sich aus den Höchstbeträgen für die Komponenten. Spezielle unternehmensbezogene Größen wurden nicht ausgewählt, weil durch die überschaubare Größe der Center deren finanzielle Zielgrößen bereits eine starke Auswirkung auf das Gesamtergebnis haben. Was die Verbindung der einzelnen Center angeht, siehe auch die folgende Darstellung.

> Eine Komponente wurde für die Senior-Beraterin diskutiert, letztlich aber verworfen, weil sie doch zu viele Probleme aufwirft. Prinzipiell wäre es aber intelligent, den „sozialen Nutzen" gerade in der Akquisition zu entlohnen. So wurde seitens der Unternehmensleitung vorgeschlagen, Umsätze zu belohnen, die andere Profit Center mit Kunden erzielen, die das Profit Center Beratung akquiriert hat. Dies käme dann beispielsweise unserer Senior-Beraterin zugute, wenn sie bei der Akquisition auch an solche Kunden denkt, die gleichzeitig oder später als Softwarekäufer in Frage kommen.

> Diese Idee stieß jedoch in den Centern auf Widerstand. In erster Linie ging es einfach darum, dass man sich in nichts hineinreden und -gucken lassen wollte. Schließlich gebe es überall auch eine andere, spezifische Kultur, die gerade durch die Einführung der Profit Center gefördert werden sollte. Insofern wird auch eine gewisse Konkurrenzsituation wahrgenommen, was den Beitrag zum Unternehmensergebnis angeht. Man wolle letztlich gerne etwas besser als die anderen dastehen.

> Konkreter wurden die Bedenken jedoch, als es um die Frage der Bewertung der Umsätze ging. Vor allem musste die Frage geklärt werden, ob ein Umsatzeuro in allen Centern den gleichen Wert hat bzw. wie dieser zu bestimmen wäre. So wird in der Beratung ein geringerer Deckungsbeitrag erzielt als bei der Software, während das Gesamtergebnis besser ist. Ein gleicher Provisionssatz wäre also nicht angemessen, eine genauere Differenzierung wäre aber komplizierter zu handhaben. Außerdem könnte dies dazu führen, dass Vertriebsleute des einen Centers bevorzugt für das andere arbeiten, weil sie so an höhere Provisionen kommen. Schließlich verteilen sich die Umsätze unterschiedlich weit in die Zukunft. Wäh-

rend in der Beratung eine Akquisition meist innerhalb eines Quartals zu Umsätzen führt, kann sich dies bei der Software über mehrere Jahre hinziehen. Weitere Probleme werfen etwa auch Forderungsfälle im fremden Profit Center auf.

Strategiekonforme Anreizsysteme?

Grundsätzlich wird auch darüber diskutiert, das Anreizsystem an die Strategie, Strategiephase oder Lebenszyklusphase anzupassen. Damit soll berücksichtigt werden, dass sich die Ziele und Rahmenbedingungen ändern und letztlich auch die Vorgaben vor allem gegenüber den Führungskräften. Beispielsweise hat eine Anreizkomponente „Umsatzwachstum" kurz nach der Markteinführung des Profit Centers eine ganz andere Bedeutung, als wenn es sich auf einem bereits reifen Markt befindet. Im ersten Fall ist das vorrangige Ziel, eine gewisse Marktpräsenz zu erreichen und dabei vor allem schnell zu sein, so dass der Umsatz die zentrale Zielgröße darstellt, notfalls auch zu Lasten der Gewinne. Je reifer der Markt bzw. je etablierter das Geschäft ist, desto geringer sind die Wachstumsmöglichkeiten und desto wichtiger sind Gewinne und Deckungsbeiträge. Umsatzvorgaben könnten hier auch nicht mehr die nötige Motivationswirkung entfalten. Insofern ist es sinnvoll, das Anreizsystem an die Strategie bzw. das Lebensalter eines Geschäfts anzupassen.

Dabei sollte allerdings berücksichtigt werden, dass spontane Änderungen, ein kurzfristiges Hin und Her oder das wenig plausible Auftauchen neuer Bezugsgrößen nicht helfen, sondern Verwirrung stiften und das System als undurchschaubar entwerten. Vielmehr sollte von vornherein klar sein, dass strategische Anpassungen vorgenommen werden, auch um entsprechende Verhaltensänderungen anzuleiten. Umsatzorientiertes Vorgehen führt in gewissem Umfang zur Missachtung der Kostenseite, ebenso ist es umgekehrt. So kann ohne Weiteres vorher festgelegt werden, welche Größen unter welchen Bedingungen zum Einsatz kommen. Diese Bedingungen orientieren sich meist an:

- der **Lebenszyklusphase** des Centers/des Geschäfts – Unterscheidung von Einführungsphase – Wachstumsphase – Reifephase – Sättigungsphase – Degenerationsphase. Hier ist an die unterschiedliche Bedeutung von wachstumssteigernden, profitabilitätsfördernden und erhaltenden Maßnahmen zu denken. Darüber hinaus spielen gezielte Innovationsprozesse etwa in der Sättigungsphase eine besondere Rolle.

- der **Portfolioposition** des Centers/des Geschäfts – Unterscheidung von Fragezeichen – Star – Cash Cow – Armer Hund. Für Fragezeichen-Geschäftsfelder geht es um den Aufbau von Marktanteilen, positive Cash-flows sind kaum zu erwarten. Stars sind auf eine Stabilisierung ihrer Position ausgerichtet, die Profitabilität gewinnt an Bedeutung, Wachstum verliert. Cash Cows sind auf eine Steigerung der Cash-flows ausgerichtet, Wachstum findet nicht mehr statt. Arme Hunde verfügen über keine Perspektiven, hier wird in erster Linie an einen Ausstieg unter Ausnutzung vorhandener Potenziale gedacht. Die Förderung des Umsatzes im Rahmen eines Anreizsystems kann fatale Folgen haben, weil möglicherweise unprofitable Positionen aufgebaut würden.

- der **Unternehmensstrategie** – Oft werden in besonderen Situationen spezielle Strategien ausgerufen, die sich auf das Unternehmen insgesamt beziehen. Dabei geht es um Themen wie drastische Kostensenkungen, Einführung eines Qualitätsmanagements, die Integration eines erworbenen Unternehmens u. Ä. Da sich solche Sonderaufgaben nicht unbedingt im Rahmen des klassischen Entlohnungssystems widerspiegeln und ohnehin mit Implementierungsproblemen zu kämpfen haben, bietet sich der (befristete) Einsatz spezieller Anreizkomponenten an. Gerade in Profit Centern ist eine vergleichsweise zuverlässige Zuordnung von Erfolgen zu persönlichem Einsatz möglich. In diesem Rahmen könnten etwa Qualitätsindizes, Einsparerfolge oder auch ganz einfach das bewertete Maß der Umsetzung einer Strategie zum Einsatz kommen.

6 Problembereiche des Profit-Center-Managements

Die Einführung von Profit Centern in Unternehmen zieht einige grundlegende Probleme nach sich, die sich nicht einfach durch eine Abrechnungstechnik oder ein Kontrollverfahren managen lassen. Vielmehr sind bestimmte Besonderheiten zu berücksichtigen, die ganz einfach als systemimmanent akzeptiert werden müssen. Dabei handelt es sich nun keineswegs um echte Hürden, die nicht zu erklimmen sind. In diesem Kapitel sollen einige dieser Problembereiche sowie Ansätze zu ihrer Lösung dargestellt werden. Die Auflistung ist nicht vollständig, was nicht heißen soll, dass man mit einer unüberschaubaren Fülle von Schwierigkeiten zu rechnen hätte. Zumindest auf die hier erwähnten sollte man aber vorbereitet sein, damit sie eben kein wesentliches Problem darstellen.

6.1 Koordination der Profit Center und Zentralbereiche

Profit Center haben sich bereits mehrfach als zweischneidiges Schwert erwiesen. So verringern sie einerseits die **Komplexität** (innerhalb des Centers), steigern sie aber aus Unternehmenssicht (weil die verschiedenen Center mit ihrem Eigenleben koordiniert werden müssen). Damit verbunden ist auch die Doppeldeutigkeit der **Enthierarchisierung**. So werden Hierarchieebenen abgeschafft, wenn die Center als eine Ebene angesehen werden, andererseits aber meist Ebenen hinzugefügt, wenn man an das interne Management der Center und deren Koordination denkt.

Diese Überlegungen deuten schon an, dass eine wesentliche Herausforderung in der Koordination besteht. Ohne intelligentes Koordinationskonzept machen Profit Center genau das, wozu sie eingerichtet wurden: Sie denken und handeln selbstständig, verfolgen eigene Ziele und haben das eigene Wohl im Auge. Und müssen dabei gelegentlich auf Kurs gebracht werden, und zwar auf den des Unternehmens.

Einige Koordinationsprobleme von Profit Centern:

Profit Center konkurrieren um knappe Kapazitäten zentraler Abteilungen

Es stellt sich die Frage, nach welchem Prinzip die nicht ausreichenden Kapazitäten zugeteilt werden. Ein Beispiel sind Maschinenengpässe in der zentralen Teilefertigung: Angenommen, mehrere Profit Center beziehen Vorprodukte eines Service Centers. Die produzierten Mengen reichen nicht aus. Wäre es ein externes Unternehmen, würde es vielleicht nach der Bedeutung des Kunden entscheiden, nach Gefühl, Reihenfolge des Auftragseingangs oder der Profitabilität gehen. Doch wie sieht es innerhalb des Unternehmens aus? Die Bedeutung der Kunden und die Profitabilität sollten gleich sein. Gegen die Einhaltung der Auftragsreihenfolge könnten strategische Überlegungen sprechen (Bedeutung externer Abnehmer, Verfügbarkeit auf dem freien Markt usw.). Auf jeden Fall wird ein Mechanismus benötigt, der hier zu einer unternehmensoptimalen Entscheidung führt.

Profit Center tauschen untereinander Leistungen aus

Nach welchem Prinzip werden diese Leistungen vergütet? Die rechnungstechnische Seite des Themas wurde bereits ausführlich behandelt. Doch muss die Abstimmung auch organisiert werden, gerade wenn die Verhandlung über Preise vereinbart ist. Ein weiterer Bereich sind mögliche Leistungsstörungen. Was passiert, wenn die Qualität nicht den vereinbarten Standard hat, Lieferungen ausfallen oder sonst etwas nicht stimmt? Soll das belieferte Profit Center vor Gericht gehen, muss es Fehler einfach hinnehmen, kann es mahnen?

Profit Center nehmen Leistungen zentraler Abteilungen in Anspruch

Dieses Thema wird meist mit einer Diskussion der Umlagen u. Ä. beantwortet. Es geht aber auch um inhaltliche und qualitative Anforderungen der Profit Center. Zentrale Abteilungen sind nicht immer innovativ und kostengünstig und bieten auch nicht immer die Leistung, die bei den Abnehmern benötigt wird. Gerade die Selbstständigkeit der Profit Center führt ja zur Ausprägung individueller Anforderungen an die zentralen Stellen. Wenn diese zu stark divergieren, ist zu fragen, welche bzw. wessen Anforderungen erfüllt und wie diese kommuniziert werden. Beispiel: Das zentrale Controlling entwickelt neben seiner übergeordneten Steuerungsfunktion auch Verfahren und Tools für die Profit Center. Diese können aufgrund individueller Besonderheiten höchst unterschiedlich sein. Wie wird gewährleistet, dass die angebotenen Leistungen angemessen sind, den Anforderungen entsprechen? Werden alle Profit Center gleichberechtigt bedient?

Was tun bei unvorhergesehenen Situationen?

Beispiel: Ein Unternehmen, das in mehrere PC gegliedert ist, hat diesen auch seinen Fuhrpark zugeordnet. Ein Lastwagen bleibt auf der Landstraße liegen. Ein Lastwagen, der zu einem anderen PC gehört, kommt auf einer Lieferfahrt an diesem Wagen vorbei. Da beide PC autonom sind, ist kein Leistungsaustausch

6.1 Koordination der Profit Center und Zentralbereiche

vorgesehen und existieren auch keine Verrechnungspreise. Soll nun der eine Lastwagen dem anderen helfen? Immerhin entstünde im direkten Vergleich ein Nachteil für sein PC, weil Zeit verloren geht und möglicherweise nicht rechtzeitig ausgeliefert wird (Lieferzuverlässigkeitsquote...). Sollen sie über einen Verrechnungspreis verhandeln? Wer ist verhandlungsberechtigt?

Was üblicherweise als Freundschaftsdienst „verbucht" wird, kann durchaus zu einem Problem werden, weil in solchen Situationen der Konflikt zwischen Eigen- und Gemeinsinn auftritt. Dabei ist auch zu fragen, wer darüber entscheiden darf.

Abbildung 6.1 gibt einen Überblick über wichtige Koordinationsprobleme im Zusammenhang mit Profit-Center-Strukturen.

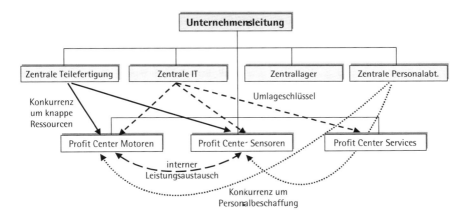

Abbildung 6.1: Koordinationsprobleme in Profit Centern

Um die geschilderten Koordinationsprobleme in den Griff bekommen zu können, sind einige Maßnahmen und Regeln zu definieren. Als eine Art „Basispaket" sollten die folgenden Elemente enthalten sein:

1. **Einrichtung regelmäßiger Treffen der Profit-Center-Leiter mit den Leitern anderer Center (vor allem der Zentralabteilungen) und Vertretern der Unternehmensleitung**

Diese Treffen sollten nicht zum Debattierclub ausarten, sie sollten selten stattfinden und sich inhaltlich auf übergreifende Problematiken beschränken. Ihre Aufgabe ist es, Probleme in der Zusammenarbeit zur Sprache zu bringen und ggf. neue Maßnahmen und Konzepte anzuregen. Dazu könnte beispielsweise gehören,

- die Bildung eines neuen Service Centers anzuregen, in dem Tätigkeiten aus mehreren Profit Centern konzentriert werden,
- einen Wechsel beim vorgeschriebenen Transferpreismechanismus zu beschließen,
- eine Kapazitätsanpassung in zentralen Bereichen der tatsächlichen Nachfrage der Profit Center zu beschließen oder
- den externen Bezug von Leistungen, die bislang Service Center anbieten und die dort bezogen werden müssen, zuzulassen.

Um eine Beschränkung auf die wirklich wesentlichen Themen zu gewährleisten, sollte eine solche Veranstaltung nicht öfter als halbjährlich stattfinden. Vor allem sollte verhindert werden, dass Fragestellungen, die auch unter den Profit Centern entschieden werden könnten, in ein solches Treffen verlagert werden.

2. Festlegung von Verhaltensmaßregeln für unvorhersehbare Situationen

Häufig werden hier von Unternehmen allgemeine Aussagen gemacht im Stile von „Gemeinwohl vor Einzelinteressen" usw. Dies ist im Ansatz natürlich richtig, muss aber präziser gefasst werden. Kein Profit Center wird sich auf das Gemeinwohl (Unternehmensoptimum) beschränken und sich dabei selbst ruinieren. Wichtig ist daher, mögliche Entschädigungen oder Prämien zu regeln, aber auch Grenzen zu ziehen. Eine präzisierte Fassung des Gemeinwohlgrundsatzes sollte daher z. B. folgende Regeln enthalten:

- *Welche Möglichkeiten bestehen, für eine „gemeinnützige Leistung" Ersatz zu bekommen?* Beispiele: Ersatz der entstandenen Kosten, fiktiver Transferpreis, Ersatz von Opportunitätskosten (entgangener Umsatz/Deckungsbeitrag beim aushelfenden Profit Center).
- *Wann besteht eine Verpflichtung, für ein anderes Profit Center einzutreten?* Beispiele: Wenn der zu befürchtende Schaden für das andere Profit Center größer ist als für das eigene. Nur, wenn eigene freie Kapazitäten vorhanden sind. Keine Verpflichtung.
- *Wann müssen Kunden/Aufträge weitergegeben werden?* Beispiele: Ein Profit Center akquiriert einen Kunden, der auch Leistungen anderer Center benötigt – Muss er „weiter gereicht" werden? Müssen Provisionen dafür gezahlt werden? Ein Profit Center erkennt, dass der Kunde besser von einem anderen Profit Center bedient werden könnte – Kann/muss es diesen Kunden abgeben bzw. weiter verkaufen?

3. Entwicklung eines eigenständigen Rechtssystems für Streitigkeiten innerhalb des Unternehmens

Bereits bei der Behandlung des innerbetrieblichen Leistungsaustauschs wurde auf die Notwendigkeit eigener interner Vertragsbedingungen hingewiesen. Diese regeln Streitigkeiten, die auch sonst im Zusammenhang mit der Geschäftsabwicklung auftreten können. Da es weder rechtlich möglich noch wünschenswert ist, das Rechtswesen gegen ein „Nachbar-Profit-Center" in Anspruch zu nehmen, müssen Regeln aufgestellt werden, über die im Zweifel die Unternehmensleitung wacht. Dabei sind u. a. folgende Fälle zu berücksichtigen:

- *Lieferverzug des leistenden Profit Centers* – Welche Folgen ergeben sich, wenn Vorprodukte oder Dienstleistungen nicht rechtzeitig erbracht werden? Muss der Lieferant den Verzugsschaden ersetzen? Wonach bemisst sich der Schadensersatz? In welchem Maße sind Mahnungen erforderlich?

- *Abnahmeverzug des kaufenden Profit Centers* – Welche Folgen ergeben sich, wenn die Vorprodukte nicht fristgerecht abgenommen werden (z. B. bei Produktionsverzug oder gar bei Aufgabe der Produktion)? Muss die Ware abgenommen/der Schaden ersetzt werden?

- *Qualitätsmängel der gelieferten Ware, Falschlieferung* – Können Transferpreise gemindert werden? Ist das kaufende Profit Center zur Abnahme verpflichtet? Wann bestehen Rücktrittsmöglichkeiten? Wann entsteht eine Schadensersatzpflicht?

- *Mängelrügen seitens externer Endkunden* – Wie werden Schadensersatzforderungen oder Preisminderungen externer Kunden behandelt, an denen auch liefernde Profit Center beteiligt sind? Können auch die Transferpreise gemindert werden oder muss das Profit Center mit Endkundenkontakt die Kosten alleine übernehmen?

Aus diesen Einzelregelungen lassen sich interne Geschäftsbedingungen erstellen, die allen Leistungsbeziehungen zugrundegelegt werden.

4. Entwicklung eines Prozederes für das ordentliche Verhandlungsverfahren

Neben den genannten Konfliktpunkten ist natürlich vor allem an die normalen und unbedingt erforderlichen Verhandlungsprozesse zu denken, etwa an die Aushandlung der Transferpreise oder die Festlegung des jeweiligen Leistungsprogramms. Dass es meist sehr unterschiedliche Interessen gibt, ist bereits mehrfach angesprochen worden. Insofern ist es unerlässlich, recht strenge Regeln für die Vorgehensweise festzulegen. Dabei sind mindestens folgende Punkte zu klären:

- *Zeitraum der Verhandlungen.* Verhandlungen nach Lust und Laune sind nicht akzeptabel, weil keine einheitlichen Preise für einheitliche Leistungen sichergestellt werden können und vor allem keine Planungssicherheit gewährleistet ist. Leistungen und ihre Preise aus dem innerbetrieblichen Austausch müssen ebenso in den Planungsprozess einbezogen werden wie solche, die extern beschafft werden. Daher müssen die Verhandlungen auf den allgemeinen Planungskalender abgestimmt werden. Folglich finden sie auf jeden Fall vor dem Abschluss des Budgetierungsprozesses statt. Dies gilt besonders dann, wenn Eigenbezug vor Fremdbezug gestellt wird.

- *Leitung der Verhandlungen.* Festzulegen ist auch, wer die Verhandlungen leitet bzw. wie sie geleitet werden und wer teilnimmt. Um die Manifestierung möglicherweise bestehender Machtverhältnisse zu verhindern, sollte die Leitung von unabhängiger Seite erfolgen. Dafür kommen in erster Linie Mitarbeiter des zentralen Controlling in Frage. Alternativ können auch Verhandlungsleiter aus den Centern gewählt werden. Deren Aufgabe ist es, neben der Ablaufsteuerung auch auf die Einhaltung der vorhandenen Regeln zu achten. Im Falle offensichtlich unüberbrückbarer Gegensätze muss eine anderweitige Einigung herbeigeführt werden. Dies kann, je nach wirtschaftlicher Bedeutung, eine (autoritäre) Entscheidung der Geschäftsführung oder des Controlling sein, oder ein zusätzlich eingeleiteter Verständigungsprozess (Mediation).

- *Veröffentlichung der Ergebnisse.* Im Sinne einer Fortführung des Transparenzprinzips sind die ausgehandelten Ergebnisse bekannt zu machen. Was Transferpreise angeht, kann dies etwa in Form einer offiziellen Preisliste geschehen, die unternehmensweit verbindlich ist. Dadurch kann auch kontrolliert werden, ob die Absprachen im Einzelnen eingehalten werden.

5. Festlegung grundsätzlicher Koordinationsprinzipien

Hilfreich ist es, einige Grundregeln vorzugeben, die letztlich eine Art Profit-Center-Philosophie des Unternehmens ergeben. Diese Grundregeln engen den Entscheidungsspielraum ein und verkürzen damit die Koordinationsprozesse. Diese Einschränkungen sind zu verkraften, wenn die Regeln den Grundbedingungen des Geschäfts entsprechen, also insgesamt das Betriebsergebnis nicht (wesentlich) belasten. Dies zeigt sich z. B. in dem Grundsatz: „Eigenbezug geht vor Fremdbezug". Damit wird prinzipiell in die Eigenständigkeit der Profit Center eingegriffen. Entscheidungen werden damit vereinfacht, andererseits können aber höhere Kosten entstehen, wenn der Marktpreis günstiger ist. Für das Gesamtunternehmen entsteht damit ein Nachteil. Je wirtschaftlicher jedoch die eigene Fertigung ist, desto eher ist der Nachteil zu verschmerzen (bzw. entwickelt er sich zu einem Vorteil).

Folgende Prinzipien *können* formuliert werden (*müssen* aber nicht; teilweise können sie sogar negative wirtschaftliche Auswirkungen haben; teilweise handelt es sich auch um Alternativen):

- Transferpreise dürfen einen vorhandenen Marktpreis nicht überschreiten.
- Transferpreise müssen kalkulatorische Transaktionskosten enthalten.
- Güter bzw. Dienstleistungen müssen intern bezogen werden, wenn es ein Angebot dafür gibt und Kapazitäten zur Verfügung stehen.
- Profit Center mit internen und externen Verkäufen müssen die externen mit der Geschäftsführung abstimmen (soll verhindern, dass andere Profit Center, die ebenfalls Kunde sind, keine Ware bekommen).
- Interne Geschäftsbedingungen müssen für alle internen Geschäfte verwendet werden.
- Transferpreise müssen bei Marktpreissenkungen entsprechend angepasst werden.
- Transferpreissteigerungen können erst zum nächsten Geschäftsjahr vorgenommen werden (Ausnahme: Rohstoffpreisänderungen).
- Kostenersparnisse müssen sofort/erst zum nächsten Geschäftsjahr vorgenommen werden.
- Unternehmensweite Qualitätsnormen/-standards müssen auch intern eingehalten werden.

6.2 Struktur der Kundenbeziehungen

Ein wichtiger Punkt, der bei der Profit-Center-Bildung meist vergessen wird, ist der der Kundenorientierung. Profit Center werden klassischerweise anhand interner Merkmale gebildet, während sich gleichzeitig das Marketing bemüht, eine intensive und eindeutige Kundenbeziehung aufzubauen. Sofern die Kundenbeziehungen in Frage gestellt werden, könnte sich der Vorteil der Profit-Center-Bildung gegen die Nachteile bei den Kundenbeziehungen aufheben.

Wie schon anfangs beim Beispiel ABB erkennbar war, führt die unkoordinierte Führung von Kundenbeziehungen zu einer mangelhaften Ausschöpfung des Nachfragepotenzials. So werden den Kunden nicht mehr alle Leistungen des Unternehmens angeboten, wie bei einem zentralen Vertrieb innerhalb einer funktionsorientierten Struktur, sondern nur noch die des jeweiligen Profit Centers (siehe auch Abbildung 6.2). Durch Anreize lassen sich zwar in gewissem Rahmen vermittelnde Aktivitäten hervorrufen, doch handelt es sich dabei eher nur um Nebengeschäfte, weil dem Vertrieb meist Fachkenntnisse für eine umfassende Beratung fehlen. Dazu kommen die fehlende Kompetenz für Abschlussverhandlungen, fehlende Informationen über Verfügbarkeiten, Lieferspektrum usw.

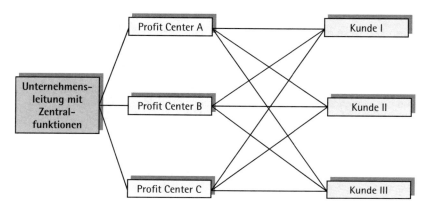

Profit Center führen zu komplexen Strukturen, wenn jeweils ein Kunde von mehreren Profit Centern bearbeitet wird!

Abbildung 6.2: Kundenbeziehungen bei Profit Centern

Die Einführung eines zentralen Vertriebs bringt auch keine Lösung, weil damit die wichtigste Funktion des Profit Centers, nämlich der eigenständige Marktkontakt, eingeschränkt würde. Inwieweit hier organisatorische Lösungen gefunden werden können, hängt letztlich vom Umfang des Problems ab. Besteht Anlass zu der Vermutung, dass wesentliche Umsatzpotenziale verloren gehen, kann entsprechend strategischer herangegangen werden. So besteht letztlich die Wahl zwischen folgenden Lösungen:

- *Die Strukturierung der Profit Center erfolgt anhand der Kundenstruktur.* Dabei werden die Center so abgegrenzt, dass möglichst ein Kunde nur von einem Profit Center bearbeitet wird. Ist die Nachfragestruktur heterogen, müssen die internen Leistungsbeziehungen mit entsprechenden Transferpreisproblemen ausgeweitet werden. Ob dieses Vorgehen sinnvoll ist, muss abgewogen werden. Auf jeden Fall ist es intern am problematischsten.

- In besonders eklatanten Fällen (sehr nachfragemächtige und große Kunden, die von tendenziell kleinen Profit Centern bedient werden), kann einfach die *Zusammenfassung von zwei Profit Centern zu einem* sinnvoll sein. Auch hier muss abgewogen werden zwischen dem positiven Effekt der besseren Ausschöpfung des Kundenpotenzials und dem negativen des Verlustes von Steuerungs-, Motivations- usw. Vorteilen bei den Profit Centern.

- *Die Kundenbetreuung der Profit Center wird durch ein zentrales Key Account Management (besser eigentlich: Key Account Controlling) unterstützt.* Diese Lösung erfordert intern wesentlich weniger Aufwand, ist aber auch nicht kostenfrei. Außerdem ist die konkrete Umsetzung nicht garantiert. Das Key Account Management besteht hier aus einer Stabsstelle bei der Geschäftsführung, dem zentralen Controlling oder Marketing (falls vorhanden) oder auch einer Linienfunktion innerhalb dieser Zentralbereiche. Notfalls kann auch ein neues Service Center eingerichtet werden. Aufgabe des Key Account Management ist nicht die konkrete Kundenbetreuung, wie sonst üblich, sondern die Beobachtung im Hinblick auf ungenutzte Potenziale, erzielte Profitabilitäten, ggf. auch im Vergleich der Profit Center. Auf dieser Basis stellt es den Center-Vertriebsbereichen Informationen darüber zur Verfügung, wie diese zusätzliche Umsätze erzielen können. Dabei spielen Verbundeffekte eine wesentliche Rolle, aber auch schon das Wissen über die verwandten Produktionsverfahren, benötigten Vorprodukte usw.

6.3 Zurechnung von Vermögenspositionen

Für die Berechnung von Kapitalrentabilitäten ist die Zuordnung von Kapitalpositionen auf die einzelnen Profit Center erforderlich. Nur in einzelnen Fällen ist dies einfach möglich, etwa wenn die Profit Center selbstständige Unternehmen sind. Je kleiner Profit Center sind und vor allem je stärker die Verflechtung mit anderen Unternehmensteilen ist, desto schwieriger ist die Abgrenzung. Im Allgemeinen heißt dies, dass die Kapitalpositionen der Bilanz nicht über einen Schlüssel, eine Art Umlageverfahren o. Ä. zugeordnet werden können. Damit lassen sich auch Eigen- und Fremdkapital nicht mehr unterscheiden.

Theoretisch wäre es durchaus interessant, Eigenkapitalanteile einzelnen Centern zuzuordnen, um dann Eigenkapitalrenditen zu berechnen und vor allem Unterschiede festzustellen. Da die Verwendung der Kapitalarten nicht nach Centern zu trennen ist, wenn man dies nicht einem Akt der Willkür überlassen will (Ausnahme könnten beispielsweise Rückstellungen sein), sind solche Aussagen nicht möglich.

Renditeberechnungen können sich daher nur auf Vermögenspositionen beziehen. Dies wurde schon im Kapitel 4 beim ROCE gezeigt. Wir haben es also mit dem operativen gebundenen Vermögen zu tun (capital employed). Einige Elemente sind leicht zuzuordnen, weil es sich um „kleine Teile" wie etwa Fertigwarenbestände handelt, andere stellen sich quer, weil sie auch von anderen Centern in Anspruch genommen werden (z. B. Anlagen, Gebäude) oder schwer detailliert zu erfassen sind (z. B. bestimmte Forderungen). Diese Zuordnungsproblematik lässt sich am ehesten durch ein festes Zuordnungsschema lösen, das als allgemeingültig vorgegeben wird. Ergänzend muss bei der Erfassung der Bestände von vornherein auf das Erfordernis der Zuordnung geachtet werden. Im Falle eines Zentrallagers hieße dies etwa, die Bestände mit ihrer Zuordnung zu Profit Centern zu kennzeichnen und ebenso das Lager (Gebäudewert, Anlagenwert) nach Inanspruchnahme den Vermögenspositionen der Center zuzuordnen.

Abbildung 6.3 enthält einige wichtige Positionen mit den erforderlichen Anmerkungen.

Vermögensposition	Anmerkungen
Anlagegüter	Sofern innerhalb eines Profit Centers eingesetzt, werden sie diesem zugerechnet. Korrekturen für Leistungsaustausch können entfallen, wenn sich dieser im Unternehmen im Großen und Ganzen gegeneinander aufrechnet. Bei starker und konstanter Leistungsabgabe kann eine anteilige Zurechnung zum abnehmenden Center sinnvoll sein. Problematisch ist die Zuordnung, wenn es Service und Profit Center mit eigenen Anlagen gibt. Nehmen Profit Center Leistungen von Service Centern mit Anlagevermögen in Anspruch, dann ist ihre Vermögensbasis geringer, als hätten sie eigene Anlagen dafür. Sie können durch Bezug von Waren mit hoher Anlageintensität in der Fertigung bei anderen Centern ihre Kapitalrendite steigern. Das Service Center kann sich dagegen in der Regel kaum wehren. Da auch die Transferpreisproblematik besteht, ist eine zutreffende Renditeermittlung praktisch ausgeschlossen.
Lagerbestand Vorprodukte	In der Regel einfach zuzurechnen, wenn sie nur in einem Center verbraucht werden bzw. die Lagerung in dem jeweiligen Center erfolgt. Probleme entstehen, wenn Vorprodukte zentral gelagert werden, Verbrauchsmengen schwanken bzw. die Produkte erst geteilt werden müssen. Beispielsweise ist die Zurechnung von Rohstoffen und Chemikalien schwierig, wenn sie nach optimalen Bestellmengen ins Zentrallager eingehen und die Bestände dadurch stark schwanken. Der Vorratsbestand ist dann mehr eine Zufallsgröße, so dass letztlich Durchschnittsgrößen herangezogen werden müssen. Wiederum entstehen hohe Anforderungen an die Erfassung.
immaterielle Güter (Rechte)	Damit sind vor allem erworbene Patente, Markenrechte u. ä. Rechtsschutz gemeint. Hier besteht die Problematik vor allem in der Nutzbarkeit der Rechte von anderen Bereichen des Unternehmens. So könnte ein Patent auch von anderen Centern genutzt werden, zu fragen wäre aber, wie sich das auf die Vermögensbasis niederschlägt. Eine Teilung des Rechts ist aber prinzipiell nicht möglich. Es könnte daher sinnvoll sein, Rechte prinzipiell dem Unternehmen nur insgesamt zuzurechnen.

6.3 Zurechnung von Vermögenspositionen

Gebäude	Sofern ein Profit Center in einem eigenen Gebäude tätig ist, entstehen wenige Probleme. Dann stellt sich „nur" die Frage, welcher Wert anzusetzen ist: z. B. Verkehrswert, ursprünglicher Kaufpreis nach Abschreibungen, kalkulatorischer Teilwert, wenn das Gebäude zu einem Gesamtkomplex gehört. Im letzteren Fall wäre zu diskutieren, ob das Gebäude überhaupt alleine einen Wert hat bzw. ob es Unterschiede zwischen den Gebäuden des Firmenkomplexes gibt. Werden Gebäude geteilt, muss die tatsächliche Nutzung ermittelt werden, was auf eine Aufschlüsselung der Gesamtfläche nach Centern hinausläuft. Dies ist jedoch angesichts von gemeinschaftlich genutzten Flächen eine undankbare und konfliktträchtige Aufgabe. Mitunter ist es sinnvoll, auf die Zurechnung von Gebäuden zu verzichten und stattdessen die Anforderungen an die Rendite zu erhöhen, so dass auch die Gebäude finanziert werden können.
Finanzanlagen	Finanzanlagen sind meist abhängig von übergeordneten Entscheidungen der Geschäftsleitung, so dass eine Zurechnung auf Profit Center nicht erfolgen kann.
Forderungen	Sind üblicherweise einfach einem Profit Center zuzurechnen. Falls eine zentrale Buchhaltung vorhanden ist, muss dort eine Zuordnung nach Kunden bzw. Aufträgen erfolgen.
Rückstellungen	Gehören zu den operativen Passiva, die, sofern zinsfrei, von den Aktiva abgezogen werden müssen. Unproblematisch sind Rückstellungen für konkrete Zwecke wie etwa Verpflichtungen aus Kaufverträgen und für Vergütungen. Rückstellungen für eventuelle Schadensfälle können schon durch ihre Höhe bedrohlich werden, so dass hier eher eine Risikogemeinschaft eintritt. Besonders schwierig sind Pensionsrückstellungen, nicht nur wegen der unterschiedlichen Möglichkeiten zur Berücksichtigung des Zinsanteils, sondern auch, weil es sich um Zusagen des Unternehmens insgesamt handelt. Das einzelne Profit Center hat darauf wenig Einfluss. Außerdem macht sich der Effekt besonders stark bemerkbar, wenn ein Profit Center neu gegründet wird und Personal mit vorhandenen Pensionszusagen übernimmt.

Abbildung 6.3: Vermögenspositionen und ihre Zurechnung auf Profit Center

Insgesamt ist festzuhalten, dass eine separate Vermögenszurechnung auf die Profit Center erforderlich ist, um Renditeberechnungen vornehmen zu können. Bei Vermögensteilen, die nicht alleine von einem Center genutzt werden, ist entweder ein Zuordnungsmechanismus auf alle relevanten Center zu entwickeln, oder sie sind dem Zentralvermögen zuzurechnen. Dieses Vermögen ist dann über die höhere Rendite der Profit Center zu finanzieren. Will beispielsweise das Unternehmen insgesamt eine Rendite auf das eingesetzte Kapital von 15 % erreichen und verfügt es über Zentralvermögen, das den Profit Centern zur Verfügung steht, dann müssen diese mehr als 15 % erwirtschaften, um dieses Ziel zu erreichen. Wie viel mehr, hängt vom Umfang des Zentralvermögens ab.

Diese Lösung entspricht etwa dem „Deckungsbeitragsdenken" und ist nur intern einzusetzen, nicht etwa im Rahmen der Segmentberichterstattung, also extern. Dann ist die Zurechnung des Zentralvermögens auf die Segmente, die ggf. einem Profit Center entsprechen, erforderlich.

6.4 Belastung durch Transaktionskosten

Profit Center sind u. a. als Teil einer Rationalisierungsstrategie zu verstehen. Sie sollen die Effizienz des Unternehmens steigern, was durch Kostensenkung geschehen kann, aber auch durch Erlössteigerung bei konstanten Kosten. Gründe für solche Effizienzsteigerungen sind u. a. in der Verkürzung und Vereinfachung von Entscheidungswegen sowie der höheren Flexibilität zu sehen. Andererseits führen Profit-Center-Strukturen auch zu steigenden Kosten, weil insbesondere das Koordinationsproblem zu lösen ist (siehe oben). Dabei führen komplexere Strukturen, die durchaus mehr Flexibilität und schnellere Entscheidungen gewährleisten können, zu wachsenden Koordinationsaufwendungen. Diese Aufwendungen bilden den zentralen Teil der **Transaktionskosten**. Dazu gehören unproduktive Kosten, die durch Information, Kommunikation (z. B. auch Missverständnisse, Genehmigungen), Transport (Akten, Waren, Daten) entstehen (Abbildung 6.4). Die Höhe der Transaktionskosten ist ein Maß für die (In-)Effizienz einer Organisation.

Transaktionskosten entstehen durch:
- Durchsetzung von Entscheidungen von oben nach unten
- Abstimmungsprozesse auf Profit-Center-Ebene
- Informationsfluss bottom up
- Abstimmung von Profit Centern und Zentralabteilungen

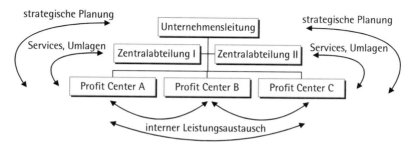

*interne Kommunikation verursacht Transaktionskosten →
Abstimmungsprozesse sollten reduziert und vereinfacht werden*

Abbildung 6.4: Transaktionskosten in Profit-Center-Strukturen

6.4 Belastung durch Transaktionskosten

Prinzipiell können höhere Transaktionskosten einer Profit-Center-Organisation gerechtfertigt sein, wenn ihnen andere (stärkere) Vorteile wie Motivation und Transparenz gegenüber stehen. Diese lassen sich nicht unbedingt zahlenmäßig abbilden, weil es sich auch um subjektive, immaterielle Größen handelt. Nichtsdestotrotz ist es wichtig, die Transaktionskosten zu erfassen und zu überwachen. Leider besteht die Tendenz, den Abstimmungsaufwand ohne geeignetes Gegengewicht (insbesondere das deutliche Interesse der Geschäftsleitung) zu erhöhen. Als Argument dagegen kann erst einmal eine Aufstellung der Transaktionskosten helfen, die sich andeutungsweise aus der Abbildung 6.4 ergeben. Dafür kann das zentrale Controlling verantwortlich sein. Es muss feststellen, welche Vorgänge (auch solche, die in den Gemeinkosten „untergehen", wie etwa mündliche Abstimmungen) auf die Profit-Center-Struktur zurückzuführen sind. Diese sind dann anhand der tatsächlichen bzw. der kalkulatorischen Kosten (z. B. Managementgehälter) zu bewerten. Schließlich werden sie dem geschätzten Nutzen der Struktur gegenüber gestellt. Dies kann meist nicht mehr als eine Schätzung sein, sie gibt aber schon einmal Anhaltspunkte. Im Zeitablauf ergibt sich dann die Möglichkeit, die Entwicklung der Kosten zu beobachten und ggf. gegenzusteuern. So führt beispielsweise das Bedürfnis, es im nächsten Jahr noch besser zu machen, noch genauer zu planen usw. zu steigenden Transaktionskosten. Die kontrollierende Instanz kann mit Hilfe dieser Kostenanalyse auf mehr Effizienz drängen und auch in die Koordinationsprozesse eingreifen.

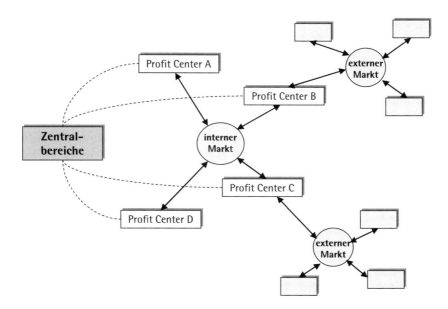

Abbildung 6.5: Steuerung durch interne und externe Märkte

Dabei können durchaus auch neuere Konzepte umgesetzt werden. So bietet es sich beispielsweise an, für den internen Leistungsaustausch auf das Modell des elektronischen/virtuellen Marktes umzustellen. Dabei werden die Verhandlungen, aber auch Bestellungen und sonstige Fragen der Abwicklung, über Softwaremodule abgewickelt. Dies geschieht analog zur internetgestützten Beschaffung über externe Marktplätze. Abbildung 6.5 zeigt die entsprechende Struktur.

Beim *externen* Einsatz ist der wesentliche Vorteil der elektronischen Märkte die Ausweitung der Kontaktmöglichkeiten auf die ganze Welt. *Intern* ist es mehr die Standardisierung der Prozesse, die

- eine Kontrolle der Einhaltung von Geschäftsbedingungen, vereinbarten Preisen usw.,
- ggf. automatisierte oder beschleunigte Genehmigungen,
- eine vollständige Transparenz des Leistungsangebots der einzelnen Center und
- eine Beschleunigung der Verwaltungsprozesse

ermöglicht.

Darüber hinaus können auch zusätzliche Koordinationsmechanismen eingesetzt werden, die vor allem dann sinnvoll erscheinen, wenn sich die Transferpreisbildung als schwierig herausstellt oder kurzfristige Nachfrageänderungen zu zusätzlichem Angebot führen. Folgende Formen sind in diesem Zusammenhang geeignet:

- **Spotmarkt für kurzfristig verfügbare Güter** – Beispiel: Ein Profit Center musste seine Produktion wegen Nachfragerückgangs oder ausgefallener Kunden drosseln und verfügt nun über Bestände, die innerhalb des Unternehmens verfügbar gemacht werden. Gleiches gilt auch für Dienstleistungen, wenn etwa Kapazitäten nicht voll für externe Kunden verplant werden können.
- **Einkaufsausschreibung** – Ein Profit Center lädt andere Center, ggf. auch parallel zu externen Anbietern, zur Abgabe von Geboten für die Lieferung von Waren ein. Der Vorteil dieses Verfahrens liegt vor allem darin, dass die Angebote so angefordert werden können, dass ein direkter Vergleich möglich ist. Dadurch lässt sich die Orientierung an Marktpreisen sicherstellen und letztlich auch nachweisen.
- **Verkaufsausschreibung** – Analog zur Einkaufsausschreibung, kommt jedoch eher bei Gütern mit Nachfrageüberhang zum Einsatz.
- **Verkaufsauktion** – Kann als die radikale Form der Marktorientierung bei der Preisbildung angesehen werden. Sie bietet sich gerade dann an, wenn aufgrund der Art des Produkts eine (Markt-)Preisermittlung erschwert ist.

Eine langfristige Koordination auf der Basis von Auktionen ist jedoch nicht möglich.

- **Einkaufsauktion** – Analog zur Verkaufsauktion.

6.5 Entwicklung eines internen Marketingkonzepts

Gerade dann, wenn Profit Center nicht einem mehr oder weniger selbstständigen Unternehmen entsprechen, etwa einer Sparte mit eigenem Marketing, Einkauf, Logistik usw., wird oft vergessen, dass die Schnittstellen nach außen ein besonderes Problemfeld darstellen. „Außen" sind nunmehr auch andere Profit Center, die als Kunde in Frage kommen und entsprechend bearbeitet werden sollten. Ein modernes Profit-Center-Konzept will ja nicht nur eine rechentechnische Aufteilung des Unternehmens, sondern es will unternehmerischen Geist, Motivation in die einzelnen Bereiche bringen. Diese sollen nicht nur auf Anforderung reagieren, das heißt ein Center beliefern, wenn es darum bittet, oder weil es schon immer so war, sondern es soll Möglichkeiten der Geschäftsausweitung und Ertragssteigerung nutzen und muss sich gegen externen Wettbewerb durchsetzen.

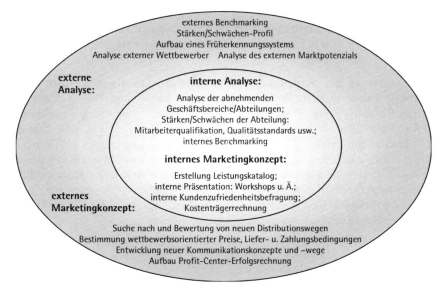

Abbildung 6.6: Grundelemente eines strategischen Konzepts für ein Profit Center

Es benötigt daher ein Marketingkonzept, das sowohl extern als auch intern schlüssig ist. Dieses ist in ein umfassendes strategisches Konzept einzubinden, dessen Grundstruktur Abbildung 6.6 zeigt.

Zu unterscheiden sind der externe und der interne Bereich. Extern bezieht sich immer auf Kunden anderer Unternehmen und entspricht einem klassischen Strategie- und Marketingkonzept. Grundlage ist eine Analyse des Marktes, der eigenen Stärken und Schwächen sowie der sich daraus ergebenden Möglichkeiten. Im Gegensatz zu einem Unternehmen ohne Profit Center und zentralem Marketing muss hier spezifischer gedacht werden, man kann sich nicht mehr auf eine zentrale „Weisheit" verlassen. Profit Center müssen eigenständige Wettbewerbspositionen erarbeiten, die sich durchaus von denen der Center-Kollegen unterscheiden können. Dies darf allerdings nicht in Konkurrenz ausarten, weil dabei letztlich das Prinzip des Unternehmensoptimums verletzt würde.

Gerade bei neu gegründeten Profit Centern muss oft erst an einem eigenständigen Verständnis gearbeitet werden, Identität ist herzustellen, ein gewisser Egoismus zu fördern. Mitarbeiter müssen erkennen, dass und wie sie Einfluss auf den Markt und den eigenen Erfolg nehmen können, die Eigenheiten des Profit Centers sind in der Kommunikation herauszustellen.

Daran schließen sich operative Überlegungen an, nämlich die Frage der konkreten Umsetzung in Marketingmaßnahmen. Dabei sind einige Entscheidungen sinnvollerweise zentral vorzugeben bzw. unternehmensweit abzustimmen, während andere durchaus betont individuell zu gestalten sind. Prinzipiell ist nämlich zu berücksichtigen, dass das Unternehmen insgesamt profitiert, wenn etwa ein einheitliches Erscheinungsbild vorhanden ist (ermöglicht Imagetransfer, Wiedererkennbarkeit) und sich für Kunden mehrerer Center eine gewisse Konsistenz ergibt.

Die Entwicklung des Marketingkonzepts sollte sich an den Instrumenten des Marketing-Mix orientieren. Als Erweiterung zum klassischen 4P's-of-marketing-Schema (Product, Price, Place, Promotion) wird die Verwendung eines modifizierten Vier-Elemente-Konzepts vorgeschlagen. Dabei wurde das Element „Kundenmanagement" ergänzt, „Distribution" und „Kontrahierung" (Vertragspolitik) wurden zusammengefasst, weil sie in wachsendem Maße zusammenhängen (z. B. durch die Kalkulation unterschiedlicher Preise für unterschiedliche Vertriebswege). Abbildung 6.8 gibt einen Überblick über die Instrumente. In der Mitte sind beispielhaft zwei Fragen angegeben, die von den Profit-Center-Verantwortlichen besonders diskutiert werden müssen.

6.5 Entwicklung eines internen Marketingkonzepts

einheitlich	individuell
Gestaltungsprinzipien der Kommunikation (Logo, grafischer Aufbau von Anzeigen, Verwendung von Farben, Schrifttypen usw.)	Inhaltliche Gestaltung von Kommunikationsmaßnahmen, insbesondere Direktwerbung; individuelle Ansprechpartner
Preispositionierung (hoch/niedrig) im Vergleich zum Wettbewerb	konkrete Preisfindung, Lieferbedingungen, Finanzierungsangebote, Sonderangebote
Qualitative Positionierung im Wettbewerb: Designorientierung, Massenfabrikate, Serviceorientierung, Pionier usw.	Produktleistungsmerkmale, Zusatzleistungen
Geografische Orientierung (Niederlassungen bzw. Lieferungen in alle Länder/nur Europa/ nur Deutschland o. Ä.)	Vertriebssystem und -wege; Zusammenarbeit mit Distributionspartnern, Vertriebsstellen, -mitarbeiter, telefonische Betreuung
Ausmaß der Kundenorientierung (regelmäßige Befragung zur Zufriedenheit, Key-Account-Management-Organisation, Bereitschaft zur Zusammenarbeit usw.)	

Abbildung 6.7: Empfehlungen für individuelle und standardisierte Gestaltung von Marketingmaßnahmen

Die Ausrichtung auf Kunden hat dabei eine zentrale Bedeutung. Für das einzelne Profit Center kommt es darauf an, eigene **Kundennutzen** zu definieren. Diese Nutzen bestehen nicht nur aus der Leistung eines Produkts, sondern aus mehreren Komponenten. Allgemein können im Bereich der Investitionsgüter die folgenden Dimensionen analysiert werden:

- **Leistungsvorteile** – bessere Qualität, höhere Kapazität, größere Genauigkeit, höherer Leistungsumfang

- **Kostenvorteile** – längere Lebensdauer, geringere Unterhaltskosten, geringere Reparaturkosten, einfachere Konstruktion

- **Servicevorteile** – Umfangreichere Serviceleistungen, höhere Servicequalität, größere Serviceflexibilität

- **Zeitvorteile** – schnellere Verfügbarkeit, zuverlässigere Lieferungen, größere Reaktionsflexibilität

- **Kommunikationsvorteile** – intensiverer Informationsaustausch, stärkere Integration in Entscheidungsprozesse, höhere Kommunikationsqualität

Abbildung 6.8: Elemente des Marketing-Mix

Neben dem externen Marketingkonzept muss an dem internen gearbeitet werden. Auf der einen Seite ist dies eine einfache Angelegenheit, weil man „einfach nur" das externe Marketing auf die Kollegen in anderen Profit Centern übertragen müsste. Auf der anderen Seite ist dies eine hochkomplizierte Angelegenheit, weil das Bewusstsein dafür meist nur schwach ausgeprägt ist, teilweise nicht eingesehen wird, warum ein altbekannter Kollege nun umworben werden soll wie ein interessanter Neukunde. Internes Marketing greift in gewachsene Kommunikationsstrukturen ein, führt damit zunächst zu einer gewissen Fremdheit. Freundschaftliche Beziehungen werden durch Kundenbeziehungen ersetzt, Freundschaftsdienste werden zu wirtschaftlichen Prozessen. Für das liefernde Profit Center heißt dies, Formalia einzuführen, Standards zu definieren und einzuhalten. Für das abnehmende Profit Center heißt dies, Bedarfe frühzeitig anzumelden und Leistungen zuverlässig zu beziehen, auf ad-hoc-Entscheidungen weitestgehend zu verzichten.

6.6 Vorgehensweise bei der Einführung von Profit Centern

Nach der Betrachtung der geschilderten Problembereiche stellt sich die Einführung einer Profit-Center-Struktur nicht gerade als einfache Aufgabe dar. Neben den „harten Faktoren" wie der Umstellung des Controlling oder der Einführung von Koordinationsinstanzen ist auch an die „weichen Faktoren" wie das Bewusstsein der Mitarbeiter für neue Dimensionen der Kundenbeziehung oder die Motivation zu ertragsorientiertem Handeln zu denken.

Als Vorüberlegung bietet es sich zunächst an, über das strategische Konzept der Umsetzung nachzudenken. Damit ist die Frage gemeint, ob gleich Profit Center eingeführt werden sollen oder ein Zwischenschritt in Form von Revenue Centern oder Cost Centern sinnvoll ist. In manchen Situationen fehlt es noch am Bewusstsein für die Kosten einzelner Entscheidungen, weil eben Leistungen nie verkauft wurden, sondern gegen globale Verrechnung oder Subvention (garantiert) abgenommen wurden (siehe etwa Gesundheitswesen, öffentliche Verwaltung). In anderen sind zwar die Kosten bekannt, nicht jedoch die erzielten Verkaufspreise. Den Mitarbeitern fehlt eine Möglichkeit, den Wert ihrer Leistung einzuschätzen, sie arbeiten auf Kostensenkung hin, nicht jedoch auf Leistungssteigerung, Hier muss ein Gefühl für Marktwerte und -preise geschaffen werden.

Die Einführung eines Zwischenschritts bietet den wesentlichen Vorteil, Gelegenheit zum Gewöhnen und Probieren zu geben. Der Verantwortungsbereich wird auf etwa die Hälfte des angestrebten Maßes ausgeweitet, so dass die neuen Fragestellungen überschaubar bleiben. Abbildung 6.9 zeigt die drei prinzipiell möglichen Strategien zur Einführung von Profit Centern.

Folgende Hauptschritte sollten bei der Einführung berücksichtigt werden:

1. Vorüberlegungen

Brauchen wir überhaupt Profit Center? Wo liegen die aktuellen Probleme? Gibt es rechtliche/wirtschaftliche Erfordernisse für die Einführung von Profi Centern? Welche Unternehmensstrukturen sind langfristig erwünscht? Wie könnte das Konzept insgesamt aussehen?

2. Definition der Geschäftsfelder des Unternehmens

Wonach werden die Tätigkeitsbereiche unterschieden (Produkte/Regionen/Kunden)? Wie groß sind die Unterschiede? Wie groß sind die Geschäftsfelder (Umsatz/Mitarbeiter)? Inwieweit sind in den Geschäftsfeldern bereits Management- und Controllingstrukturen vorhanden?

3. Entscheidung über zentrale/dezentrale Angebote

Welche Funktionen sollen zentral angeboten werden (Leitung, Controlling, Personal usw.)? Welche Funktionen sollen den Profit Center zugeordnet werden (Analyse von Kosten- und Leistungsvorteilen)? Inwieweit bestehen Managementkapazitäten für die Centerstruktur? Welche Auswirkungen bestehen auf die Kundenbeziehungen? Sind die Voraussetzungen für die Profit-Center-Definition gegeben?

4. Analyse der innerbetrieblichen Leistungsverflechtungen

Welche Austauschbeziehungen entstehen/sollten ausgebaut oder abgeschafft werden? Wie können diese Beziehungen im Rechnungswesen erfasst werden (Transferpreismechanismus)?

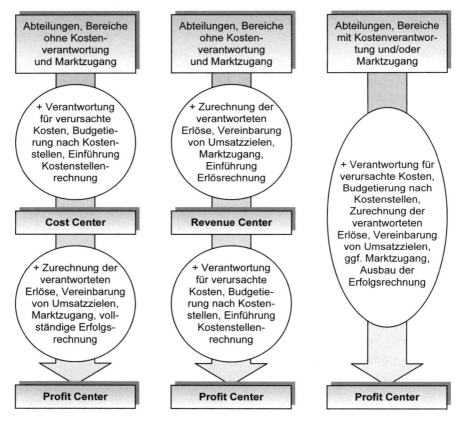

Abbildung 6.9: Strategien zur Einführung von Profit Centern

5. Aufbau der Center-Struktur

Definition von Profit, Service u. a. Centern, Aufbau der internen Führungsstruktur, Etablierung der Koordinationsinstrumente, ggf. Entscheidung über Rechtsformen

6. Aufbau des Profit-Center-Controlling

Einführung der Center als Controllingobjekte, Entwicklung von Serviceleistungen, Aufbau des Anreizsystems

Literatur

Coenenberg, A. G.: Jahresabschluß und Jahresabschlußanalyse, 18. Aufl., Landsberg 2001

Dinter, H.-J.: Führung mit ROI-Kennzahlen und Shareholder Value, S. 255–292, in: Mayer, E.; Lissmann, K.; Freidank, C.-Chr. (Hg.): Controlling-Konzepte, 4. Aufl., Wiesbaden 1999

Drury C.: Management and Cost Accounting, 4. Aufl., London 1996

International Accounting Standards Board (Hg.): International Accounting Standards 2001 (Deutsche Ausgabe), Stuttgart 2001

Internationaler Metallgewerkschaftsbund (Hg.): Analyse der organisatorischen Neuausrichtung des ABB-Konzerns, o. O., 2001

Kaplan, R. S.; Norton, D. P.: Balanced Scorecard, Stuttgart 1997

Leibfried, K. H. J.; McNair, C. J.: Benchmarking, München 1995

Preißner, A.: Balanced Scorecard in Vertrieb und Marketing, 2. Aufl., München 2002

Preißner, A.: Praxiswissen Controlling, 2. Aufl., München 2001

Rappaport, A.: Shareholder Value, 2. Aufl., Stuttgart 1999

Rieger, W.; Mayer, R.: Integriertes, wertorientiertes Profit-Center-Management Unternehmenswertmodell und Managementinformationssystem als zentrale Steuerungsinstrumente, S. 119–152, in: Horváth, P. (Hg.): Controlling & Finance, Stuttgart 1999

Schmelzer, H. J.; Sesselmann, W.: Geschäftsprozess-Management in der Praxis, 2. Aufl., München 2002

Thiel, K.: Aufbau und Umsetzung einer Centersteuerung, S. 84-109, in: Reichmann, Th. (Hg.): Tagungsband zum 14. Deutschen Controlling Congress, Dortmund 1999

Vahs, D.: Organisation, 2. Aufl., Stuttgart 1999

Register

ABB 34ff.
Abwesenheitsquote 106
A-Kunden-Anteil 98
Alleinkundenanteil 98
Angebotserfolg 97
Anlagespiegel 115
Anreize 171ff.
Anreizsysteme 165ff.
    Anforderungen 169ff.
    Balanced Scorecard 174ff.
    Diskrepanzen 166ff.
    Strategiekonformität 185f.
A-Produkt-Anteil 98
Arbeitsproduktivität 104
Arbeitszeitstruktur 105
Auftragsrate 97
Auftragsstruktur 97
Auktion 200f.
ausgelagerte Unternehmensteile 33f., 41f.
Auslastungsgrad 104
Ausschussquote 104
Auszubildendenanteil 105

Balanced Scorecard 133ff.
    Einführungsprozess 143, 155ff.
Benchmarking 160ff.
    mit Balanced Scorecard 164
Beschaffungskostenanteil 103
Beta-Koeffizient 122
Bilanz 114
Bonusmatrix 177

Cash-flow 101ff., 112ff.
    direkte Methode 106f.
    discounted 102
    freier 102, 106, 119ff., 180
    indirekte Methode 196f.
    Investitions- 101, 108f., 116
    operativer 101, 106, 115, 179
    Profit-Center- 123ff., 180
CFROI 102
Churn Rate 98
Cost Center 18f.

DCF 102
Debitorenziel 100
Deckungsbeiträge 52ff., 87
Deckungsbeitragsrate 100
Dezentralisierung 13
Durchschnittsprinzip 63

EBIT 99
EBITDA 100
Erfolgsrechnung 43f., 47ff.
EVA 101

Fehlerkostenanteil 104
Fehlerverhütungskostenanteil 104
Fehllieferungsanteil 103
Fehlmengenkosten 104
finanzwirtschaftliche Perspektive 138
Firmenwert 179
Fixkostenanteil 104
Funktionsorientierung 5ff., 26f.
Fusion 37f.

Gesamtkostenverfahren 52
Gewinn 179
Gewinn- und Verlustrechnung
    48ff., 113ff.
Grenzkosten 75f.

Hierarchie 32ff.
Holding 7f.

IAS 14 92f.
innerbetrieblicher
    Leistungsaustausch 71ff.
Innovationsgrad 97
interne Prozessperspektive 139f.
interner Markt 199f.
internes Marketing 201ff.
Investitionsfinanzierungsgrad 100
Investment Center 19f.

Kapitalkosten 101, 120f.
Kausaldiagramm 147
Kausalität 134ff.
Kennzahlen 95ff.
Koordination 13, 187ff.
Kostenrechnungssysteme 51ff.
Kostenstelle 18f.
Krankenstand 105
Kreditorenziel 100
Kundenbeziehungen 193ff.
Kundendeckungsbeitrag 98
Kundennutzen 203
kundenorientierte Organisation
    8f., 29, 36
Kundenperspektive 138f.
Kundenzufriedenheit 98, 179

Lagerdauer 103
Lagerumschlag 103
Leistungsverflechtungen 82ff.
Lern- und Entwicklungsperspektive
    140
Lieferzuverlässigkeit 103
Liegezeit 103

Logistikkostenanteil 103
Lost-Order-Rate 98

Management-Holding 7
Managementtechniken 2ff.
Markenführung 42ff.
Marketingkonzept 201ff.
Maketing-Mix 204
Marktanteil 97
Marktpreis 72f.
Maschinenproduktivität 104
Materialintensität 103
Matrixorganisation 7ff., 35
Mitarbeiterzufriedenheit 105
Mittelstand 38f.

Neukundenanteil 98
NOPAT 100

Objektorientierung 5ff.
Operating Profit 50
operative Holding 7f.
organisationaler Wandel 14f.
organisationales Lernen 14f.

Personalfluktuation 105
Personalintensität 105
Perspektiven der Balanced
    Scorecard 134ff.
Produktmanagement 6f.
Profit Center
    Bildung 21ff.
    Cash-flow 123ff.
    Deckungsbeiträge 54ff., 87, 179
    Definition 19f.
    Einführung 204ff.
    Erfolgsrechnung 43f., 47ff.
    GuV 51
Projektorganisation 9f., 30
Prozesskostenrechnung 51ff., 67
Prozessmanagement 10
prozessorientierte Organisation 10f.

Qualitätsindex 179

Rabattquote 98
Rationalisierung 12ff.
Rechnungswesen 47ff.
   externes 48
   internes 48
Rechtssystem 191
regionale Organisation 29
Reklamationsquote 97, 179
Residual Income 102, 111f.
Revenue Center 19f., 23
Risikomanagement 3
Risikoprämie 121
Risikostruktur 92, 124ff.
ROCE 99, 109ff.
ROI 179

Sartorius 94
Segmentberichterstattung 92ff.
Service Center 19f., 23
Shareholder Value 116ff.
Spartenorganisation 6ff., 27f., 33, 36
Stadtwerke 40f.
Stornoquote 97

Teilkostenrechnung 51ff.
Tragfähigkeitsprinzip 63

Transaktionskosten 198ff.
Transfermatrix 84f.
Transferpreise 71ff.

Umlagen 57ff.
Umsatzkostenverfahren 52, 113
Umsatzrentabilität 99
Unternehmensführung 1ff.

Verbrauchsabweichung 104
Verhandlungsgrundsätze 74, 191
Verhandlungsprinzip 63, 73
Vermögenspositionen,
   Zurechnung von 195ff.
Verrechnungspreise 71ff.
Vertriebskostenanteil 97
virtuelle Organisation 11f.
virtueller Markt 199f.
Vollkostenrechnung 51ff.

WACC 101
Werbekostenanteil 97
Wertgeneratoren 118
Wertorientierung 116ff.
Working Capital 100

Zentralkosten 57ff.
zweiteiliges Transferpreissystem 78f.

Wege aus dem Datenfriedhof!

Andreas Preißner
Balanced Scorecard in Vertrieb und Marketing
Planung und Kontrolle mit Kennzahlen
2., vollständig überarbeitete und erweiterte Auflage
2002. 302 Seiten. Kartoniert.
ISBN 3-446-21962-5

Vertrieb und Marketing gehören zu den am schwersten steuerbaren Unternehmensbereichen.

Durch die zahlreichen Kontakte zum Markt ergeben sich vielfältige Schnittstellen, die schwierig in den Griff zu bekommen sind.

Die Balanced Scorecard, die sich bereits in vielen Unternehmen als ausgezeichnetes Steuerungsinstrument etabliert hat, bietet hier eine Lösung.

Dieses Buch zeigt Ihnen, wie Sie die Balanced Scorecard speziell in Vertrieb und Marketing hilfreich einsetzen.

Als echtes Praxisbuch ist es sofort einsetzbar und verzichtet auf theoretischen Ballast.

Carl Hanser Verlag

Postfach 86 04 20, D-81631 München
Tel. (0 89) 9 98 30-0, Fax (0 89) 9 98 30-269
eMail: info@hanser.de, http://www.hanser.de

Alles, was Sie über Controlling wissen müssen.

Andreas Preißner
Praxiswissen Controlling
Grundlagen –
Werkzeuge –Anwendungen
2., erweiterte Auflage.
2001. 366 Seiten. Kartoniert.
ISBN 3-446-21585-9

Jeder braucht heute Controlling-Kenntnisse. Doch viele Bücher zu diesem Thema sind für Studierende und Wissenschaftler geschrieben und kommen daher für Praktiker als Begleitlektüre im Arbeitsalltag nicht in Betracht. Andere beschäftigen sich nur mit Teilaspekten und setzen erhebliches Grundwissen voraus.

Dieses Buch vermittelt komprimiertes Praxiswissen, ohne sich mit wissenschaftlichen Details aufzuhalten:

- Die einzelnen Kapitel sind kurz und kommen schnell auf den Punkt;
- zahlreiche Abbildungen illustrieren, worum es geht;
- verständliche Beispiele erläutern den Praxisbezug.

Neu hinzugekommen ist in der 2. Auflage ein ausführlicher Sonderteil zum Thema „Profit-Center".

Carl Hanser Verlag

Postfach 86 04 20, D-81631 München
Tel. (0 89) 9 98 30-0, Fax (0 89) 9 98 30-269
eMail: info@hanser.de, http://www.hanser.de

Neue Wege der Beschaffung.

Andreas Preißner
**Electronic Procurement
in der Praxis**
**Die neue Beschaffung:
Systeme –
Prozesse – Organisation**
2002. 285 Seiten. Gebunden.
ISBN 3-446-21746-0

Elektronische Beschaffung gilt als der profitversprechendste Einsatzbereich des Internets im Unternehmen.
E-Procurement wird derzeit mit Hochdruck von den großen Industrieunternehmen vorangetrieben, völlig neue Marktplätze entstehen.
Dieses Buch stellt anhand typischer Beschaffungsmärkte und führender Unternehmen dar, wie sich die Prozesse durch den Einsatz von E-Procurement verändern – und wie Sie darauf reagieren.

Carl Hanser Verlag

Postfach 86 04 20, D-81631 München
Tel. (0 89) 9 98 30-0, Fax (0 89) 9 98 30-269
eMail: info@hanser.de, http://www.hanser.de